Teacher's Guide

Coaching und Mentoring für Lehrkräfte

Judith Tolhurst

Bibliografische Information der Deutschen Nationalbibliothek
Die Deutsche Nationalbibliothek verzeichnet diese Publikation in der Deutschen Nationalbibliografie; detaillierte bibliografische Daten sind im Internet über http://dnb.d-nb.de abrufbar.

Best.-Nr. A302845

Titelentwurf: Gerrit Hänselmann, Hallbergmoos
Titelfoto: © pholidito – Fotolia.com
Layout und Gestaltung: Eva M. Schwoerbel, Text & Form Kommunikation, Düsseldorf
ISBN 978-3-7614-2845-0

Übersetzt aus dem Englischen von Manuela Santner

Inhalt

	Danksagung	IV
	Über die Autorin · Über die Übersetzerin	V
	Vorwort	VI
Kapitel 1	**Was ist Coaching?**	**1**
Kapitel 2	**Die wichtigsten Fertigkeiten beim Coaching**	**24**
Kapitel 3	**Der Coaching-Prozess**	**51**
Kapitel 4	**Entwicklung einer Coaching-Kultur an Ihrer Schule**	**77**
Kapitel 5	**Coaching: Neue Wege beschreiten**	**97**
Kapitel 6	**Coaching und Leistungsmanagement**	**114**
Kapitel 7	**Coaching für Führungskräfte in mittleren Positionen**	**139**
Kapitel 8	**Coaching und strategische Entwicklung**	**164**
Kapitel 9	**Coaching eines Teams**	**184**
Kapitel 10	**Coaching und geteilte Führungskompetenz**	**207**
Kapitel 11	**Der Einsatz von Coaching- und Mentoring-Techniken bei Kindern**	**231**
	Index	256

Danksagung

Viele Menschen haben ihre Ideen in dieses Buch eingebracht. Einige der Fallstudien habe ich aus Situationen in Schulen übernommen, mit denen ich direkt zusammengearbeitet habe. Andere wiederum sind eine Mischung aus Situationen an Schulen und Gesprächen, die ich mit Schulleitern geführt habe. Insbesondere möchte ich den Schulleitern Vicky Davies, Kate Slatcher, Debbie Quinn, Carolyn Banfield, Heather Dowding, Wendy Marriot und Rachel Edwards danken.

Des Weiteren danke ich Laura Croft und Elfie Rawlence von der Hanham High School in Bristol.

Mein Dank gilt außerdem Gill Fowler, Maggie Garland, Candy Kerpache und Ray Tolhurst für ihre Hilfe und Unterstützung.

Über die Autorin

Judith Tolhurst ist ein angesehener Coach im Bereich Schulwesen. Sie leitet ein erfolgreiches Coaching-Unternehmen, arbeitet mit Schulleitern zusammen und schult Schulleiter, Lehrkräfte und Verwaltungsangestellte im Bereich Coaching. Judith Tolhurst blickt auf über 27 Jahre Erfahrung im Schulwesen zurück. Im Laufe ihrer Karriere hatte sie viele Führungspositionen, darunter auch Schulleitungen, inne.

Judith Tolhurst hat es sich im Zuge ihrer Arbeit zur Aufgabe gemacht, das Potenzial von Schulmitarbeitern auszuschöpfen, und sie ist davon überzeugt, dass an Schulen intern Führungskapazitäten aufgebaut werden können. Aktuell leitet sie einige Programme für das National College in den Bereichen Schule und Nachwuchsförderung sowie eigene Kurse. Sie arbeitet mit Schulleitern zusammen, coacht sie im Hinblick auf Führungsprobleme und bietet ihnen Unterstützung.

Judith Tolhurst leitet das Unternehmen Coachlamp Ltd., das es sich vor allem zur Aufgabe gemacht hat, Coaching-Fertigkeiten und -Praktiken an Schulen einzuführen. Sie freut sich darauf, Ihre Erfolgsgeschichten und Ihr Feedback zur Umsetzung des Inhalts dieses Buches zu erhalten. Schreiben Sie ihr eine E-Mail an judithtolhurst@sky.com oder kontaktieren Sie sie über die Website www.coachlamp-training.co.uk.

Über die Übersetzerin

Manuela Santner studierte zuerst in München; sie wechselte an die University of Portsmouth, wo sie ihren Master in Übersetzungswissenschaften mit Auszeichnung abschloss.

Nach Abschluss ihres Studiums arbeitete sie als Projektmanagerin für den Branchenführer im Bereich Übersetzungstechnik. Seit Ende 2009 arbeitet sie erfolgreich als Übersetzerin im Bereich Medizin und Lebensberatung.

Vorwort

Ziel dieses Buches ist es, dem Leser einen Einblick in die Anwendung von Coaching zur Weiterbildung von Lehrkräften an Schulen zu bieten. Wenn Sie wissen möchten, wie sich Coaching auf die Weiterbildung von Lehrkräften in Hinblick auf den Aufbau ihrer Fähigkeiten auswirkt, dann ist dieses Buch genau das Richtige für Sie. Arbeiten Sie selbst in einer Schule und glauben Sie daran, dass man nie auslernt? Wenn Sie diese Frage mit Ja beantworten können, dann bietet Ihnen dieses Buch einen optimalen Lernansatz.

Das Buch kann Ihre berufliche Entwicklung unterstützen, indem es Ihnen Mechanismen an die Hand gibt, die Sie in der Schule, z. B. bei Ihnen unterstellten Lehrkräften oder bei Ihren Schülern, anwenden können. Nachdem Sie dieses Buch gelesen haben, werden Sie sehen, dass Coaching nicht mehr aus Ihrem Alltag wegzudenken sein wird, egal, in welchem Umfang Sie dadurch Ihre zwischenmenschlichen Fähigkeiten verbessern konnten.

Ein weiteres Ziel dieses Buches ist es, Coaching wirklich in die Praxis umzusetzen. Es basiert auf realen Situationen an Schulen und behandelt aktuelle Themen. Die Fallstudien und die Coaching-Gespräche sind alle relevant für moderne Schulen; der Leser wird in der Lage sein, sich mit vielen der Szenarien zu identifizieren.

Für welche Zielgruppe wurde dieses Buch geschrieben?

Die Zielgruppe für dieses Buch ist breitgefächert. Es spricht verschiedene Personengruppen an, die an Schulen arbeiten. Wenn Sie einen bestimmten Fachbereich leiten, dann können Sie es nutzen, um andere in die Entwicklungsmaßnahmen einzubinden, die Sie voranbringen möchten. Das Buch ist außerdem hilfreich für Ihre berufliche Weiterbildung und unterstützt die Weiterentwicklung Ihrer Führungsqualitäten. Wenn Sie direkt mit Kindern zusammenarbeiten, können Sie hier einige nützliche Strategien zu deren Motivation finden.

Sind Sie an der Schule als Teamleiter tätig, können Sie in diesem Buch nützliche Tipps zum Aufbau eines Teams und zur Weiterentwicklung Ihrer eigenen Führungsqualitäten finden. Coaching bietet eine neue und innovative Struktur für die Zusammenarbeit in einem Team. Es lässt sich optimal zur Teamentwicklung einsetzen und bietet einen neuen Ansatz, um das Beste aus Ihrem Team herauszuholen.

Wenn Sie für die Weiterbildung von Mitarbeitern verantwortlich sind oder das Leistungsmanagement zu Ihren Aufgaben zählt, dann bietet das Buch viele Ansätze für Sie. Es bietet z. B. eine nützliche Struktur für ein Leistungsmanagement, bei dem Lernende Eigenverantwortung für ihre Weiterbildung übernehmen. Das Buch weist außerdem auf Möglichkeiten für eine kostengünstige Integration der Weiterbildung von Mitarbeitern hin.

Sind Sie Schulleiter? In diesem Fall werden Sie das Buch vielfältig anwenden können. Mithilfe des Buches können Sie eine Coaching-Kultur an Ihrer Schule aufbauen und die Führungsqualitäten aller Mitarbeiter fördern. Sie können sich daraus einige neue Strategien für das Leiten von Teams aneignen. Das Buch wird Ihnen außerdem Möglichkeiten aufzeigen, Führungsaufgaben an Ihrer Schule gemeinsam zu übernehmen und sie effektiv und sinnvoll aufzuteilen.

Wenn Sie daran glauben, dass Mitarbeiter an einer Schule und Schüler in der Lage sind, sich weiterzuentwickeln und zu lernen, dann ist das Buch genau das Richtige für Sie. Wir wünschen Ihnen viel Spaß beim Lesen.

So verwenden Sie das Buch richtig

Sie werden richtiges Coaching nicht lernen, indem Sie nur darüber lesen. Dieses Buch ist ein praktischer Leitfaden für Coaching an Schulen. Es werden viele Ideen und Techniken aufgeführt, die Sie ausprobieren können; Sie finden ebenfalls viele Methoden, die Ihnen beim Lernen helfen werden.

Fallstudien – Diese Teile sind darauf ausgelegt, Ihnen zu zeigen, wie Coaching in der Praxis aussieht. Die Gespräche sind praktische Beispiele aus der Arbeit der Autorin als Coach an Schulen.
Gute Tipps – Griffige Ideen und wichtige Punkte
Lernkontrollen – Hier haben Sie die Chance, sich das Gelernte noch einmal durch den Kopf gehen zu lassen, es abzuspeichern und Notizen zum weiteren Vorgehen zu machen.
Kapitelziele und Kapitelzusammenfassungen – Sie finden sie am Ende jedes Kapitels; sie dienen dazu, Sie durch die einzelnen Kapitel zu führen und Ihnen im Anschluss das Gelernte zur besseren Vertiefung noch einmal ins Gedächtnis zu rufen.
Weblinks – Referenzen, auf die Sie zurückgreifen können, um sich weitere Informationen zu holen

Ihr Wegweiser durch das Buch

Wahrscheinlich fragen Sie sich, welche Kapitel für Sie wirklich relevant sind. Das hängt eindeutig davon ab, wie viel Zeit Sie haben. Nachfolgend finden Sie einen praktischen Kapitelleitfaden, damit Sie sich besser im Buch zurechtfinden.

Kapitel 1 – Was ist Coaching?
Kapitel 2 – Die wichtigsten Fertigkeiten beim Coaching
Kapitel 3 – Der Coaching-Prozess

Jeder sollte die ersten drei Kapitel lesen. Hier wird das Grundwissen zum Coaching aufgebaut und Sie erhalten praktische Hinweise zur Verbesserung Ihrer Coaching-Kompetenzen. Hier lernen Sie außerdem, wie Sie eine Coaching-Sitzung durchführen.

Kapitel 4 – Entwicklung einer Coaching-Kultur an Ihrer Schule

Dieses Kapitel spricht all jene an, die Coaching zu einem Bestandteil ihres Teams oder der gesamten Schule machen möchten. Es richtet sich vor allem an Schulleiter.

Kapitel 5 – Coaching: Neue Wege beschreiten

Dieses Kapitel richtet sich an alle, die an einer Schule arbeiten. Hier geht es um das Coaching in Einzelgesprächen; einige der Szenarien können für die Arbeit als Mentor mit Kindern angewandt werden.

Kapitel 6 – Coaching und Leistungsmanagement

Dieses Kapitel ist wichtig für all jene, die Teams oder Mitarbeiter leiten und Leistungsgespräche führen. Es bietet außerdem interessante Informationen für Mitarbeiter, die vor einer Leistungsbesprechung stehen und das Gefühl haben, in dieser Hinsicht selbst mehr Verantwortung übernehmen und sich aktiv in den Prozess einbringen zu müssen.

Kapitel 7 – Coaching für Führungskräfte in mittleren Positionen

Dieses Kapitel wendet sich an alle, die einen Fachbereich oder einen bestimmten Bereich einer Schule leiten. Es ist ebenfalls wichtig für Mitarbeiter, denen Fachbereichsleiter unterstellt sind.

Kapitel 8 – Coaching und strategische Entwicklung

Dieses Kapitel richtet sich an alle, die an der Entscheidung über die strategische Richtung einer Schule, eines Fachbereichs oder einer Abteilung teilhaben.

Kapitel 9 – Coaching eines Teams

Dieses Kapitel richtet sich an Schulmitarbeiter, die in irgendeiner Weise für die Leitung eines Teams zuständig sind. Es bietet außerdem nützliche Hinweise für Führungskräfte, die die Führungsqualitäten der unterstellten Teamleiter verbessern möchten.

Kapitel 10 – Coaching und geteilte Führungskompetenz

Dieses Kapitel spricht Schulleiter an, die Coaching als Führungsstil einsetzen möchten und sich eine besser entwickelte Führungsstruktur in ihrer Schule oder ihrer Abteilung zum Ziel gesetzt haben.

Kapitel 11 – Der Einsatz von Coaching- und Mentoring-Techniken bei Kindern

Dieses Kapitel richtet sich an alle, die mit Kindern arbeiten. Es bietet Beispiele und Ideen für den Einsatz von Coaching bei Grundschülern und Schülern weiterführender Schulen.

Planen Sie nun Ihre eigene Route. Nutzen Sie die folgende Struktur, um darüber nachzudenken, wie Sie das Buch einsetzen möchten.

Was möchte ich mit dem Lesen dieses Buches erzielen?

Was weiß ich bereits über Coaching?

Was muss ich noch über Coaching lernen?

Bei welchen Kapiteln reicht es, wenn ich sie nur überfliege?

Welche Kapitel werde ich eingehend durchlesen?

Bis wann möchte ich mit dem Buch fertig sein?

Herzlichen Glückwunsch, Sie haben soeben die erste Einweisung in Coaching bestanden, indem Sie eine Coaching-Struktur verwendet haben, um Ihren Lehrplan zu erstellen!

Kapitel

1

Was ist Coaching?

In diesem Kapitel erfahren Sie etwas über

- Fakten zum Thema Coaching
- Coaching-Ansätze für Schulen als Organisationen
- die Beziehung zwischen Coaching und Mentoring
- Coaching bei Ihrer Arbeit an der Schule
- die Vorteile des Coachings
- Bereiche, in denen Coaching-Elemente an Ihrer Schule bereits eingesetzt werden, und wie Sie darauf aufbauen können

Die meisten Menschen haben den Begriff Coaching bereits in Zusammenhang mit Sport oder Unternehmen gehört. In diesem Kapitel betrachten wir Coaching im pädagogischen Kontext und wie es an Schulen eingesetzt werden kann. Jeder, der in der Schule bereits einen Mentor hatte oder in die Einarbeitung oder Schulung von Mitarbeitern involviert war, wird in irgendeiner Form bereits mit Coaching in Berührung gekommen sein und gemerkt haben, dass es gar nicht so leicht ist, die Dinge richtig zu machen. In diesem Kapitel wird auf die unterschiedlichen Situationen eingegangen, in denen Coaching eingesetzt werden kann, und es wird verdeutlicht, welche Rolle das Coaching bei der beruflichen Weiterentwicklung von Mitarbeitern spielen kann.

Die Ursprünge des Coachings

Coaching wird in der Wirtschaft bereits seit Jahren eingesetzt. Für Führungskräfte ist es ganz normal, auf einen Coach zu vertrauen. Eine Studie des Chartered Institute of Personnel and Development (DIPD, Institut für Personalentwicklung) brachte 2009 folgendes Ergebnis:

> *„Coaching ist ein immer beliebteres Mittel zur Unterstützung der persönlichen Entwicklung. Sieben von zehn Befragten gaben in unserer Studie „Lernen und Entwicklung" aus dem Jahr 2009 an, dass sie Coaching nun in ihrem Unternehmen einsetzen. 44 Prozent bieten allen ihren Mitarbeitern Coaching-Maßnahmen an und zwei Fünftel bieten es Unternehmensleitern und dem leitenden Management an."*
> (http://www.cipd.co.uk/subjects/lrnanddev/coachmntor/coaching.htm, Stand 2010)

Coaching wird auch an Schulen immer beliebter und angesehener. Es passt gut zu den Zielen, auf individuelle Lernstile einzugehen und die Führungsaufgaben aufzuteilen. Im Hinblick auf individuelle Lernstile gibt es keine bessere Möglichkeit als ein 1:1-Coaching einer Person, die den Lehrplan entsprechend den eigenen Bedürfnissen aufgestellt hat. Coaching eignet sich außerdem gut für Schulen, da es Mentoring optimal ergänzt, welches bereits Einzug in den Schulen gehalten hat.

Coaching rückt immer mehr ins Zentrum vieler Programme für Führungskräfte. „Leading from the middle" (Aus der Mitte heraus führen) ist ein Programm des National College Großbritanniens, das vor allem Schulmitarbeiter anspricht, die auf mittlerer Ebene eine leitende Position innehaben. Alle an diesem Programm Teilnehmenden erhalten einen Coach zur Verbesserung ihrer Führungsqualitäten. Das Programm für Projektleiter richtet sich an erfahrene Schulleiter. Dabei wird ein Coaching-Modell eingesetzt, um Schulleiter zu ermutigen, mit Kollegen zusammenzuarbeiten und voneinander zu lernen. Die „Primary Strategy" (Primäre Strategie), eine Initiative des ehemaligen Department for Children Schools and Families (DCSF, entspricht dem deutschen Bildungsministerium), wurde entwickelt, um die Standards zu verbessern. Um das zu erreichen, werden vor allem Coaching-Strategien eingesetzt. In der Tat hält die Training and Development Agency (Agentur für Fortbildung und Entwicklung) Coaching für so wichtig, dass jeder Schulleiter ermutigt wird, im Rahmen der

„Early Head's Provision" (Unterstützungsprogramm für angehende Schulleiter) einen Coach zu beauftragen.

Sobald Sie sowohl die nötigen Fertigkeiten als auch die Struktur von Coaching verinnerlicht haben, werden Sie es in den meisten Situationen in der Arbeit einsetzen. Coaching wird Einfluss auf Ihre Beziehung zu den Schülern sowie den Umgang mit Eltern und Mitarbeitern haben. Sowohl die Coaching-Fertigkeiten als auch die Coaching-Struktur können auf allen Ebenen im Schulalltag erfolgreich eingesetzt werden.

Vorteile von Coaching

Es gibt viele Vorteile, die den Einsatz von Coaching an Schulen rechtfertigen. Hier einige Beispiele:

- Coaching kann die persönliche und berufliche Weiterentwicklung von Mitarbeitern fördern.
- Coaching kann die Mitarbeiterbindung verbessern.
- Coaching unterstützt Mitarbeiter dabei, sich in neue Rollen oder Aufgaben einzuarbeiten.
- Coaching verbessert die Teammotivation.
- Coaching eignet sich, um dem Lernenden Verantwortung zu übertragen.
- Coaching kann die persönliche und berufliche Entwicklung von Mitarbeitern beschleunigen.
- Coaching untermauert und unterstützt die Umsetzung organisatorischer Veränderungen.
- Coaching unterstützt erfahrene Führungskräfte in ihrer teils einsamen Tätigkeit und bietet eine Kombination aus Herausforderung und Unterstützung.
- Coaching integriert Schulungen und sorgt dadurch für mehr Kosteneffizienz.

Was genau ist Coaching?

Coaching bietet die Möglichkeit, mit einer Person zu arbeiten, ihr die Chance zu geben, sich selbst Ziele zu setzen und sie auf dem Weg zu diesen Zielen zu begleiten. Der Coach unterstützt den Lernenden jedoch nicht nur dabei, sein Ziel zu erreichen, sondern bestätigt auch, was bereits erreicht wurde. Denn wie oft fehlt genau dieser wichtige Teil bei der Weiterentwicklung von Menschen?

Menschen müssen wissen, was sie gut machen, damit sie es beibehalten können. Andere Mitarbeiter sollten ebenfalls davon wissen, damit es für alle zugänglich ist und auch in anderen Klassen eingesetzt werden kann. Eines der wichtigsten Elemente einer nachhaltigen Weiterentwicklung an Schulen ist der fortlaufende Austausch bewährter Praktiken. Das kann nur erfolgen, wenn diese Praktiken zuvor erkannt und anerkannt wurden. Es gibt sicherlich keinen Mitarbeiter, der nicht gerne erfolgreich ist – also lassen Sie das Ihre Mitarbeiter wissen! Wir alle wissen, wie gut Lob bei Schülern hilft. Deshalb versuchen wir als Lehrer, unsere Schüler so oft wie möglich zu loben. Warum wenden wir diese Taktik also nicht auch auf unsere Mitarbeiter an?

Den Menschen mitzuteilen, was sie gut machen, ist aber nur die halbe Miete. Coaching bedeutet vor allem, dass man sich auf Bereiche konzentriert, die der Gecoachte selbst als entwicklungsbedürftig identifiziert hat.

Das Hauptaugenmerk bei jeder Coaching-Sitzung liegt also auf der Person, die gecoacht wird (im Folgenden als „der Lernende" bezeichnet). Wir konzentrieren uns außerdem auf die Zukunft und die Verbesserung eines bestimmten Bereiches.

Nachfolgend eine Definition von Coaching:

> *„Unter Coaching versteht man die strukturierte Zusammenarbeit mit einer Person über mehrere Treffen hinweg. Der Coach arbeitet darauf hin, dass der Lernende selbst die Verantwortung für seinen Fortschritt übernimmt, sich seiner Situation bewusst wird und seine Fähigkeiten verbessert. Coaching bietet die Möglichkeit zur Ausschöpfung des Potenzials von Mitarbeitern."*

Der Coach und der Lernende einigen sich gemeinsam auf Maßnahmen; der Coach prüft deren Umsetzung. Es geht hierbei nicht um ein gemütliches Gespräch, bei dem der Lernende seine Probleme abladen kann und sich danach besser fühlt. Es handelt sich vielmehr um einen ernsten Prozess, bei dem sowohl vom Lernenden als auch vom Coach einiges gefordert wird. Durch gezielte Fragestellung sorgt der Coach dafür, dass der Lernende selbst Vorschläge macht und Lösungen findet. Beim Coaching geht es nicht um eine Analyse dessen, was passiert oder falsch gelaufen ist. Man konzentriert sich ausschließlich auf die Zukunft; der Lernende übernimmt selbst die Verantwortung für das, was geschieht. Der Coach sollte die Entwicklung des Lernenden in den Mittelpunkt stellen. Der Lernende wird dabei unterstützt, den Bereich zu identifizieren, in dem er sich verbessern muss. Der Coach kann Theorien oder Modelle vorschlagen, die eingesetzt werden können, und der Lernende kann sie entweder anwenden oder auch ablehnen. Grundsätzlich bleibt der Coach im Referenzbereich des Lernenden und in dessen Verständnis des relevanten Bereichs.

Coaching im Sport

Viele Lehrer mögen Erfahrung im Coaching im Bereich Sport haben. Sie arbeiten vielleicht bereits als Coach oder wurden in einer bestimmten Sportart selbst gecoacht. Sie lassen sich eventuell aktuell durch Coaching unterstützen oder coachen andere, sodass Coaching ihnen bereits ins Blut übergegangen ist.

Aber was versteht man unter Coaching, wenn es sich dabei nicht um einen sportlichen Kontext handelt, sondern das Coaching am Arbeitsplatz, genauer gesagt, in der Schule stattfinden soll?

Gehen wir zuerst kurz zurück zum Sport. Ein Sportcoach erklärt die Regeln der Sportart, zeigt die nötigen Fähigkeiten, überwacht das Üben dieser Fähigkeiten, lobt, wenn die Aufgabe gut bewältigt wird, und gibt Verbesserungstipps. Es gibt viele Parallelen zwischen diesem Coaching-Ansatz und dem Ansatz, den ich hier genauer ausführen werde. Sie wissen durch Ihre Erfahrung im Unterrichten von Kindern, dass Kinder am schnellsten lernen, wenn ihnen gezeigt wird, was sie machen sollen, ihnen die Theorie erklärt wird, sie die Chance haben, diese Theorie in die Praxis umzusetzen und sie dazu Feedback von ihrem Lehrer oder Coach bekommen.

Obwohl alle Erwachsenen einen eigenen Lernstil haben, lernen sie grundsätzlich am besten durch aktives Ausprobieren, Ermutigung und Unterstützung durch eine dritte Person. In einer Schule, in der Coaching eingesetzt wird, werden die Mitarbeiter ermutigt, Risiken einzugehen und zu experimentieren. Wenn jeder Mitarbeiter gecoacht wird und selbst andere coacht, fühlen sich alle Mitarbeiter ermutigt und unterstützt, neue Ideen auszuprobieren. Sie können das als Coach durchaus bewerkstelligen.

Wer jedoch denkt, beim Coaching ginge es um Kuschelpädagogik, der liegt eindeutig falsch!

Beim Coaching geht es auch um Herausforderung. Es kann ein starker Lerneffekt erzielt werden, wenn Menschen auf unterstützende Art und Weise dazu herausgefordert werden, über ihre Aktivitäten nachzudenken und sie zu analysieren. Ein Coach kann ihnen dabei helfen.

Guter Tipp

Beim Sportcoaching geht es um Leistungssteigerung. Beim Coaching an Schulen geht es um die Weiterentwicklung von Fähigkeiten.

Zeit ist an Schulen Mangelware. Es bleibt wenig Zeit, um über Erlebtes zu reflektieren. Durch Coaching wird diese Zeit strukturiert, um sicherzustellen, dass die persönlichen Lernfortschritte überprüft werden können, und um eine Struktur für Teams zu bieten, damit diese sehen können, wo sie sich gerade befinden. Beim Coaching werden die richtigen Fragen gestellt und tiefgreifende Lerneffekte vereinfacht, damit man nicht nur an der Oberfläche kratzt, sondern ein nachhaltiges persönliches Wachstum garantiert wird, auf das Sie in Zukunft bauen können. Coaching ist insofern hilfreich für die Weiterentwicklung der Mitarbeiter sowie für die Verbesserung der gesamten Schulabläufe.

Um diesen Punkt zu unterstreichen, nachfolgend ein Zitat von Kate Slatcher, einer Schulleiterin, die vor kurzem Coaching an ihrer Schule eingeführt hat:

> *„Beim Coaching erhalten wir die nötige Zeit zur persönlichen und beruflichen Weiterentwicklung. In einer Schule müssen Sie Ihren Kollegen vertrauen können und Coaching baut dieses Vertrauen auf. Coaching fördert unsere Teamarbeit, da wir den*

Wert von Zusammenarbeit erkennen. In unserer Schule kam es durch Coaching zu einem fachlichen Dialog, in dessen Rahmen Mitarbeiter um Hilfe bitten konnten, ohne sich unzulänglich zu fühlen. Lernen ist ein fortlaufender Prozess und Coaching ist eine Möglichkeit, unseren Mitarbeitern sowie unseren Schülern zu zeigen, dass Lernen Spaß macht.“

Eine Coaching-Kultur

Eine Schule, an der eine Coaching-Kultur integriert ist, ist eine Schule, in der es kein Versagen gibt. Stellen Sie sich nur einmal vor, wie anders Ihr Leben wäre, wenn Sie keine Angst vor Versagen haben müssten. Denken Sie darüber nach, wie es wäre, an einer Schule zu arbeiten, an der alle Mitarbeiter sicher sein können, dass beim Auftreten von Fehlern keine bestrafenden Maßnahmen folgen und diese Fehler nicht wieder vorkommen werden. Wenn Ihre Mitarbeiter gecoacht werden und sich gegenseitig durch Coaching unterstützen, werden Sie Mitarbeiter haben, die sich gegenseitig helfen, die die Talente und Fähigkeiten ihrer Kollegen schätzen und gemeinsam davon profitieren. Das bedeutet jedoch nicht, dass alles jederzeit bestens und fehlerfrei ablaufen wird.

Guter Tipp

An einer Schule, an der ein Coaching-Prozess integriert ist, werden Fehler als unvermeidbarer Teil des Wandlungsprozesses gesehen. Sie werden als Chance gesehen anstatt stundenlang durchgekaut und analysiert zu werden.

Unabhängig davon, welche Rolle Sie an der Schule spielen, wenn Sie gecoacht werden, fühlen Sie sich unterstützt und können Ihre Talente und Fähigkeiten weiterentwickeln. Dies wiederum dient den Schülern, für die Sie verantwortlich sind.

Mitarbeiter, die vom Coaching profitieren und sich wie selbstverständlich gegenseitig coachen, sind in der Lage, sich schneller und einfacher den Gegebenheiten anzupassen. Wenn eines im Bildungswesen gewiss ist, dann, dass Veränderungen Spuren hinterlassen und immer schneller ablaufen. Egal, ob es sich dabei um das Prüfungssystem, den Lehrplan oder das Gehalt und die Arbeitsbedingungen von Lehrkräften handelt, es wird immer Wandel und Innovationen geben. Eine Schule, in der Coaching regelmäßig eingesetzt wird, kann sich schnell auf Änderungen einstellen und gleichzeitig darauf vertrauen, dass positive Dinge, die den Schülern bisher zugutegekommen sind, erhalten bleiben.

Aber wie profitieren Schüler vom Coaching an Schulen? Das Coaching-Modell, das wir uns genauer ansehen werden, kann auch auf die Arbeit mit Schülern angewandt werden (weitere Ausführungen hierzu in Kapitel 11). In den meisten Schulen geht es darum, das Potenzial eines Kindes zu entfalten. Genau darum geht es auch beim Coaching.

Coaching kann verwendet werden, um Schülern dabei zu helfen, sich Ziele zu setzen und die eigenen Lernziele festzulegen. Es kann Schülern, die z. B. ein niedriges Selbstwertgefühl haben, dabei helfen, an den Bereichen zu arbeiten, die sie behindern. Beide Punkte tragen zu besseren Lernergebnissen bei und ermutigen Schüler, selbstständig und reflektiert zu lernen.

Die Anwendung von Coaching an Schulen

In den folgenden Kapiteln werden die diversen Anwendungsmöglichkeiten von Coaching an Schulen besprochen. Je vertrauter Ihnen das Prinzip des Coachings wird, desto mehr Anwendungsmöglichkeiten werden Ihnen einfallen.

An dieser Stelle müssen wir zwischen Coaching und der Anwendung eines Coaching-Ansatzes klar unterscheiden. Einer der Hauptkritikpunkte an Coaching ist die mangelnde Zeit. Eine gute Coaching-Sitzung muss jedoch nicht länger als 20 Minuten dauern. Niemand erwartet, dass Sie von heute auf morgen den ganzen Tag Coaching-Sitzungen abhalten. Was Sie jedoch tun können, ist, einen Coaching-Ansatz zu wählen, zum Beispiel bei einem Elterngespräch: Denken Sie darüber nach, wie wirkungsvoll es sein könnte, zuzuhören, anstatt selbst zu sprechen.

Sobald Sie die Kapitel 2 und 3 gelesen haben und wissen, wie Coaching funktioniert, sollten Sie versuchen, einen Coaching-Ansatz auf folgende Themen anzuwenden:

» Leistungsgespräche
» stufenweise Schulungen
» Einführung von Initiativen, z. B. Lehrplänen
» Weiterentwicklung von Teams
» Bildung neuer Teams
» Umgang mit schwierigen Eltern
» Verhaltensmanagement
» Einarbeitung neuer Mitarbeiter
» Problemlösung
» Zusammenarbeit mit dem Schulrat
» Wissens- und Erfahrungsaustausch

Egal, um welche Situation es sich handelt, die nötigen Coaching-Fähigkeiten bleiben immer die gleichen. Sobald Sie sie gelernt haben, müssen sie durch Üben verbessert werden. Es ist deshalb sehr wichtig, sie in den Schultag und Ihre tägliche Arbeit zu integrieren.

Coaching wird an Schulen vor allem in zwei Bereichen angewendet – Coaching von Einzelpersonen und Coaching von Teams:

Einzelpersonen können je nach den Umständen entweder von einem erfahrenen Mitarbeiter oder einem Kollegen gecoacht werden. Einzelpersonen werden von einer anderen Person in einem Einzelgespräch gecoacht. Das kann Teil des Mentoringprogramms oder Teil der Leistungsbesprechung sein. Die Sitzungen sind vertraulich; es sollte ein Gleichgewicht zwischen persönlicher Entwicklung und Verbesserung der Arbeit an der Schule herrschen. Coaching von Teams wird durch einen Coach übernommen, der nicht im Team arbeitet und der zuvor eine Coaching-Schulung durchlaufen hat. Coaching kann Teams voranbringen und Phasen beenden, in denen ein Team in seiner Entwicklung steckengeblieben ist.

Folgende Vorteile ergeben sich aus Coaching-Einzelgesprächen:
» Verbesserung der Leistung einer Lehrkraft im Unterricht
» Verbesserung der Zufriedenheit im Job und des Verhältnisses von Freizeit und Arbeit
» Überbrückung der Lücke zwischen aktuellem Stand und dem Stand, auf dem die Person gerne wäre
» Lösung von Problemen, mit denen Mitarbeiter kämpfen, und Verbesserung des Umgangs mit Veränderungen
» Verbesserung der Fertigkeiten von Mitarbeitern in den Bereichen Delegierung und Leistungsmanagement
» Unterstützung bei der Bewältigung von berufsbedingtem Stress
» Wiederaufbau der Leidenschaft und des Engagements, die innovationsüberdrüssige Lehrer möglicherweise verloren haben

Folgende Vorteile ergeben sich aus dem Team-Coaching:
» Erneuerung von Teamzielen und Festlegung einer Richtung
» Anbieten einer Struktur für den Umgang mit Veränderungen
» Freisetzung des Teampotenzials
» Reduzierung von Konflikten, die in der Entwicklung hinderlich sein können
» stufenweise Schulungen
» Erarbeitung einer effektiveren Kommunikation zwischen Teammitgliedern

Heutzutage ist es für Schulen äußerst wichtig, Mittel und Wege zu finden, Mitarbeiter zur Zusammenarbeit anzuregen und die wenige verfügbare Zeit optimal zu nutzen. Mitarbeiter, die es gewohnt sind, gecoacht zu werden, und die sich gegenseitig coachen, sind in der Lage, ihre eigenen Probleme zu lösen, Fertigkeiten zu entwickeln und sich weniger auf die Lösung möglicher Probleme durch Dritte zu verlassen.

Coaching und Mentoring – Ähnlichkeiten und Unterschiede

An Schulen ist Mentoring bereits bekannt. Die Mitarbeiter haben möglicherweise bereits Erfahrung im Mentoring junger Lehrkräfte oder angehender Referendare. Erfahrene Schulleiter wurden unter Umständen bereits aufgefordert, als Mentor für neue Schulleiter zu fungieren. Wie Sie in der folgenden Aufzählung sehen können, haben Coaching und Mentoring tatsächlich viele Gemeinsamkeiten. Wenn Sie bereits Mentor waren, sind Sie auf dem besten Weg, das Coaching-Prinzip zu verstehen. Ein guter Mentor verfügt bereits über einige der Fähigkeiten, die einen erfolgreichen Coach ausmachen.

In der Tabelle auf der folgenden Seite sehen Sie die Gemeinsamkeiten von Coaching und Mentoring und die sich überschneidenden Elemente der beiden Prozesse. Mentoring erfolgt über einen längeren Zeitraum, unter Umständen bis zu einem Jahr. Einem neuen Mitarbeiter oder einem Mitarbeiter mit neuem Aufgabengebiet wird wahrscheinlich ein Mentor zur Seite gestellt. In diesem Zeitraum führt der Mentor Coaching-Sitzungen durch oder wendet Coaching-Techniken an. Vor allem in Bezug auf den Ablauf und die erforderlichen Fähigkeiten des Coachs oder Mentors gibt es zwischen Coaching und Mentoring große Überschneidungen.

Für einen angehenden Coach ist die Arbeit als Mentor sicherlich eine wertvolle Erfahrung, auf der er aufbauen kann; er muss jedoch anerkennen, dass es sich hierbei nicht um den gleichen Prozess handelt und er sich weitere Fertigkeiten aneignen muss.

Gemeinsamkeiten von Coaching und Mentoring

- Sie basieren auf einer Reihe von Einzelgesprächen.
- Grundlage ist ein Vertrauensverhältnis zwischen den beteiligten Personen.
- Die Vertraulichkeit muss von beiden Parteien gewahrt werden.
- Sowohl der Mentee als auch der Lernende bauen Vertrauen auf.
- Coach und Mentor respektieren einander.
- Ausreichend Zeit ist die Grundlage für regelmäßige Sitzungen.
- Sowohl Mentees als auch Lernende möchten sich oftmals weiterentwickeln und selbst als Mentor oder Coach arbeiten.
- Unterstützung der Schule im Aufbau eigener Fachkräfte durch Investition in Mitarbeiterfortbildung
- Verbesserung des Arbeitsklimas und der Zusammenarbeit an der Schule
- Verbesserung der Fähigkeiten von Coach und Mentor ebenso wie der Fähigkeiten von Mentee und Lernendem
- Erzeugung starker Arbeitsbeziehungen zwischen Mitarbeitern
- Aufbau auf und Entwicklung der Fähigkeiten von Lernenden und Mentees

Dennoch unterscheiden sich Coaching und Mentoring teilweise erheblich.

Aus der Aufzählung wird ersichtlich, dass einer der Hauptunterschiede von Coaching und Mentoring in der Rolle des Coachs und der Rolle des Lernenden liegt. Der Lernende übernimmt die gesamte Verantwortung dafür, seine Ziele zu erreichen und entsprechende Maßnahmen zu ergreifen.

In einer Mentoring-Sitzung kann der Mentee, beispielsweise ein Nachwuchslehrer, den Mentor um Tipps in einem bestimmten Bereich bitten, etwa bei der Unterrichtsplanung. Der

Mentor kann helfen, indem er z. B. Pläne hervorholt, die er selbst angefertigt hat, und diese dem Mentee als Beispiele an die Hand gibt. Der Mentor kann dem Mentee außerdem einige Ressourcen leihen oder zeigen, die er in bestimmten Unterrichtsstunden verwendet hat. Coaching wird hingegen verwendet, um spezifische Probleme anzugehen und kann Teil eines Mentoringprogramms sein.

Im Rahmen eines Mentoringprogramms kann z. B. ein Coaching-Gespräch im Bereich Unterrichtsplanung stattfinden. Das Beispiel auf der nächsten Seite zeigt, wie der Mentor einer Nachwuchslehrkraft Coaching als unterstützenden Teil der Arbeit einsetzt.

Unterschiede zwischen Coaching und Mentoring

Coach	Mentor
» gibt keinen Rat zur spezifischen Herangehensweise an bestimmte Aufgaben » muss an der Schule nicht zwingend die gleiche Rolle bekleidet haben wie der Lernende » verwendet ein strukturiertes Modell für die Gespräche mit vereinbarten Ergebnissen » hat das Hauptziel, die Fähigkeiten des Lernenden herauszuarbeiten » verlässt sich darauf, dass der Lernende mit eigenen Antworten aufwartet und selbst Fragen stellt » benutzt eine bestimmte Fragetechnik, um den Prozess voranzubringen » kann sich manchmal auf einen eng gefassten Fachbereich beziehen	» gibt Hinweise und Tipps, wie er selbst mit bestimmten Situationen umgegangen ist » hat im Laufe seiner Karriere die gleiche Rolle durchlaufen wie der Mentee » kann schnelle Lösungen bzw. Ideen zur Verfügung stellen » Obwohl Treffen manchmal strukturiert ablaufen, besteht zum größten Teil informeller Kontakt zum Mentor. » Ziel ist es, einer unerfahrenen Lehrkraft durch eine erfahrene Lehrkraft Wissen zu vermitteln. » Je nach Rolle des Mentees kann der Mentoringprozess über einen längeren Zeitraum andauern.

Fallstudie

Jane, Lehrerin in der Jahrgangsstufe 4, schien in letzter Zeit besonders müde und ihrem Mentor fällt auf, dass sie ihre Unterrichtsplanung nicht rechtzeitig eingereicht hat, was ungewöhnlich für Jane ist. Im Lehrerzimmer hat sie Kollegen gegenüber erwähnt, wie die Planung sie fertigmacht und überlastet. An der Schule wird eine spezielle Lehrplanvorlage verwendet, die durch ein mathematisches Schema für die Planung ergänzt wird. In Janes Klasse sind zwei Schüler mit nachgewiesener Lernschwäche und weitere 15% der Klasse haben Schwierigkeiten, die erwarteten Leistungen zu erbringen.

Janes Mentor spricht die Planung in einer der regelmäßigen Mentoring-Sitzungen an und verwendet eine Coaching-Struktur, um das Problem genauer unter die Lupe zu nehmen.

Coach: Sie haben erwähnt, dass die Planung nicht so gut läuft.

Jane: Ja, ich kann mich einfach nicht richtig darauf konzentrieren, es gilt so viel dabei zu bedenken. Ich brauche Stunden dafür. Ich kann einfach nicht alles unter einen Hut bringen: die unterschiedlichen Schwierigkeitsstufen, Tests, nachfolgende Schritte, Ziele, die Schüler mit Lernschwäche, die nach einem eigenen Lehrplan unterrichtet werden. Ich weiß nicht, wo ich anfangen soll. Ich habe meine Vorbereitungs- und Bewertungszeit und Freistunden, aber die Zeit scheint zu verfliegen.

Coach: Sie fühlen sich also überlastet mit der Unterrichtsplanung?

Jane: Ja, ich habe das Gefühl, völlig zu versagen.

Coach: Welcher der genannten Punkte macht Ihnen am meisten Probleme?

Jane: Alle, es ist ein furchtbares Durcheinander.

Coach: Beschreiben Sie mir dieses Durcheinander. Was passiert genau, wenn Sie mit dem Planen anfangen?

Jane: Nun, ich verwende die übliche Vorlage und beginne mit den Zielen der Unterrichtsstunden. Danach muss ich mir eine Vorgehensweise überlegen. Die Vorlage der Schule ist sehr gut dafür. Aber dann habe ich Probleme mit den Schwierigkeitsstufen. Mir fällt einfach nichts ein.

Coach: Wenn Sie von verschiedenen Schwierigkeitsstufen sprechen, bezieht sich das auf die Schüler mit speziellen Anforderungen oder eher auf die Schüler, die schneller Fortschritte machen?

Jane: Es geht eigentlich um die Schüler mit Lernschwäche. Für Schüler, die sich besonders leicht tun, gibt es Zusatzaufgaben im Rahmen des Lehrplans.

Coach: Also, was Ihnen wirklich Probleme macht, ist, den richtigen Schwierigkeitsgrad für Schüler mit Lernschwäche zu planen.

Jane: Ja, das fällt mir besonders schwer. Ich habe das Gefühl, dass besonders viele Schüler mit Lernschwäche in der Klasse sind und wenn nicht genug Aufgaben für sie bereitstehen oder diese zu schwer sind, werden sie unruhig und stören den Unterricht.

▶▶

Coach: Was könnten Sie dagegen unternehmen?

Jane: Ich bin mir nicht sicher. Ich weiß nicht!

Coach: Denken Sie einfach noch einmal darüber nach. Was könnten Sie tun? Wenn Sie einem Freund einen Rat geben müssten, was würden Sie da empfehlen?

Jane: Ich würde ihm raten, sich Hilfe zu holen. Ich denke, das könnte ich tun. Ich könnte den Beauftragten für Schüler mit Lernschwäche um Hilfe bitten. Ich könnte versuchen, den Unterricht für Schüler mit Lernschwäche gemeinsam mit einer anderen Person zu planen. Ich könnte versuchen, mir ein paar neue Ideen zu holen.

Ihnen fällt sicherlich sofort die unterschwellige Fragestellung des Coachs auf, die dazu geführt hat, dass Jane ihr Problem selbst erkennen konnte und nun weiß, in welchem Bereich sie sich etwas verändern muss.

Der Coach hat der Versuchung widerstanden, wie folgt zu reagieren: „Als ich diese Jahrgangsstufe hatte, habe ich es so gemacht“ oder „Sie sollten Folgendes tun ...“.

Er hat es stattdessen geschafft, dass Jane sich darauf konzentriert, was genau wirklich passiert, wenn sie versucht den Unterricht zu planen, und nicht darauf, was sie denkt, dass passiert.

Ein weiterer Punkt, den wir uns in diesem Beispiel in Bezug auf die Fähigkeiten des Coachs ansehen sollten, ist seine gelassene Reaktion auf die Aussage der Lernenden hinsichtlich ihres größten Problems und die Tatsache, dass alles ein großes Durcheinander sei. Vermutlich lag die Versuchung nahe, Mitgefühl zu zeigen und der Lernenden zu versichern, dass es bestimmt nicht so schlimm sei und sie garantiert auch etwas richtig mache. Durch eine gezielte und geschickte Fragestellung konnte der Coach Jane stattdessen dazu bringen, die Elemente zu identifizieren, die gut liefen, und zu erkennen, wo genau die Probleme lagen. Erkennt ein Lernender seine Probleme selbst, ist es wahrscheinlicher, dass er selbst die passenden Lösungen findet.

Sie haben bemerkt, dass der Coach Bezug auf zuvor Gesagtes genommen und die Aussagen der Lernenden zusammengefasst hat.

Beim Coaching liegt der Fokus stets auf dem Lernenden. Es ist daher äußerst wichtig, die Rolle des Lernenden und die des Coachs von Anfang an klar zu definieren. Es muss eine Einigung in Bezug auf die Rollenverteilung und die jeweiligen Erwartungen von Coach und Lernendem stattfinden.

Vor Beginn einer Coaching-Sitzung muss eine gemeinsame Basis gefunden werden, in deren Rahmen sowohl die Erwartungen des Coachs als auch des Lernenden festgelegt werden. Es muss eine Besprechung geben, in der der Zweck der Coaching-Sitzung dargelegt wird.

◀

Klärung der Erwartungen

Bei Coaching-Sitzungen ist es wichtig, sich darüber klar zu sein, was vom Coach oder vom Lernenden erwartet wird. Die folgende Fallstudie zeigt eine Situation, in der ein Schulleiter entschied, dass seine Mitarbeiter vom Coaching profitieren könnten. Leider vergaß er, dies seinen Mitarbeitern mitzuteilen.

Guter Tipp

Aufgabe des Coachs ist es, den Lernenden dabei zu unterstützen, seine Ziele zu erreichen, und ihm zu helfen, sein Potenzial voll auszuschöpfen, ohne ihm Vorgaben zu machen, wie er vorzugehen hat.

Das kann manchmal schwierig sein, wenn der Lernende vom Coach erwartet, dass dieser seine Probleme löst. Das kann ein Problem sein, wenn der Coach gleichzeitig der Vorgesetzte ist, der normalerweise angesprochen wird, wenn ein Mitarbeiter eine schnelle Lösung benötigt. Beim Coaching ist es wichtig, vorab die Rollen und die jeweilige Verantwortung zu klären und sicherzustellen, dass der Lernende weiß, was ihn erwartet.

Fallstudie

Der Coach betreute eine Schulleiterin, die ihrer Schule nach einer schlechten Schulbewertung wieder zu einem besseren Ruf verhalf. Aufgrund der Lage mussten schnell Verbesserungen durchgeführt werden. Bedingt durch den ständigen Druck durch die Prüfer war der Führungsstil der Schulleiterin sehr dominant. Anstatt ihre Mitarbeiter nach ihrer Meinung zu fragen und für deren Weiterentwicklung zu sorgen, wurden lediglich Befehle erteilt, die ausgeführt werden sollten.

Nachdem die Schulleiterin die Auflagen der Behörden erfüllen konnte, wollte sie ihren Führungsstil ändern und ihr Mitarbeiterteam aktiver mit einbeziehen. Der Coach sollte die Mitarbeiter darin unterstützen, mehr Leitungsverantwortung an der Schule zu übernehmen. Es handelte sich um eine interessante Aufgabe für den (weiblichen) Coach und sie konnte es kaum erwarten, mit der Arbeit zu beginnen. Doch in ihrer Eile vergaß sie ein fundamentales Coaching-Prinzip – nämlich zuerst die Erwartungen der Beteiligten zu klären. Sie übersprang die Stufe, in der die Erwartungen der Lernenden und ihre eigenen Erwartungen als Coach geklärt werden sollten. Bevor sie mit dem Coaching begann, hätte sie den Zweck des Coachings erklären müssen. Vor den Sitzungen hätten die Teilnehmer selbst ein Thema festlegen sollen. Das Problem war jedoch, dass die Mitarbeiter nicht über das Ziel der Coaching-Sitzungen informiert wurden.

Die Mitarbeiter dachten deshalb, sie würden sich mit dem Coach treffen, um Dinge zu besprechen, die mit einer vorherigen Leistungsbewertung zusammenhingen.

▶▶

Es gab ein weiteres Problem! Das Team war sich nicht darüber im Klaren, dass ein Coaching nötig war, da es sich nicht über nötige Leistungsverbesserungen bewusst war. Der Coach hätte sich Zeit nehmen sollen, seine Aufgabe mit dem Team zu besprechen und die Grundlagen für das folgende Coaching zu schaffen. Stattdessen wurde dieser wichtige Punkt übersprungen und sofort mit der ersten Sitzung begonnen.

Im Endeffekt verbrachte der Coach die erste Sitzung damit, zu erklären, was genau Coaching ist und welches Ziel dadurch erreicht werden soll. Glücklicherweise hatte der Coach eine gute Beziehung zu den Mitarbeitern und war in der Lage, ihnen mitzuteilen, in welchen Bereichen Verbesserungen erforderlich waren. Der Coach hätte diese Situation durch eine Besprechung verhindern können, in der man Grundregeln aufgestellt und den genauen Inhalt und Sinn des Coachings erklärt hätte.

Ebenso wie der Coach muss sich der Lernende darüber bewusst sein, worum es sich beim Coaching handelt und was es eben nicht ist. Es ist wichtig zu erklären, dass es sich beim Coaching nicht um eine Beratung oder Gesprächstherapie handelt. Es ist wichtig, die Funktionsweise des Coachings zu erklären und die Tatsache, dass positive Ergebnisse nicht garantiert werden können.
Der Lernende muss sich darüber im Klaren sein, dass er selbst die Verantwortung für seinen Lernerfolg trägt.
Die Rolle des Coachs muss erklärt werden: Ein Coach leitet an, unterstützt und motiviert.

◀

Coaching statt Anweisungen

Im schulischen Bereich muss der Unterschied zwischen Coaching und Beratung klar sein, vor allem dann, wenn Sie beide Tätigkeiten in unterschiedlichen Bereichen ausüben. Wenn Sie als Coach arbeiten, geben Sie dem Lernenden keine Anweisungen, wie er vorgehen soll, und bieten daher keine schnellen und einfachen Lösungen für Probleme an. Als Berater aber geben Sie Schulen sehr wohl Anweisungen, wie sie vorgehen sollen, und bieten ihnen basierend auf Ihrer Erfahrung und Ihren Fachkenntnissen Ihren Rat an. Dies hat Folgen:

Jemandem Anweisungen zu geben heißt, alle Antworten zu haben. Normalerweise muss bei diesem Ansatz zuerst das Problem erkannt und im Anschluss ein Experte hinzugezogen werden, der die entsprechende Lösung dafür kennt. Selbstverständlich spielen hierbei sowohl der Berater als auch der Experte eine tragende Rolle. Wenn z. B. die Computer im Computerraum ausfallen, benötigen Sie einen Experten zur Lösung des Problems. Eventuell benötigen Sie auch einen IT-Berater, um das Problem zu lokalisieren. Mit anderen Worten, Sie benötigen eine Fachkraft, die eine Antwort auf das Problem hat und die PCs repariert. Aufgabe dieser Fachkraft ist es, dies zu tun und dann wieder zu gehen. Tritt das Problem erneut auf, müssen Sie die Fachkraft erneut herbeirufen. In gewissem Maße sind Sie von dieser Fachkraft abhängig. Sie verfügt über Kenntnisse, die Sie selbst nicht haben, und deshalb bezahlen Sie dafür.

Es gibt jedoch viele Situationen und Probleme an Schulen, die mit einem Coaching-Ansatz gelöst werden könnten. Sie benötigen dann zwar einen Coach, sind von dieser Person jedoch nicht abhängig. Ein Coach arbeitet mit Ihnen zusammen und hilft Ihnen dabei, Ihre eigenen Kenntnisse auszubauen. Während ein Berater davon ausgeht, dass er am besten weiß, was richtig für die Schule ist, geht ein Coach davon aus, dass die Mitarbeiter einer Schule selbst am besten wissen, was richtig für die Schule ist. Coaching basiert auf der Annahme, dass jeder Einzelne ausreichend Potenzial hat und die Antworten selbst kennt. Aufgabe des Coachs und Ziel des Coaching-Prozesses ist es, das Potenzial des Einzelnen auszuschöpfen und so Antworten und Ergebnisse zu erhalten.

Wie wir bereits in der ersten Fallstudie feststellen konnten, wäre es eine bequeme, schnelle und einfache Lösung, der Nachwuchslehrkraft einfach zu sagen, wie sie in Bezug auf die Planung vorgehen sollte. Dieses Vorgehen würde ihr jedoch die eigene Entscheidungskraft entziehen und sie dazu ermutigen, bei jedem Problem den Coach aufzusuchen. Wendet man jedoch den Coaching-Ansatz an und verzichtet auf Anweisungen, gewinnt die Lehrkraft an Zuversicht und es können langfristige positive Ergebnisse erzielt werden. Der Coach muss erklären, dass die Ergebnisse des Coachings im Gegensatz zu bloßen Anweisungen viel nachhaltiger umgesetzt werden können. In Großbritannien sind die Schulleiter einem großen Druck durch die Regierung und die regionalen Behörden ausgesetzt, weshalb man dort bisher vor allem auf Berater vertraute. Im Rahmen des Coachings werden Schulleiter hingegen ermutigt, ihre eigenen Antworten und Lösungen zu finden.

Es ist wichtig, dem Druck durch den Lernenden zu widerstehen und nicht voreilig eine Lösung anzubieten. Wenn Sie Ihr Ziel nicht von Anfang an festlegen, werden Sie Schwierigkeiten haben, Fortschritte zu messen und Ergebnisse zu erkennen. Die folgende Tabelle kann Ihnen dabei helfen, die Erwartungen des Coachs und des Lernenden zu klären. Jede Schule sollte eine eigene Tabelle erstellen, die auf die konkrete Situation zugeschnitten ist. Nachfolgend einige Vorschläge.

Erwartungen von Coach und Lernendem

Coach	Lernender
» nicht wertend » hält Termine ein » widmet dem Lernenden seine volle Aufmerksamkeit » bietet Coaching-Tools/-Strukturen, wenn hilfreich » wahrt die Vertraulichkeit von Informationen » führt Notizen, wenn erforderlich » glaubt an das Potenzial des Lernenden, sich weiterzuentwickeln	» hält Termine ein » führt zwischen den Sitzungen vereinbarte Aufgaben durch » konzentriert sich während der Sitzungen voll und ganz auf das Thema » übernimmt selbst die volle Verantwortung für die Situation und führt die vereinbarten Maßnahmen durch

Verantwortung übernehmen

Hierbei handelt es sich um den Dreh- und Angelpunkt des Coachings. Um Fortschritte bei einem Problem oder einem Entwicklungspunkt zu erzielen, muss der Lernende die volle Verantwortung für seinen Fortschritt übernehmen.

Menschen neigen oft dazu, andere für ihre Probleme verantwortlich zu machen. Es ist einfach, die Behörden, das Bildungsministerium, den Schulleiter oder einen unliebsamen Kollegen für die eigene Misere verantwortlich zu machen. Wir alle haben das schon einmal gemacht. Wir können jedoch nur uns selbst ändern und nicht andere. Das ist die wichtigste Information, die ein Coach dem Lernenden mit auf den Weg geben sollte.

Nachfolgend eine Fallstudie, um diese Tatsache zu verdeutlichen.

Fallstudie

Mark ist ein junger und unerfahrener Jahrgangsleiter an einer weiterführenden Schule.

Coach: Welches Problem würden Sie gerne besprechen?

Mark: Es geht um meine Rolle als Leiter der Jahrgangsstufe 8. Es läuft nicht gut, oder besser gesagt, ich habe richtige Probleme.

Coach: Erzählen Sie mir mehr.

▶▶

Mark: *Nun, es geht um Frau Smith, sie untergräbt meine Autorität völlig. Sie hält so gut wie keine Frist ein, die ich vorgebe. Sie hat mir auch als Letzte die Noten für den Elternabend übergeben und erscheint stets zu spät zu Jahrgangstreffen. Wann immer ich sie darauf anspreche, verspricht sie mir, sich zu bessern, macht es jedoch nie. Sie ist wirklich eine Schwachstelle im Team. Andere Teammitglieder können sich an ihr kein Beispiel nehmen. Ich weiß wirklich nicht, was ich machen soll. Ich habe alles versucht und nichts funktioniert. Sie macht mich wirklich fertig. Ohne sie wäre das Team perfekt.*

Coach: Sie haben also wirklich das Gefühl, dass sie nicht ihr Bestes gibt?

Mark: *Ja, so könnte man es zusammenfassen.*

Coach: Nun, was möchten Sie in dieser Hinsicht erreichen?

Mark: *Ich möchte, dass sie das Team verlässt. Das gesamte Jahrgangsteam leidet unter ihrem Verhalten – sie lässt sich nichts sagen. Ich kann nichts mit ihr anfangen. Mit ihr kann das Team keine Fortschritte machen. Es hat keinen Sinn, weiter mit ihr zusammenzuarbeiten. Sie beeinträchtigt meine Beziehung zu den anderen Teammitgliedern. Ich kann mich nicht auf meine Ziele konzentrieren und sie nicht erreichen, solange sie im Team ist.*

Coach: Denken Sie, dass sie am besten das Team verlassen würde?

Mark: *Ja, das denke ich. Sie beschwert sich ständig darüber, dass ihr Arbeitsweg schrecklich ist und sie morgens viel zu früh los muss. Ich weiß, sie hat sich auf Stellen beworben, die näher an ihrem Wohnort liegen. Ich wünschte, sie würde eine andere Stelle bekommen, dann wäre alles in Ordnung.*

Hier hat der Coach einen Fehler begangen. Es handelt sich um eine Falle, in die man allzu leicht tappt. Die Frage, ob Frau Smith das Team verlassen wird oder nicht, ist nebensächlich, denn sie hat nichts mit der Weiterentwicklung von Marks Fähigkeiten zu tun. Der Coach sollte sich darauf konzentrieren, die Führungskompetenzen von Mark zu verbessern, indem er ihn dazu anregt, sich Strategien zu überlegen, um mit Frau Smith klarzukommen. Er sollte ihn nicht ermutigen, die Konversation damit zu füllen, ob Frau Smith die Schule verlässt oder nicht. Fakt ist, es wird immer Personen wie Frau Smith geben und der Teamleiter muss seine Fähigkeiten weiterentwickeln, um mit schwierigen Personen umzugehen, statt zu hoffen, dass Frau Smith eine andere Stelle annimmt.

In diesem Fall ist es Aufgabe des Coachs, Mark mitzuteilen, dass er als Teamleiter gecoacht wird und nicht Frau Smith. Die Sitzung sollte sich darum drehen, was der Teamleiter unternehmen kann, um die Annahme, Frau Smith halte den Schlüssel zum zukünftigen Erfolg des Teams in den Händen, zu entkräften. Wahrscheinlich sind einige Sitzungen nötig, um Mark durch eine exakte Fragestellung davon abzubringen, dass Frau Smith die Quelle all seiner Probleme ist.

◀

Coaching und der Blick in die Zukunft

Im Gegensatz zu einer Beratung oder einer Gesprächstherapie dreht es sich beim Coaching ausschließlich um die Zukunft. Es ist nicht nötig herauszufinden, was in der Vergangenheit falsch gelaufen ist. Einigen Teams und Einzelpersonen fällt es sehr schwer, die goldene Ära loszulassen, in der alles besser war.

> **Guter Tipp**
>
> Beim Coaching geht es darum, die Zukunft zu formen, indem man Ziele setzt und Maßnahmen zu deren Umsetzung definiert.

Coaching ist ein beidseitiger Prozess, aus dem sowohl der Coach als auch der Lernende Nutzen ziehen können. Der Lernende kann durch Coaching eine reflektiertere Persönlichkeit werden. Handelt es sich beim Coach um eine erfahrene Lehrkraft mit langjähriger Berufspraxis, kann es sehr spannend sein, die Schule durch die Augen einer Nachwuchslehrkraft oder einer neuen Lehrkraft zu sehen. In Schulen wird normalerweise großes Augenmerk auf das Mentoring und Coaching neuer Lehrkräfte gelegt. Sie haben bereits Schulungen hinter sich und bekommen im ersten Jahr einen Mentor zur Seite gestellt. Nachwuchslehrkräfte haben das Referendariat durchlaufen. Aber es stellt sich die Frage, wie viel Coaching neue Teamleiter an Schulen erhalten. Wie viel Coaching bzw. Mentoring erhalten neue Mitarbeiter in der Verwaltung oder Mitarbeiter, die an der Schule eine neue Aufgabe oder einen neuen Verantwortungsbereich übernehmen? Genau hier kann Coaching sinnvoll eingesetzt werden. Oftmals gibt es breitgefächertes Fachwissen und Potenzial an Schulen, von dem viel verloren geht oder nicht genutzt wird. An Schulen, an denen Coaching regelmäßig eingesetzt wird, wachsen Führungskräfte heran und neue Mitarbeiter werden sorgfältig eingearbeitet.

Coaching und Mitarbeiterentwicklung

> **Guter Tipp**
>
> Sorgfältiges Coaching kann die Fachkenntnisse von Mitarbeitern aufbauen, nachhaltig weiterentwickeln und die Fortbildung zu einem fortlaufenden Prozess machen anstatt zu einer Veranstaltung.

Coaching greift nicht nur, wenn Mitarbeiter neue Rollen übernehmen, sondern auch, wenn ihnen neue Aufgaben zugewiesen werden. Ein neuer Leiter einer Grundschule muss z. B. zum ersten Mal eine Rede vor den Eltern der neuen Schüler halten. Ein neuer stellvertretender Schulleiter übernimmt vielleicht zum ersten Mal die Verantwortung für die Schule und weiß nicht, was ihn erwartet. Hier kann Coaching nützlich sein. Ein neuer Fachbereichsleiter prüft z. B. zum ersten Mal den Unterricht eines Kollegen und benötigt eine Coaching-Sitzung, um zu lernen, wie er richtiges Feedback geben kann.

Manchmal werden Mitarbeiter an Schulen intern in eine höhere Position befördert, ohne ein angemessenes Coaching oder Mentoring für ihre neue Rolle zu erhalten. Man geht davon aus, dass sie die Rolle einfach ohne weitere Unterstützung übernehmen können. Ein Beispiel für eine optimale Vorgehensweise in diesem Bereich ist eine Schule, die Coaching-Sitzungen in die Einarbeitung von Mitarbeitern integriert, die eine neue Rolle übernehmen. Ein Coach stellt während mehrerer strukturiert ablaufender Coaching-Sitzungen gezielt Fragen und gibt keine Anweisungen zur Vorgehensweise. So kann er Mitarbeiter unterstützen, neue Fähigkeiten für den Einsatz in neuen Bereichen zu entwickeln.

Coaching und fortlaufende berufliche Weiterentwicklung

Einige Schulen versuchen, Kenntnisse aus Weiterbildungskursen bei Lehrersitzungen an alle Lehrer weiterzugeben. Fraglich ist jedoch, wie nützlich dies ist und was es bei den zuhörenden Lehrkräften bewirkt. Viele fragen sich sicherlich, wie kosteneffektiv es ist, eine Lehrkraft zu einer Fortbildung zu schicken und von ihr zu erwarten, die neu erworbenen Kenntnisse an die restlichen Lehrkräfte der Schule weiterzugeben. Die nachhaltigste Art, Lehrkräfte fortzubilden, ist der Einsatz eines Coaching-Ansatzes. Ein erfolgreiches Fortbildungsmodell integriert eine erste Einführung in die Materie durch den Kursleiter oder Coach, gefolgt von mehreren Coaching-Sitzungen. Im Rahmen der Coaching-Sitzungen sollte besprochen werden, wie die neue Initiative läuft. Der Lernende sollte die Möglichkeit haben, gute Ansätze mit anderen zu teilen und allgemeine Probleme anzusprechen. An einer Schule, an der bereits eine Coaching-Kultur aufgebaut wurde, stehen wahrscheinlich bereits Coaching-Paare bereit, die auf diese Weise vorgehen können. Alternativ kann die Schule nach der Einführung einen leitenden Coach unter den Mitarbeitern festlegen, der im Anschluss eng mit den anderen Mitarbeitern zusammenarbeitet, um eine Weiterentwicklung im jeweiligen Entwicklungsbereich zu ermöglichen. Der leitende Coach erhält unter Umständen eine zusätzliche Schulung in dem Bereich, den die Schule als entwicklungsbedürftig identifiziert hat.

Ein nachhaltiges Lernergebnis auf Seiten der Mitarbeiter kann nicht ausschließlich durch Fortbildung erreicht werden, wenn die Mitarbeiter keine Möglichkeit haben, die neuen Fähigkeiten praktisch anzuwenden bzw. an Coaching-Sitzungen zum Thema teilzunehmen. Die berufliche Weiterentwicklung von Mitarbeitern muss systematisch erfolgen; als Basis sollte ein Coaching-Ansatz dienen. Ein mögliches Schulungs- und Entwicklungsmodell für Mitarbeiter wäre z. B. ein Ansatz, bei dem den Mitarbeitern neue Initiativen zuerst erklärt werden und sie sich anschließend untereinander zum Thema coachen.

Arbeitet eine Schule z. B. an der Entwicklung kreativer Denkweisen, könnte man alle Mitarbeiter in einem Bereich schulen und anschließend einen Mitarbeiter bestimmen, der als Coach in diesem bestimmten Bereich fungiert und eine zusätzliche Schulung erhält. Der Coach hält im Anschluss regelmäßige Sitzungen mit einzelnen Mitarbeitern ab, um über Fortschritte zu sprechen und diese zu bewerten. Um wirklich eine Veränderung zu erzielen, ist es nötig, neue Lernergebnisse mehr als einmal zu besprechen. Um einen tiefgreifenden Lernerfolg zu erzielen, muss ein Zyklus, bestehend aus Prüfung und Reflektion des Gelernten, eingeführt werden, der anschließend auf alle neuen Initiativen der Schule angewendet wird.

Die folgende Fallstudie zeigt ein Modell, das nützlich sein kann, wenn die Kenntnisse von Mitarbeitern weiterentwickelt werden sollen bzw. eine Schulung durchgeführt werden soll.

Fallstudie

An einer Grundschule mit 250 Schülern in einem sozial benachteiligten Bezirk traten Verhaltensprobleme auf. Bisher galt eine strenge, aber positive Disziplin als Maß der Dinge. Dieser Ansatz war vor fünf Jahren eingeführt worden. Seither wurden jedoch viele Lehrkräfte durch neue Mitarbeiter ersetzt. Sowohl der Schulleiter als auch die Mitarbeiter wussten, dass es ein Problem mit der Disziplin an der Schule gab. Aber keiner wusste so recht, was er tun sollte. Es schien nicht richtig, vom Ansatz der strengen, aber positiven Disziplin abzuweichen, da er in den vergangenen Jahren sehr gut funktioniert hatte.

Vor kurzem hatten sich einige Schüler mehrfach extrem störend verhalten. Die Mitarbeiter fühlten sich an die Integrationsrichtlinie gebunden und mussten nun mit einigen Kindern mit äußerst komplexen emotionalen Problemen sowie Verhaltensauffälligkeiten fertig werden. Früher wären diese Schüler als Schüler mit Lernschwierigkeiten eingestuft oder an eine Sonderschule versetzt worden. Bisher war die Schule für ihre gute Disziplin bekannt und bei der letzten Überprüfung durch die Schulbehörde wurde dies als besonders positiver Punkt hervorgehoben.

▶▶

Hier sehen Sie, wie die Mitarbeiter mit der Situation umgegangen sind:

Explizite Fragestellung zur Identifikation des Problems

↓

Wie kann das Verhaltensmanagement an der Schule verbessert werden, ohne die Prinzipien des Ansatzes der strengen, aber positiven Disziplin zu vernachlässigen?

↓

Festlegung der Schulungsziele

- *Was genau verstehen wir unter strenger, aber positiver Disziplin?*
- *Schulung aller Mitarbeiter in Bezug auf die Umsetzung des Ansatzes*
- *Überprüfung des Anwendungssystems*
- *Anpassung des alten Systems der strengen Disziplin oder Entwicklung eines neuen Ansatzes*

↓

Festlegen einer geeigneten Schulungsmaßnahme

Einsatz von Schulpsychologen zur Schulung aller Mitarbeiter (Verwaltungsmitarbeiter und Lehrkräfte)

↓

Bereitstellung von ausreichend Zeit zur praktischen Erprobung der Erkenntnisse aus der Schulung

Bildung von Coaching-Gruppen und Einrechnen von ausreichend Zeit zum Austausch von Erfolgen und Misserfolgen in der praktischen Umsetzung (mehr als 6 Monate)

↓

Durchführung von Coaching-Sitzungen im Schulungsbereich

Ein erfahrener Mitarbeiter, der eine weiterführende Schulung von Schulpsychologen erhalten hat, wird zum Verhaltens-Coach ernannt, der anschließend Coaching-Sitzungen mit den Lernenden durchführt.

↓

Überprüfung des Schulungsfortschritts mit allen Mitarbeitern

Abhalten einer Mitarbeitersitzung, die vom Verhaltens-Coach geleitet wird, um das nächste Aufgabengebiet festzulegen

◀

Schlussfolgerung

Es gibt so viele Definitionen für Coaching, dass wir dieses Buch damit füllen könnten. Ich persönlich betrachte es vor allem als einen Prozess, der den Lernprozess und die Weiterentwicklung des Lernenden vereinfacht. Es ist eine Erfolg versprechende Möglichkeit, Mitarbeiter weiterzubilden und sie kann vielfältig angewendet werden, um den Ablauf an Schulen zu verbessern. Coaching kann nicht immer eingesetzt werden und oftmals ist es kaum angemessen. Bei richtigem Einsatz ist es jedoch eine leistungsstarke Methode. Um ein erfolgreicher Coach zu sein, müssen Sie den Prozess des Coachings verstehen und die in Kapitel 2 besprochenen Fertigkeiten trainieren.

Auf einen Blick

- Coaching ermöglicht den Mitarbeitern, ihr volles Potenzial zu entfalten.
- Coaching integriert die berufliche Weiterentwicklung.
- Eine Schule, die Coaching einsetzt, vermeidet eine Kultur des Versagens.
- Es gibt Unterschiede zwischen Coaching und Mentoring, obwohl sich einige Fertigkeiten überschneiden.
- Durch Coaching finden Mitarbeiter selbst Lösungen für Probleme.

Aus der Praxis

1. Wie würden Sie Coaching definieren? Was verstehen Sie unter dem Begriff „Coaching"?

Was verstehen Sie unter Coaching?	Wie werden Sie es einsetzen?

2. Denken Sie einen Moment an Ihre Schule sowie die individuellen Anforderungen und Rahmenbedingungen.

   Schreiben Sie alle Fortbildungsmaßnahmen auf, die für Mitarbeiter abgehalten werden (sowohl formelle als auch informelle). Wie viele dieser Maßnahmen enthalten bereits einen Coaching-Ansatz?

   Wie viele davon könnten von einem Coaching-Ansatz profitieren?

   Orientieren Sie sich an der nachfolgenden Vorlage. Berücksichtigen Sie sowohl Lehrkräfte als auch Verwaltungsmitarbeiter und jegliche Maßnahme, die eingesetzt wird, um die Mitarbeiterentwicklung zu fördern.

Berufliche Weiterbildungsmaßnahme	Mitarbeiter	Umfasst Coaching-Elemente

3. Überlegen Sie sich, wie Sie selbst an die Weiterbildung von Mitarbeitern herangehen. Wie könnten Sie verschiedene Coaching-Fragen einsetzen, um für mehr Reflexion während des Prozesses zu sorgen?

Beruflicher Entwicklungsbereich	Schulungsziel	Coaching-Sitzung	Bewertung der Schulung durch Coaching-Sitzung
		Wer? Wann?	Wer? Wann?

◄

Lernkontrolle

Geben Sie bezüglich der unten aufgeführten Bereiche an, wo Sie sich weiterbilden müssen.

Wie müssen Sie jetzt vorgehen, um das Gelernte dauerhaft zu behalten? Ist eine weitere Lektüre erforderlich, sollten Sie mit Kollegen diskutieren oder die neuen Ideen in der Praxis ausprobieren?

Planen Sie, was Sie im nächsten Monat erreichen möchten, und nehmen Sie sich für die Umsetzung Zeit.

Coaching-Entwicklungsplan

Lesen	Diskussionen mit Kollegen	Praktische Umsetzung
Was? Wann?		

Kapitel 2

Die wichtigsten Fertigkeiten beim Coaching

In diesem Kapitel erfahren Sie etwas über

- die Kernkompetenzen, die ein Coach benötigt
- die Coaching-Fertigkeiten, die Sie bereits besitzen
- Fertigkeiten, die Sie entwickeln müssen
- nützliche Coaching-Fragen
- die Bedeutung des Beziehungsaufbaus, effektives Fragen und das Lernen durch Zuhören

In diesem Kapitel werden die drei Bausteine des Coachings vorgestellt. Sie erhalten eine detaillierte Beschreibung der Fertigkeiten, die in Zusammenhang mit diesen Bausteinen erforderlich sind, sowie Beispiele und Fallstudien, um Coaching im praktischen Einsatz zu erleben. Das Kapitel bietet Ihnen außerdem einen Kontext und eine Struktur für die einzelnen Bausteine.

Wer kann als Coach tätig sein?

Nur, weil Sie eine Ausbildung im Bildungswesen durchlaufen haben, bedeutet dies noch lange nicht, dass Sie auch als Coach tätig sein können. Dafür müssen Sie neue Fertigkeiten erwerben und üben. Wenn Sie alle Mitarbeiter zum Thema Coaching schulen möchten, müssen Sie im Rahmen Ihrer Schulung an mehreren Workshops zur Entwicklung zusätzlicher Fertigkeiten teilnehmen. Aufgrund Ihrer Lehr- und Lernerfahrung tendieren Sie wahrscheinlich bereits in Richtung Coaching. Über einige Fertigkeiten werden Sie deshalb bereits verfügen. Wenn Sie bereits als Mentor oder Berater gearbeitet haben, besitzen Sie schon Kenntnisse in einigen Bereichen, die für Coaching erforderlich sind. Es gibt jedoch bestimmte Fertigkeiten, die unerlässlich sind, um effektiv als Coach zu agieren. Diese Fertigkeiten müssen Sie zuerst erlernen und anschließend regelmäßig üben. Ein guter Coach muss in der Lage sein, effektiv Fragen zu stellen, aktiv zuzuhören und eine Beziehung aufzubauen. Diese Fertigkeiten sind die Bausteine des Coachings.

Die Bausteine des Coachings

Aufbau einer Beziehung

Sie haben eine gute Beziehung zu jemandem aufgebaut, wenn Sie sich mit Ihrem Gesprächspartner wohlfühlen. Sie fühlen sich verstanden und wertgeschätzt. Eine Beziehung zu jemandem aufzubauen ist möglicherweise etwas Selbstverständliches für Sie. Wahrscheinlich haben Sie darüber noch nie genauer nachgedacht. Im Alltag wie im Arbeitsleben gibt es stets Menschen, denen man sich sehr schnell öffnet. Es gibt aber auch andere, bei denen man etwas vorsichtiger ist. Mit manchen Menschen haben Sie automatisch eine gute Beziehung, während Sie bei anderen daran arbeiten müssen. Um eine gute Coaching-Beziehung mit jemandem aufzubauen, muss Ihre Beziehung zu dieser Person positiv sein. Sie können lernen, wie Sie dies am besten angehen.

Guter Tipp

Die Kommunikation ist Dreh- und Angelpunkt beim Coaching. Eine offene Kommunikation kann nur dann stattfinden, wenn zuvor eine gute Beziehung zum Gesprächspartner aufgebaut wird.

Menschen mit der Fertigkeit, Beziehungen zu anderen aufzubauen, tun dies intuitiv und ganz selbstverständlich. Es wird dem Gegenüber überhaupt nicht auffallen. Es ist schwierig zu analysieren, welche Fertigkeiten den Aufbau einer Beziehung ermöglichen, da es sich eher um ein Gefühl handelt als um Fakten. Es gibt jedoch Elemente beim Aufbau einer Beziehung, die genauer untersucht werden können.

Ziel ist es, dass der Lernende sich mit dem Coach versteht und sowohl Vertrauen als auch das Gefühl hat, dass ihm zugehört wird. Um eine Beziehung mit gegenseitigem Vertrauen aufzubauen, muss der Coach die Sprache des Lernenden beherrschen.

Kernelemente beim Aufbau einer Beziehung

Sprache: Um mit jemandem eine Beziehung aufzubauen, müssen wir seinen Sprachstil analysieren und versuchen, uns diesem anzupassen. Mit anderen Worten, wir sollten das Gesagte sowohl im Hinblick auf den Stil als auch auf den Inhalt wiedergeben können. Dadurch fühlt sich der Gesprächspartner geschätzt und hat das Gefühl, dass ihm zugehört wird. Fühlt sich eine Person geschätzt, ist eine fließende Kommunikation einfacher und die Coaching-Sitzung verläuft produktiver. Dadurch kann der Lernende in vollem Umfang von der Sitzung profitieren. Es gibt drei verschiedene Sprachstile. Sie stehen normalerweise in direktem Zusammenhang mit drei verschiedenen Lernstilen. Jeder Lernende bevorzugt den Sprachstil, der mit seinem Lernstil übereinstimmt.

Jeder, der während seines Lehramtsstudiums die verschiedenen Lernstile studiert hat, wird diese drei grundlegenden Lernarten bereits kennen:

- visuell
- auditiv
- kinästhetisch

Lernende, die einen dieser Stile klar bevorzugen, verwenden bestimmte Worte und Sätze, die auf ihren Lern- und Sprachstil hinweisen.

Personen mit einem visuellen Lernstil verwenden wahrscheinlich folgende Sätze:

- „Ich sehe, was Sie meinen."
- „Zeigen Sie mir, was Sie meinen."
- „Ich sehe, was Sie damit sagen möchten."
- „Für mich sieht das gut aus."
- „Ich habe einen Überblick."

Personen, die einen auditiven Lernstil bevorzugen, sagen möglicherweise:

- „Ich höre, was Sie sagen."
- „Ich höre Ihnen zu."
- „Das klingt nach einer guten Idee."
- „Das klingt glasklar."

Personen, die einen kinästhetischen Lernstil bevorzugen, verwenden folgende Sätze:

» „Ich habe mich wohlgefühlt."
» „Das hat mich wirklich berührt."
» „Ich habe mich zu diesem Zeitpunkt wirklich schlecht gefühlt."
» „Das ist für mich nicht zu fassen."

Indem Sie den Sprachstil des Lernenden aufgreifen und dessen Sprache sprechen, bauen Sie eine Beziehung zu Ihrem Gegenüber auf. Dadurch können Sie effizienter kommunizieren. Der Lernende verwendet einen der Sinne, den er bereits sehr gut entwickelt hat, um mit Ihnen zu kommunizieren. Er muss nicht von seinem gewohnten Sprachstil abweichen. Sie müssen den bevorzugten Kommunikationsstil Ihres Gegenübers beobachten, um sich ihm anzupassen.

Sie können sich jedoch nicht nur dem Sprachstil anpassen, sondern auch der Sprechgeschwindigkeit und dem Klang der Stimme. Menschen mit einem visuellen Stil sprechen oft sehr schnell. Sie können buchstäblich vor ihren Augen sehen, wovon sie sprechen, und möchten das so schnell wie möglich mitteilen. Sie springen möglicherweise von einem Thema zum anderen, da sie die Verbindung dazwischen sehen. Dabei vergessen sie aber, dass für Außenstehende keine Verbindung deutlich wird. Sie sprechen in Bildern und sind schnell frustriert, wenn ihr Gegenüber ihre Vision nicht genauso deutlich sieht wie sie selbst.

Personen mit einem auditiven Sprachstil sprechen rhythmisch, eventuell sogar melodisch. Sie erklären ihre Sicht der Dinge gerne der Reihe nach. Im Gegensatz dazu sprechen Personen mit einem kinästhetischen Sprachstil sehr langsam und bewusst. Sie brauchen Zeit, um ihre Gedanken in Worte zu fassen, und es kann zu Pausen kommen, während sie etwas erklären. Diese Pausen, in denen nichts gesagt wird, sind sehr wichtig für diese Personen; der Coach darf sie nicht unterbrechen. Personen mit einem kinästhetischen Lernstil reagieren schnell frustriert und verstummen, wenn der Coach versucht, die Pausen mit dem zu füllen, von dem er glaubt, dass der Lernende es sagen möchte.

Es ist offensichtlich, weshalb viele Mitarbeitersitzungen ergebnislos im Sand verlaufen. Stellen Sie sich einen Raum mit drei visuell, drei auditiv und drei kinästhetisch veranlagten Menschen vor. Jeder möchte seine Meinung abgeben und wünscht, dass ihm zugehört wird. Aber sobald man versucht, sich auf eine Lösung zu einigen, geraten die drei verschiedenen Kommunikationsstile in Konflikt.

Wenn Sie jemanden coachen, müssen Sie ihm das Gefühl geben, dass Sie ihn verstehen und ihm zuhören. Die Kommunikation zwischen Coach und Lernendem muss frei und ungehindert ablaufen. Das wird nur der Fall sein, wenn Coach und Lernender eine Beziehung zueinander aufgebaut haben. Dies können Sie erreichen, indem Sie die linguistischen Vorlieben, den Klang der Stimme sowie die Körpersprache des Gesprächspartners spiegeln. Denken Sie daran, bei einer Coaching-Sitzung geht es nicht um den Coach. Er ist nicht der Experte, der bereits alle Antworten parat hat. Es geht um den Lernenden und seine Sicht der Dinge, in seinem Sprachstil, seiner Physiologie und dem Klang seiner Stimme widergespiegelt. Indem der

Coach eine Beziehung zum Lernenden aufbaut, kann er ihn im Laufe der Coaching-Sitzung zu einem positiven Ergebnis führen. Die folgende Fallstudie zeigt, wie eine Beziehung aufgebaut werden kann, indem man den Sprachstil einer Person annimmt.

Versuchen Sie es damit

Achten Sie auf die nächsten drei Gespräche, die Sie führen. Versuchen Sie, die Sprache der Personen zu analysieren. Haben Ihnen die verwendeten Worte einen Hinweis auf ihren Sprachstil gegeben? Tauchten im Verlauf des Gesprächs typische Elemente visueller, auditiver oder kinästhetischer Muster auf?

Fallstudie

Kate, Tims Vorgesetzte, vereinbarte eine Coaching-Sitzung mit Tim, dem Leiter der 9. Jahrgangsstufe, in der sie auf das neue Zielsetzungssystem für Schüler eingehen wollte, das gerade eingeführt worden war. Obwohl Tim ein sehr fähiger Lehrer ist, erschien es Kate, als hätte Tim am Tag der Schulung länger als die anderen Teilnehmer gebraucht, um sich neue Konzepte anzueignen. Er hatte anscheinend das Gefühl, ihm würde in Mitarbeitersitzungen generell nicht zugehört; seine Unterstützung war jedoch für den Erfolg des neuen Systems äußerst wichtig. Seine Wahrnehmung der Dinge hatte bereits zu Problemen geführt. Andere Mitarbeiter schätzten ihn als schwierig ein und waren der Meinung, dass er manchmal das Team behinderte. Kate hatte seinen etwas umständlichen Sprachstil bemerkt und schätzte ihn deshalb als kinästhetischen Sprecher ein. Sie begann die Coaching-Sitzung, indem sie Tim fragte, welchen Eindruck er von der Schulung hatte.

Tim: Ich habe nicht das Gefühl, dass der Tag gut verlaufen ist. Ich habe mich übergangen gefühlt und wie immer schien es nicht genug Zeit zu geben, meine Ideen einzubringen. Wie immer musste alles schnell gehen … (Pause). Ich komme mit dem Zielsetzungssystem einfach nicht zurecht … (Pause). Ich habe kein Gespür dafür, wie es funktionieren soll. Für mich fühlt es sich vor allem nach viel zusätzlicher Arbeit an.

Kate: Offensichtlich fühlen Sie sich nicht sehr gut damit. Was müsste sich ändern, damit Sie sich besser fühlen?

Tim: Was müsste sich ändern … (Pause) Hm, das ist eine gute Frage. Vielleicht … brauche ich einfach Zeit, um ein Gespür dafür zu bekommen. Vielleicht sollte ich es einfach zuerst mit ein paar Kindern ausprobieren.

Kate fuhr mit der Sitzung fort und verlangsamte ihr eigenes Sprachtempo, um sich an Tims Tempo anzupassen. Indem sie Tims Pausen nicht unterbrach, ihm Zeit gab, über seine Bedenken hinsichtlich des neuen Systems nachzudenken

▶▶

und sich seinem Sprachstil und -ton anpasste, gab sie ihm das Gefühl, verstanden zu werden. Kate versuchte, die Welt mit Tims Augen zu sehen und zwang ihm nicht ihre eigene Ansicht auf.

Am Ende der halbstündigen Sitzung war Tim bereit, eine kleine Schülergruppe quasi als Pilotprojekt zu nutzen. ◀

Körpersprache

Ein weiterer wichtiger Aspekt des Beziehungsaufbaus ist die Körpersprache. Forschungsergebnisse beweisen, dass 55 Prozent der Bedeutung, die Sie aus dem Gespräch mit einer anderen Person ziehen, sich durch die Physiologie ergeben, 38 Prozent ergeben sich durch die Stimmlage und nur 7 Prozent durch die verwendeten Worte. Die richtigen Körpersignale auszusenden ist also unerlässlich, um eine gute Coaching-Beziehung aufzubauen. Die richtige Körpersprache des Coachs kann großen Einfluss auf das Ergebnis der Sitzung haben.

Vielleicht haben Sie eine natürliche Begabung, Beziehungen aufzubauen. Ist dies nicht der Fall, verhält es sich wie mit allen anderen Coaching-Fähigkeiten auch: Der Aufbau von Beziehungen kann gelernt und durch Übung verbessert werden.

Sie können ganz einfach selbst einschätzen, ob Sie eine gute Beziehung zu jemandem haben oder nicht. Es kommt ganz darauf an, wie Sie sich in Anwesenheit der Person fühlen. Selbst wenn Sie eine Person gut kennen und mit ihr zusammenarbeiten, könnten Sie während einer Coaching-Sitzung das Gefühl bekommen, dass Sie die Beziehung zueinander verloren haben. Vielleicht ist die Situation etwas schwierig oder angespannt. An diesem Punkt ist es an der Zeit, an der Beziehung zu arbeiten, indem Sie die Körpersprache Ihres Gegenübers annehmen. Sehen Sie sich Ihr Gegenüber und seine Haltung an. Lehnt sich die Person nach vorne? Gestikuliert sie viel mit den Händen?

Indem Sie die Körpersprache Ihres Gegenübers übernehmen, indem Sie seine Gesten kopieren, können Sie die Beziehung wieder aufbauen und ihm ein gutes Gefühl und Verständnis vermitteln.

Es ist klar, dass diese Methode auch Gefahren birgt – sie kann schnell lächerlich wirken. Wenn Sie es übertreiben, könnte der Lernende das Gefühl bekommen, dass Sie sich über ihn lustig machen. Der Trick dabei ist, die Methode dezent anzuwenden, sodass der Lernende es nicht bemerkt.

Versuchen Sie es damit

In einer Ihrer Sitzungen zu Coaching-Fertigkeiten wird Ihnen die folgende Übung bei der Verbesserung Ihrer Fähigkeit, eine Beziehung aufzubauen, helfen. Bringen Sie den Lernenden dazu, zwei Minuten lang darüber zu sprechen, wie er zu seiner heutigen Arbeitsposition kam und welche Ereignisse er auf dem Weg dorthin besonders hervorheben möchte. Der Coach muss in dieser Phase lediglich zuhören und ein oder zwei Kommentare machen, bei denen es nur darum geht, die Hauptpunkte des Lernenden zusammenzufassen. An dieser Stelle sollte der Coach einige klärende Fragen stellen. Bei der Zusammenfassung sollte der Coach darauf achten, den gleichen Sprachstil wie der Lernende zu verwenden und seine Körpersprache unauffällig zu übernehmen.

Der Lernende muss dem Coach anschließend Rückmeldung geben:

» Wodurch haben Sie sich vom Coach verstanden gefühlt?

» Hat der Coach etwas getan, was den Ablauf gestört hat?

» Wodurch hat Ihnen der Coach ein gutes Gefühl gegeben?

» Ist Ihnen im Verlauf des Gesprächs etwas aufgefallen?

Zuhören und lernen

Zuhören ist einer der wichtigsten Grundsteine beim Coaching. Eine generelle Faustregel für Coaching-Gespräche gibt vor, dass der Coach nur während 30 Prozent des Gesprächs aktiv sprechen sollte. Er muss also vor allem gut zuhören. Aktives Zuhören wirkt sich erstaunlich auf den Lernenden aus. In diesem Abschnitt werden wir uns ansehen, was geschieht, wenn wir zuhören, und was der Zuhörer tatsächlich tut. Wir alle kennen schlechte Zuhörer. Nicht alles, was sie tun, ist hilfreich. Nachfolgend eine Liste der weniger hilfreichen Verhaltensweisen und Antworten eines schlechten Zuhörers:

» sieht weg
» unterbricht
» führt den Satz für Sie zu Ende
» bietet Ihnen ungefragt Lösungsvorschläge
» blickt gelangweilt
» zappelt
» blickt auf die Uhr
» stellt zu viele Fragen
» übernimmt den Großteil des Gesprächs
» sagt ungefragt seine Meinung

In stressigen Situationen haben wir alle schon einmal die Verhaltensweisen eines schlechten Zuhörers gezeigt und dennoch wissen wir, wie frustrierend es ist, auf diese Art und Weise behandelt zu werden. Der Lernende wird sich nicht geschätzt und demotiviert fühlen, wenn ihm nicht richtig zugehört wird.

Guter Tipp

Hauptziel einer Coaching-Sitzung ist es, durch aktives Zuhören zu verstehen, was der Lernende sagt.

Beim Zuhören geht es nicht darum, dass der Coach seine Interessen verfolgt und sich beim Lernenden beliebt macht. Es geht vielmehr darum, dass der Lernende dem Coach seine Situation verständlich macht. Wenn der Lernende dem Coach seine Situation erklärt, wird dieser automatisch zu einem besseren Verständnis gelangen.

Sprechen und Zuhören sind Fähigkeiten, die auf dem allgemeinen Lehrplan stehen und unterrichtet werden. Aber wie viel Zeit wird damit verbracht, das Zuhören zu lehren und wie viel Zeit wird verwendet, um das Sprechen zu fördern? Lehrer beschweren sich oft, Kinder wüssten nicht, wie man zuhört; dies behindert den Fortschritt der Kinder in der Schule.

Oft nehmen wir an, man müsse Kindern das Zuhören beibringen, und vergessen dabei, dass wir es auch selbst lernen müssen. Es gibt unterschiedliche Arten des Zuhörens. Beim Coaching ist ein sehr eingehendes Zuhören nötig, das wir „Zuhören und lernen" nennen. Zuhören, um zu lernen, ist eine Fähigkeit, die sich üben lässt und die man Mitarbeitern durch verschiedene Übungen, die in diesem Kapitel genauer beschrieben werden, näher bringen kann.

Es gibt drei verschiedene Arten des Zuhörens: oberflächliches Zuhören, gezieltes Zuhören und Zuhören, um zu lernen. *Zuhören, um zu lernen*, ist die eingehendste Art des Zuhörens. Ein guter Coach wird zuhören, um zu lernen.

Oberflächliches Zuhören
Diese Art des Zuhörens ist dadurch charakterisiert, dass der Zuhörer Zeichen seiner Aufmerksamkeit gibt (z. B. Nicken, Lächeln), aber mit den Gedanken ganz woanders ist. Er konzentriert sich auf sich selbst; sein Verstand nimmt die Informationen, die ihm mitgeteilt werden, nur unterbewusst wahr. Er bereitet zu diesem Zeitpunkt bereits mental seine nächste Antwort vor. Sein Verstand schweift zu allen möglichen Themen ab.

Gezieltes Zuhören
Auf dieser Ebene engagiert sich der Zuhörer schon mehr. Er konzentriert sich, um das, was sein Gegenüber sagt, zu verstehen. Er geht mental seine eigenen Erfahrungen durch und sucht nach etwas, womit er sich identifizieren kann, um das Gehörte interpretieren zu können. Er bezieht sich sehr stark auf seine eigene Wahrnehmung.

Zuhören, um zu lernen
Ein guter Coach hört zu, um zu lernen. Auf dieser Ebene muss der Zuhörer seine eigene Meinung zu den Aussagen des Gesprächspartners zurückstellen. Er konzentriert sich aus-

schließlich auf den Lernenden. Ein guter Coach nutzt seine Intuition, hört, was nicht gesagt wurde, und nimmt auch das wahr, was zwischen den Zeilen gesagt wird.

Versuchen Sie es damit

Versuchen Sie, bei der nächsten Unterhaltung an einem Schultag zu beobachten, welche Art des Zuhörens Sie verwenden. Versuchen Sie auch zu erkennen, welche Art die andere Person einsetzt. Danach sollten Sie versuchen, im nächsten Gespräch Ihre Art des Zuhörens zu verbessern.

Welche Dinge haben Sie daran gehindert, zuzuhören, um zu lernen? Sind Ihnen einer oder mehrere der folgenden Störfaktoren in die Quere gekommen?

Störfaktoren

» Langeweile
» Nachdenken über den nächsten Termin/die nächste Unterrichtsstunde
» Tagträume
» Beobachten eines Ereignisses am anderen Ende des Flurs
» Nachdenken über Ihre Reaktion auf die andere Person
» Meinungsbildung über und Bewertung des Gesagten
» Ungeduld, weil der Gesprächspartner nicht auf den Punkt kommt
» Stress aufgrund von Zeitmangel

Wir alle kennen bestimmte Störfaktoren, die uns beim aktiven *Zuhören, um zu lernen*, im Weg stehen. Es ist wichtig, sich dieser Dinge bewusst zu werden und Techniken zu entwickeln, um sie beim Coaching zu vermeiden.

Schlüsselfertigkeiten

Die Schlüsselfertigkeiten zum *Zuhören, um zu lernen*, lauten wie folgt:
» Abschalten des eigenen inneren Dialogs
» Aussenden der richtigen Signale durch nonverbale Zeichen
» Zusammenfassen
» Verzicht auf Wertung
» Empathie

Abschalten des eigenen inneren Dialogs: Eine der größten Herausforderungen für einen Coach ist es, während eines Gesprächs den eigenen inneren Dialog abzuschalten. Das ist die Stimme, die ständig in Ihren Gedanken aktiv ist. Sie sagt Dinge wie: „Ich weiß genau, wovon er spricht ... mir ging es genauso ...“. Der innere Dialog fördert Ihre eigene Vergangenheit zu Tage und versucht, das Gehörte Ihren eigenen Erfahrungen zuzuordnen. Dadurch wird es für Sie einfacher, dem Gesagten einen Sinn zu geben.

Es ist völlig normal, dass Sie versuchen, von anderen erhaltene Informationen mit Erfahrungen aus der eigenen Vergangenheit zu verknüpfen. So können Sie das Gesagte einfacher verstehen. Wir alle haben es schon einmal erlebt, dass wir jemandem z. B. von unserem Urlaub in Rom erzählen, und dieser Jemand antwortet in etwa mit: „Oh ja, Rom. Freunde von mir waren auch dort und hatten eine tolle Zeit. Sie wohnten in einem tollen Hotel nahe des Stadtzentrums ...“. Anschließend wird er weiter über den Urlaub der Freunde sprechen und dabei wollten Sie doch lediglich von Ihren eigenen Erfahrungen erzählen. Sie werden die Konversation frustriert abbrechen, weil Sie das Gefühl haben, Ihnen wird nicht zugehört.

Es ist unerlässlich, in einer Coaching-Sitzung den inneren Dialog abzuschalten. Es ist schwer, aber Übung macht den Meister. Nachfolgend ein Beispiel, wann Sie den inneren Dialog abschalten müssen: Sie erleben eine Person, die das Gesagte so eifrig eigenen Erlebnissen zuordnen möchte, dass sie beim Zuhören nichts lernt.

Fallstudie

Die Schulleiterin Gill hält eine Coaching-Sitzung mit ihrem Stellvertreter Mark zum Thema „Leitung von Mitarbeitersitzungen“.

Gill: Okay, Mark, Sie haben um diese Sitzung gebeten, da die von Ihnen geleitete Mitarbeitersitzung nicht so gut lief.

Mark: Nun, sie verlief nicht wie geplant.

Gill: Erzählen Sie mir mehr darüber.

Mark: Nun, alle kamen vom Thema ab, es gab keine Schlussfolgerungen, alle haben auf einmal gesprochen und wir konnten am Ende der Sitzung zu keinem Ergebnis kommen.

Gill: Ich weiß genau, wovon Sie sprechen. Das Gleiche ist mir passiert, als ich zum ersten Mal eine Sitzung geleitet habe.

Mark: Ich hatte das Gefühl, dass wir völlig vom Thema abgekommen waren ...

Gill: Es ist wichtig sicherzustellen, dass man sich an die Themen hält, für jedes Thema ein Zeitlimit hat und am Ende noch einmal die Entschlüsse durchgeht.

Mark: Nun, eigentlich hielt ich es für eine sehr produktive und kreative Sitzung ... Ich wollte eigentlich daran arbeiten, mehr Sitzungen offener und weniger starr zu gestalten, damit mehr Ideen zustande kommen. Aber wenn Sie denken, dass das nicht angemessen ist ...

Gill war zu voreilig und wollte Marks Erfahrung unbedingt ihrer eigenen zuordnen, um ihm die Strategie mitzuteilen, die für sie damals funktioniert hatte. Dadurch wurde jedoch augenscheinlich, dass sie nicht verstanden hatte, was er sagen wollte. Sie nahm sich nicht die Zeit, Mark zuzuhören und herauszufinden, was er dachte und welche Ideen er hatte. Stattdessen stellte sie eine Verbindung zu

▶▶

einem Ereignis her, mit dem sie sich identifizieren konnte und womit sie Erfahrung hatte, und gab vor, wie Mark vorgehen sollte.

Gill hätte Mark bitten sollen, die Situation zu klären. Dadurch hätte er die Situation selbst ergründet und verstanden, was genau vorgefallen war. ◀

Nonverbale Zeichen: Eine Möglichkeit des Coachs, dem Lernenden sein Zuhören zu signalisieren, sind nonverbale Zeichen.

Der Coach muss aktiv zuhören und dem Lernenden über seine Körpersprache Zeichen geben, die ihm vermitteln, dass er zuhört und ihn wertschätzt. Das aktive Zuhören kennzeichnet sich durch Augenkontakt mit dem Lernenden, Nicken, Lächeln und eine offene Körpersprache. Die folgende Auflistung „Versuchen Sie es damit" könnten Sie in Ihre Workshops zur Entwicklung von Coaching-Fertigkeiten einbauen, damit Sie aktives Zuhören besser lernen können.

Versuchen Sie es damit

Bilden Sie Dreiergruppen. Eine Person übernimmt die Rolle des Coachs, eine die des Lernenden und eine die des Beobachters. Der Lernende sollte zwei Minuten lang erklären, welchen Herausforderungen er in seiner aktuellen Rolle gegenübersteht. Der Coach muss zuhören, um zu verstehen, sollte jedoch noch nichts dazu sagen. Der Beobachter schreibt auf, wie sich sowohl der Lernende als auch der Coach verhalten. Am Ende des Rollenspiels gibt der Beobachter sowohl dem Lernenden als auch dem Coach Feedback zu folgenden Punkten:

» Hatte der Lernende das Gefühl, ihm wird zugehört?
» Wie ist der Coach vorgegangen, um dem Lernenden das Gefühl zu geben, dass ihm zugehört wird?
» Wie hat sich der Lernende gefühlt?
» Wie hat sich das Schweigen des Coachs auf den Lernenden ausgewirkt?
» Wie hat sich das Schweigen des Coachs auf ihn selbst ausgewirkt?
» Was hat den Coach daran gehindert, aktiv zuzuhören?

Ziel dieses Rollenspiels ist es, dem Coach zu zeigen, was ihm beim *Zuhören, um zu lernen*, hilft und was ihm im Wege steht. Was genau geschieht, wenn der Coach nicht mehr darüber nachdenken muss, welche Frage er als Nächstes stellt? Spielt der innere Dialog des Coachs eine Rolle? Ist der Coach mehr oder weniger in der Lage, sich auf das Gesagte zu konzentrieren, wenn er nicht spricht? Was sind die wichtigsten nonverbalen Zeichen, die einer Person zeigen, dass ihr zugehört wird?

Nachdem Sie die Fertigkeiten für das aktive Zuhören erworben haben, beschäftigen wir uns damit, wie man beim *Zuhören, um zu lernen,* antworten sollte.

Wenn wir zuhören, um zu lernen, gibt es Momente, in denen wir beim Lernenden nachfragen müssen, ob wir das Gesagte richtig verstanden haben. Es kann schwierig sein, sich auf jedes einzelne Wort des Lernenden zu konzentrieren; wenn man es übertreibt, hat es eher den gegenteiligen Effekt. Es ist am besten, zu versuchen, sich auf die Hauptthemen zu konzentrieren und regelmäßig beim Lernenden zu erfragen, ob man richtig verstanden hat. Indem der Coach das Gesagte zusammenfasst, bringt er nicht nur den Lernenden voran, sondern kann gleichzeitig auch sein eigenes Verständnis auffrischen.

Zusammenfassung und Reflexion: Bei der Zusammenfassung verwendet der Coach höchstwahrscheinlich Sätze wie die folgenden:

- „Ich verstehe das Gesagte so ..."
- „Nach dem, was ich gehört habe, versuchen Sie mir Folgendes mitzuteilen ..."
- „Ich liege mit der Annahme ... also richtig?"

Da anhand dieser Sätze das zuvor Gesagte geprüft und bestätigt wird, müssen sie unverbindlich geäußert werden. Indem der Coach einen unverbindlichen Ansatz wählt und eventuell einen Kommentar dazu abgibt, kann er sicherstellen, dass er dem Lernenden keine Worte in den Mund legt. Der Coach muss vorsichtig sein, bei der Zusammenfassung und Wiedergabe des Gesagten den Worten des Lernenden nicht seine eigene Note aufzudrücken.

Die folgende Fallstudie zeigt, wie einfach es ist, die eigene Interpretation über die Aussagen einer anderen Person zu stellen.

Fallstudie

Sharon, Jahrgangsstufenleiterin an einer weiterführenden Schule, trifft sich mit ihrem Vorgesetzten James zu einer Nachbesprechung, bei der ein Coaching-Ansatz eingesetzt werden soll. Es geht um eine erfolglos verlaufene interne Bewerbung.

James: Okay, Sharon, wie fühlen Sie sich in Bezug auf die gestrigen Ereignisse?

Sharon: Enttäuscht und, um ehrlich zu sein, auch im Stich gelassen.

James: Erzählen Sie mir mehr darüber.

Sharon: Ich habe so viel Zeit in die Präsentation investiert. Ich habe das ganze Wochenende daran gesessen und jetzt denke ich, dass alles umsonst war. Ich hatte das Gefühl, ich hätte in der Präsentation an alles gedacht; am Ende war es einfach nur Zeitverschwendung. Ich hätte mir mehr Zeit nehmen sollen, um mich auf die Fragen vorzubereiten.

James: Also, wenn ich das richtig verstehe, dann denken Sie, dass die Präsentation wirklich schlecht lief.

Sharon: Nein, mir wurde gesagt, dass die Präsentation der beste Teil meines Bewerbungsgesprächs war. Was ich sagen möchte ist, dass ich zu viel Zeit damit verschwendet habe. Warum? Haben Sie etwas anderes gehört?

▶▶

James hätte Folgendes sagen sollen: „Nur um zu prüfen, ob ich das richtig verstanden habe: Sie haben das Gefühl, zu viel Zeit auf die Präsentation verwendet zu haben und dass Sie sich deshalb zu wenig auf die Fragen vorbereitet haben." Dadurch hätte er einfach das wiedergegeben, was Sharon dachte. Stattdessen reagierte sie auf seine Zusammenfassung besorgt und ging in die Defensive, in der Annahme, dass James irgendwo gehört hätte, ihre Präsentation wäre nicht gut gelaufen.

Indem Sie als Coach einfach nur das wiedergeben, wovon Sie ausgehen, dass der Lernende es gesagt hat, vermeiden Sie es, die erhaltenen Informationen zu interpretieren.

◀

Guter Tipp

Beim Coaching geht es nicht darum, die gehörten Informationen zu interpretieren. Es geht darum, sich zu 100 Prozent auf den Lernenden und seine Themen zu konzentrieren.

Beim Zuhören geht es darum, dass der Coach auf Detektivarbeit verzichtet. Denn versucht er zu angestrengt, die Informationen des Lernenden zu interpretieren, ist er nicht in der Lage, effektiv zuzuhören. Seine ganze Energie wird dafür verschwendet, sich auf die Formulierung der nächsten Frage zu konzentrieren und eigene Referenzpunkte zu nutzen, um die Informationen zu interpretieren, anstatt das Problem des Lernenden umfassend zu verstehen.

Die folgende Fallstudie zeigt einen Coach, der sich zu sehr auf die Interpretation des Gehörten konzentriert.

Fallstudie

Jason ist ein neuer Fachgebietsleiter und nimmt an einer Coaching-Sitzung mit seiner Vorgesetzten Mary teil. Sie ist stellvertretende Schulleiterin und nutzt Coaching, um die Führungskompetenzen von Jason zu verbessern.

Mary: Okay, Jason, erzählen Sie mir, was Sie von Ihrer neuen Rolle halten.

Jason: Es läuft ganz gut. Ich fange gerade an, mich richtig gut einzuarbeiten. Es gibt so viel zu tun: Prioritäten zu setzen und Zeitmanagement sind schwierige Aufgaben und es fällt mir schwer herauszufinden, was am wichtigsten ist, wenn sich alles dringend anhört. Ich habe kaum Zeit, um eine Pause zu machen. Ich habe nicht genug Zeit, wie früher, um mich um meine eigene Planung und meinen Unterricht zu kümmern. Ich war immer stolz darauf, ein hervorragender Lehrer zu sein, und ich frage mich, ob das immer noch eine meiner Prioritäten sein sollte.

▶▶

Mary: Okay, Jason. Wie ich das höre, möchten Sie sagen, dass Sie Angst haben, Ihre eigene Glaubwürdigkeit als hervorragender Lehrer im Bereich Naturwissenschaften stünde auf dem Spiel, da Sie nicht genug Zeit für die Planung haben und darunter auch Ihre Glaubwürdigkeit als Fachgebietsleiter leiden wird.

Zu welchem Zeitpunkt hat Jason erwähnt, dass er Angst hat, dass seine Glaubwürdigkeit als Fachgebietsleiter leiden könnte? Das war alleine Marys Interpretation. Sie hat zu viel in das hineininterpretiert, was Jason gesagt hat, und ihre Antwort versetzte Jason wahrscheinlich noch mehr in Sorge. Jasons Problem lag eigentlich nur darin, welche Prioritäten er in seiner neuen Rolle setzen sollte. Eine bessere Antwort wäre folgende gewesen:

Mary: Wenn ich das richtig verstehe, möchten Sie sagen, dass es schwer für Sie ist, die neuen Aufgaben als Fachgebietsleiter, Ihren Unterricht und die Planung unter einen Hut zu bekommen.

In dieser Zusammenfassung gibt Mary erfolgreich die Fakten wieder, die Jason zuvor geäußert hat. ◀

Verzicht auf Wertung: Ein weiterer wichtiger Aspekt des *Zuhörens, um zu lernen*, ist, nicht zu werten. Während des Zuhörens ist es für den Coach sehr einfach, dem Lernenden Zeichen der Zustimmung zu geben. Dadurch veranlasst er den Lernenden, zu versuchen, dem Coach zu gefallen. Wenn der Coach seine eigenen Wertvorstellungen in das Coaching einfließen lässt, verschiebt sich der Fokus vom Lernenden auf den Coach und dessen Vorstellungen. Es ist wichtig für den Coach, neutral zu bleiben, damit er dem Lernenden einen Spiegel vorhalten und dessen Probleme widerspiegeln kann. Wenn der Lernende Lösungsmöglichkeiten sucht, ist es wichtig, dass seine Wahl nicht durch die Ansichten des Coachs beeinflusst wird. Anders gesagt, es ist wichtig, dass der Coach kein Missfallen gegenüber den Aussagen des Lernenden äußert. Das ist ein besonders wichtiger Faktor beim Zuhören, wenn der Coach gleichzeitig Vorgesetzter des Lernenden ist. In einer Coaching-Sitzung ist es wichtig, dass der Lernende sich nicht darauf konzentriert, den Coach zufriedenzustellen und ihm das zu sagen, wovon er denkt, dass der Coach es hören möchte. Ein Fortschritt kann nur dann erzielt werden, wenn zwischen Coach und Lernendem eine ehrliche Beziehung besteht. Der Coach muss eindeutig klarstellen, dass er unvoreingenommen an die Coaching-Sitzung herangeht.

Die folgende Fallstudie geht noch einmal genauer auf dieses Thema ein.

Empathie: Es ist wichtig, dem Lernenden gegenüber Empathie auszudrücken, denn sie ist die Basis für eine gute Kommunikation und den Aufbau einer Beziehung.

Empathie und Mitleid können leicht verwechselt werden. Bei einer Coaching-Sitzung möchte der Lernende nicht das Mitleid des Coachs, da dieses dem Lerneffekt im Wege steht. Wenn der Coach die Informationen des Lernenden mit eigenen Erfahrungen verknüpft und Mitleid ausdrückt, verwendet er nicht die dritte Ebene des Zuhörens, die nötig ist. Der Coach muss etwas Abstand zum Gesagten des Lernenden wahren. Mitleid zählt zur zweiten Ebene des Zuhörens – dem zielgerichteten Zuhören. Beim zielgerichteten Zuhören versucht der Coach, das Gehörte mit eigenen Erfahrungen zu verknüpfen, um herauszufinden, was er mit dem Lernenden gemeinsam hat, und im Folgenden Mitleid auszudrücken. Ein Zuhörer, der Mitleid ausdrücken möchte, wird folgende Aussagen verwenden: „Wie schrecklich ... ich verstehe, was Sie durchmachen ... Sie wurden wirklich schlecht behandelt ... das tut mir leid ... ich verstehe nur zu gut, wie Sie sich fühlen“.

Empathie wird in eine höhere Ebene eingeordnet als Mitleid. Unter Empathie versteht man den Versuch, die Welt des Lernenden durch dessen Augen zu sehen. Der Coach erhält hierbei genaue Informationen, mit denen er arbeiten kann, da sie frei von seiner eigenen Interpretation sind. Wenn wir jemandem zuhören, konzentrieren wir uns oft auf die Lösung. Anstatt unserem Gegenüber zuzuhören, was es zu sagen hat, werfen wir Ideen in die Waagschale, die wir aus unserer eigenen Erfahrung heranziehen und von denen wir denken, dass sie unserem Gegenüber hilfreich sein können. Um jedoch jemandem wirklich zu helfen, müssen Sie sich Zeit nehmen, um zu verstehen, wie Ihr Gegenüber die Dinge selbst sieht. Das versteht man unter Empathie. Es ist eine schnelle und einfache Möglichkeit, ein Problem durch eine schnelle Lösung in drei Schritten zu beheben. Diese Vorgehensweise führt jedoch zu einer Abhängigkeit seitens des Lernenden und könnte ihn frustrieren oder verärgern.

Personen mit einem hohen emotionalen Intelligenzquotienten (EI) sind in der Lage, dem Lernenden gegenüber Empathie zu zeigen, und fühlen sich verpflichtet, ihm bei der Entfaltung seines wahren Potenzials zu helfen. Sie sind außerdem in der Lage, ihre eigenen Emotionen zu kontrollieren. Das ist wichtig, da der Coach nicht werten und stets objektiv bleiben sollte. Menschen mit hohem emotionalem Intelligenzquotienten zeigen außerdem ein hohes Maß an Optimismus. Dies ist sehr wichtig, da es sich beim Coaching vor allem darum dreht, nach vorne zu sehen und eine bessere Zukunft mit den Mitarbeitern aufzubauen.

Fallstudie

Karen ist Peters Schulleiterin. Sie halten ihre regelmäßige monatliche Coaching-Sitzung ab. Peter unterrichtet eine besonders schwierige Klasse der Jahrgangsstufe 5 und fühlt den Druck, der durch die im nächsten Jahr anstehenden Standardbewertungen auf ihm lastet.

Karen: Okay, Peter, erzählen Sie mir, wie das Halbjahr für Sie verlaufen ist.

Peter: Schrecklich, ich war wirklich am Ende mit meinem Latein und Sie werden sicherlich nicht gerade erfreut darüber sein, wie ich den Lehrplan für dieses Halbjahr organisiert habe, aber es ging einfach nicht anders. Ich muss an die Kinder denken, die in meiner Klasse sind, und ihre Bedürfnisse berücksichtigen. Ich weiß, dass es nicht mit Ihren Ansichten übereinstimmt, aber ich bin am Ende und ich muss auf meine Klasse und ihre Bedürfnisse eingehen.

▶▶

Karen: Erzählen Sie mir mehr von den Bedürfnisse Ihrer Klasse.

Peter: Nun, viele der Schüler verfügen noch nicht einmal über die Grundlagen und ich habe einige Schüler mit Verhaltensauffälligkeiten. Sie brauchen ein straffes Wiederholungsprogramm, um die bevorstehenden Standardbewertungen zu bestehen. Der komplette Tag muss durchorganisiert sein, damit keine Zeit für störendes Verhalten bleibt. Sie brauchen ausreichend Schreibarbeiten und wenig Veränderungen in der Klasse. Ich weiß, wir haben uns bei der letzten Leistungsbesprechung dagegen entschieden, aber ich habe das Gefühl, dass es genau das ist, was die Kinder brauchen.

Karen: Ihren Aussagen nach kennen die Kinder also nicht einmal die Grundlagen. Was denken Sie wäre die beste Möglichkeit für sie, diese zu lernen?

Karen hat es vermieden, ihre eigene Meinung dazu zu äußern, wie Peter die Schwierigkeiten in der Klasse beheben will. Es war schwierig für sie, da man an der Schule zuvor bereits beschlossen hatte, einen kreativeren Lehrplan zu verfolgen. Peter hatte sich offensichtlich dagegen entschieden. Sie konnte der Versuchung widerstehen, Peter zu kritisieren und für sein Zuwiderhandeln gegen die Schulpolitik zu maßregeln. Zum Coaching-Zeitpunkt versuchte sie die Bedürfnisse, die die Schüler aus Peters Sicht hatten, für ihn zu reflektieren; hoffentlich würde er am Ende der Sitzung seine eigene Lösung für das Problem finden. ◀

Fallstudie

Lucy ging auf ihren Kollegen Ken zu, der ihre Klasse zuvor unterrichtet hatte, um sich Rat zu holen. Es kam folgendes Gespräch zustande.

Lucy: Ich habe darüber nachgedacht, in welche Gruppen ich die Klasse einteilen könnte. Die momentanen Gruppen scheinen nicht zu funktionieren. Vielleicht sollte ich sie für die Hauptfächer neu aufteilen.

Ken: Ich weiß, was Sie meinen. Ich hatte genau das gleiche Problem. Ich habe die alten Gruppen noch auf dem Laptop. Schauen Sie doch nach dem Unterricht schnell vorbei, dann kann ich sie Ihnen geben.

Lucy: Nein, darum geht es nicht. Im letzten Jahr sind zwei neue Kinder hinzugekommen und sie haben die Dynamik in der Klasse verändert. Ich habe mich nur gefragt, was Sie davon halten würden, neue Gruppen zu bilden, und wo eventuelle Fallstricke lauern könnten.

Ken: Stellen Sie am besten wieder die gleichen Gruppen zusammen, die ich im letzten Jahr hatte. Sie werden Ihnen keine Probleme bereiten, da die Schüler bereits daran gewöhnt sind. Bei mir haben sie gut funktioniert.

Lucy wäre aus diesem Gespräch sicherlich verärgert und mit dem Gefühl, dass ihr nicht zugehört wurde, herausgegangen. Sie wollte mit einem erfahrenen Kollegen ein Gespräch über die Vorteile einer neuen Gruppenzusammenstellung für ▶▶

unterschiedliche Fächer führen. Alles, was ihr angeboten wurde, war jedoch eine Haurucklösung. Ihr Gesprächspartner machte nicht einmal ansatzweise den Versuch, sie oder das, was sie sagte, zu verstehen. Schlimmer noch, Ken ging von vornherein davon aus, dass etwas, was für ihn funktioniert hatte, auch für sie funktionieren würde.

Ken demonstrierte einen Gesprächsansatz, bei dem die Empathie zu kurz kam, indem er sich nur darauf konzentrierte, was er dachte, gehört zu haben. Bei einem empathischen Ansatz geht es darum, zu hören, was wirklich gesagt wird, anstatt sich auf das zu konzentrieren, wovon man ausgeht, dass es gesagt wird. ◀

Guter Tipp

Beim Coaching findet der Lernende eigene Lösungen, die durch einen tiefgreifenden Lerneffekt entstehen, den der Coach unterstützt. Ein empathischer Zuhörer wird Abstand davon nehmen, selbst Lösungsvorschläge zu geben. Dadurch kann ein tiefgreifender Lernerfolg beim Lernenden entstehen.

Effektives Fragen

Unterschiedliche Arten von Fragen

Als Lehrer sind wir es gewohnt, Kindern Fragen zu stellen. Unterschiedliche Fragen dienen unterschiedlichen Zwecken. Aus folgenden Gründen stellen wir Fragen:

» **um unser eigenes Verständnis zu verbessern –** „Verstehe ich es richtig, wir ändern den Plan für die Spielplatzaufsicht, damit stets drei Erwachsene vor Ort sind?“
» **um zu sehen, ob der Lernende sich erinnert/etwas versteht –** „Wer kann mir sagen, wie Blumen bestäubt werden?“
» **um Informationen zu erhalten –** „Wie viele Erwachsene sollten bei einer bestimmten Anzahl Schüler mit auf Klassenfahrt gehen?“
» **um Zustimmung zu erhalten –** „Sind alle einverstanden, dass wir damit fortfahren?“
» **um Fragen zu klären –** „Warum hast du deine Hausaufgaben nicht gemacht?“
» **um die Meinung einer anderen Person zu erfahren –** „Was hältst du von den neuen Schulmahlzeiten?“

Diese Fragen sind relativ oberflächlich und der Lernende muss nicht viel nachdenken. Beim Coaching geht es jedoch um tiefgreifendere Fragen. Ein guter Coach wird, ebenso wie ein guter Lehrer, Fragen stellen, die den Lernenden dazu veranlassen, selbst zu denken. Für die meisten Fragen, die ein Coach stellt, gibt es keine richtige Antwort.

Lehrer sagen vielleicht ab und an Dinge wie „Das war nicht so ganz die Antwort, die ich erwartet habe." Beim Coaching sollten wir aufhören, nur eine Antwort als richtig zu betrachten. Unsere Aufgabe als Coach ist es, herausfordernde, aber hocheffektive Fragen zu stellen, die dem Lernenden Probleme vor Augen führen.

Guter Tipp

Durch die richtige Fragestellung werden Vorgänge ausgelöst, durch die Sie Ihre eigene Denkweise klären können und so vorankommen. Wenn Ihnen eine effektive Frage gestellt wird, denken Sie oftmals auf eine völlig neue Art und Weise über ein Problem nach.

Sie werden sich selbst bei der Beantwortung einer Frage dabei ertappen, wie Sie denken: „So habe ich das noch nie zuvor gesehen." Diese Schlüsselmomente treten im Lernprozess oft dann auf, wenn Sie eine effektive Frage beantwortet haben. Sie werden Ihnen das Gefühl geben, als wäre Ihnen soeben ein Licht aufgegangen.

Die Fähigkeit, schwierige und offene Fragen zu stellen, ist für einen Coach unerlässlich. Beim Coaching geht es nicht um eine gemütliche Unterhaltung; um den Lernenden voranzubringen, muss er an seine Grenzen gebracht werden. Eine Schule, die Coaching einsetzen möchte, muss sich vorab überlegen, wie weit man bei der Fragestellung zu gehen bereit ist. Anfangs kann das Stellen schwieriger Fragen bedrohlich wirken. Jemanden während einer Coaching-Sitzung aus der Reserve zu locken, kann sich jedoch wirklich lohnen. Inwieweit eine Person gewillt ist, sich fordern zu lassen, muss im Vorfeld verhandelt werden. Wenn Sie jemanden zu sehr herausfordern, wird er sich verschließen; das gesamte Lernpotenzial geht verloren. Jede Person hat eine andere Grenze, bis zu der sie eine Herausforderung zulässt. Der Coach muss sich dessen bewusst sein.

Versuchen Sie es damit

Bilden Sie Zweiergruppen und erstellen Sie eine Liste der schwierigsten Fragen, die Ihnen je gestellt wurden. Vergleichen Sie sie mit denen Ihres Partners, um zu sehen, ob es Gemeinsamkeiten gibt. Notieren Sie sich die Fragen, die Sie wirklich zum Nachdenken gebracht haben, und erstellen Sie eine Liste wirklich effektiver Fragen. Hier einige Beispiele:

1. Was würden Sie tun, wenn Sie nicht scheitern könnten?
2. Was würden Sie tun, wenn Zeit und Geld keine Rolle spielen würden?
3. Was könnten Sie tun, damit es Spaß macht?
4. Was ist das bestmögliche Ergebnis?
5. Was wäre das Schlimmste, was passieren könnte?

▶▶

Eine Coaching-Frage muss folgende Kriterien erfüllen:

- » Sie muss offen sein.
- » Sie muss herausfordern.
- » Sie muss visionär sein.
- » Sie muss forschend sein.
- » Sie muss effektiv sein. ◀

Offene Fragen

Eine offene Frage ist eine Frage, auf die es keine richtige Antwort gibt. Die Frage kann nicht mit „Ja" oder „Nein" beantwortet werden. Die Fragen sind so formuliert, dass die Antwort des Lernenden viel länger sein wird als die Frage des Coachs. Denken Sie daran, bei einer Coaching-Sitzung sollte der Lernende 70 % des Gesprächs übernehmen und der Coach nur 30 %. Bei geschlossenen Fragen wird der Lernende dazu angeregt, faul zu sein, und kommt mit wenig Denkaufwand und Einsatz davon.

Eine offene Frage wird den Lernenden eher interessieren und ihn zum Nachdenken anregen. Der Lernende könnte den Coach in eine Entweder-oder-Situation bringen, in der die angemessene Frage eine geschlossene zu sein scheint. Beispiel:

Lernender: Es gibt einige Dinge, die im Moment ausgeführt werden müssen. Die Zeit läuft mir davon, ich muss noch viele Jahresabschlussberichte schreiben.

Fallstudie

Folgendes ist eine geschlossene Frage:

Coach: Werden Sie bis zur Frist fertig sein?

Die Antwort hierauf lautet entweder „Ja" oder „Nein"; der Lernende muss nicht viel darüber nachdenken. Lautet die Antwort „Nein", so hat der Coach das Problem, wie er darauf reagieren soll. Der Lernende hat das Problem somit dem Coach übertragen. Der Lernende hat das Problem angesprochen und nun muss der Coach eine Lösung dafür finden.

Folgendes ist eine offene Frage:

Coach: Wann könnten Sie fertig sein?

Lernender: Nun, ich könnte sie bis Montag fertigstellen, aber dann benötige ich jemanden, der am Freitagnachmittag für mich einspringt ... Ich könnte Sandra fragen.

Durch das Stellen einer offenen Frage hat der Coach den Lernenden dazu angeregt, seine Situation selbst zu durchdenken und eine Lösung dafür zu finden. ◀

Herausfordernde Fragen

Eine Frage, die den Lernenden fordert, sorgt dafür, dass er Fortschritte macht; sie deckt Bereiche seines Problems auf, die bisher im Unbewussten verborgen lagen. Eine herausfordernde Frage kann Blockaden lösen, die den Fortschritt des Lernenden verhindern. Durch das Stellen der Frage kann dem Lernenden geholfen werden, ein besseres Bewusstsein für das Problem zu bekommen und es aus einer anderen Perspektive zu betrachten. Indem Sie eine herausfordernde Frage stellen, können Sie unter Umständen Einblick in die verborgensten Ansichten des Lernenden erhalten. Aus diesem Grund muss der Coach mit Feingefühl vorgehen, wenn es nötig ist.

Die folgende Fallstudie zeigt eine Situation, die eine Mitarbeiterin während einer Coaching-Sitzung ihrem Vorgesetzten schildert.

Herausfordernde Fragen zur Auflösung einschränkender Überzeugungen: Beim Coaching geht es darum, das Potenzial einer Person zu entfalten. Es ist wichtig, als Coach daran zu glauben, dass der Lernende die Kraft hat und in der Lage ist, Dinge zu ändern und sich weiterzuentwickeln. Nehmen wir folgendes Beispiel: In einer Coaching-Sitzung geht es um Datenanalyse. Der Lernende sagt möglicherweise Dinge wie „Ich kann das nicht, das konnte ich noch nie ... ich kann einfach nicht mit Zahlen umgehen.“

Menschen ordnen sich selbst schon sehr früh bestimmte Fähigkeiten zu. Das ist oft der Fall bei Personen, die eine schlechte Erfahrung gemacht haben, z. B. im Sportunterricht in der Schule. Ab dem Zeitpunkt einer schlechten Erfahrung werden sie sagen: „Ich bin unsportlich“.

Fallstudie

Lernender: Ich gehe nach dem Unterricht wirklich nicht gerne auf den Spielplatz. Die Eltern sprechen nicht mit mir. Es ist immer das Gleiche, egal, wo ich hingehe, ich komme mit den Eltern einfach nicht ins Gespräch, sie ignorieren mich einfach. Ich denke, das liegt daran, dass ich noch recht jung bin. Ich sehe einfach nicht aus wie eine Lehrerin.

Coach: *Niemand von den Eltern spricht also mit Ihnen?*

Lernender: Nun, einige schon.

Coach: *Welche?*

Lernender: Frau C und Herr G erklären mir meistens, warum Kieran seine Hausaufgaben nicht gemacht hat, und fragen nach seinem Verhalten in der Schule.

Coach: *Frau C und Herr G sprechen also mit Ihnen?*

Lernender: Nun ja, einige Eltern sprechen mit mir. Allerdings nicht sehr viele auf dem Spielplatz, nicht so wie mit den anderen Lehrern.

▶▶

Hier können wir sehen, wie der Coach die Aussage „Keiner der Eltern spricht mit mir" in Frage stellt. Der Coach ist dabei vorsichtig vorgegangen, indem er gleichzeitig den Sprachstil des Lernenden reflektiert hat. Der Coach hätte auch Folgendes sagen können: „Das ist lächerlich, in den sechs Wochen, in denen Sie jetzt hier sind, hat sicher irgendwann einmal jemand mit Ihnen gesprochen". Stattdessen hat der Coach die Aussage dezent in Frage gestellt und den Lernenden so dazu veranlasst, darüber nachzudenken.

Versuchen Sie es damit

Lesen Sie noch einmal, was der Lernende in der obigen Fallstudie sagt. Einige seiner Ansichten könnten ihn behindern. Welche Ansichten sind das und welche herausfordernden Fragen würden Sie stellen, um die Blockade zu lösen?

Guter Tipp

Menschen schränken sich selbst darin ein, was sie tun können und was nicht. Das sind jedoch selbstauferlegte Einschränkungen, sie sind keinesfalls in Stein gemeißelt.

Durch herausfordernde Fragen kann der Coach lebenslang festgehaltene Ansichten in Frage stellen, die eine Person eventuell einschränken. Sehen Sie sich die folgende Fallstudie an.

Visionäre Fragen

Visionäre Fragen sind Fragen, die dem Lernenden vor Augen führen sollen, worüber er spricht, am besten aus einem neuen Blickwinkel. Wenn Ihnen eine visionäre Frage gestellt wird, sollen Sie Ihre Vorstellungskraft verwenden und sich bildlich vorstellen, worüber Sie gerade nachdenken.

Fallstudie

Der Schulleiter führt die jährlichen Gespräche mit den Lehrkräften, um festzulegen, wer im kommenden Jahr welche Jahrgangsgruppen unterrichten wird. Susan hat bisher stets die Jahrgangsstufe 3 unterrichtet und ist etwas eingefahren. Außerdem gibt es andere Lehrkräfte, die der Schulleiter gerne in Jahrgangsstufe 3 sehen würde. Der Schulleiter möchte Susan gerne fördern, denn sie ist eine gute Lehrerin.

Schulleiter: Nun, wie Sie bereits wissen, möchte ich die Lehrkräfte möglichst flexibel einsetzen. Was halten Sie also davon, nächstes Jahr eine andere Jahrgangsstufe zu unterrichten?

Susan: *Ich bin Lehrerin der Jahrgangsstufe 3, das habe ich gelernt und das ist es, worin ich gut bin.*

Schulleiter: Sie sehen sich selbst also als Lehrkraft für die Jahrgangsstufe 3?

Susan: *Ja, das tue ich. Ich habe diese Jahrgangsstufe die letzten 10 Jahre unterrichtet und ich fühle mich wohl dabei.*

Schulleiter: Was müsste passieren, damit Sie sich auch in einer anderen Jahrgangsstufe wohl fühlen?

Das ist eine sehr gute Frage, da sie Susans einschränkende Ansicht nicht in Frage stellt. Stattdessen wird das Unterrichten einer anderen Jahrgangsstufe als Möglichkeit genannt, ohne sie Susan aufzudrängen. So bekommt die Situation eine proaktive Seite und man konzentriert sich nicht nur auf das Negative. ◀

Wenn Sie darum gebeten werden, mit Worten zu beschreiben, was Sie sehen, erklären Sie sich selbst, was Sie anstreben. Diese Fragen sind vor allem in der Zielsetzungsphase des Coaching-Prozesses hilfreich.

Im folgenden Beispiel führt Jane ein Leistungsgespräch mit Carol, die den Fachbereich „Moderne Fremdsprachen" leitet. Die beiden versuchen gemeinsam, ein Ziel in Bezug auf die Führungskompetenzen festzulegen.

Jane: Ich möchte meine Führungskompetenzen in meinem Fachbereich verbessern. Ich möchte den Fachbereich besser leiten. Ich kann es nicht beschreiben, aber ich weiß, dass ich es momentan nicht sehr gut mache. Ich will mich nicht ständig im Kreis drehen, wie ich es momentan gerade tue. Ich möchte eine effektive Fachbereichsleiterin sein. Ja, genau das ist mein Ziel.

Carol: Was macht für Sie eine effektive Fachbereichsleiterin aus?

Durch die visionäre Fragestellung kann Carol herausfiltern, was einen guten Fachbereichsleiter ausmacht. Anschließend kann festgelegt werden, welche Aspekte ihrer Rolle bei der Zielsetzung vor allem Beachtung finden sollen. Sie können diese Frage auch für einen Lernenden mit auditivem Sprachstil formulieren: „Wenn Sie in sich hineinhören, was würde ein effektiver Fachbereichsleiter sagen und was würden die Mitarbeiter über Sie sagen?" Alternativ könnte die Frage für eine Person mit kinästhetischem Sprachstil wie folgt lauten: „Wie fühlt es sich an, von einem effektiven Fachbereichsleiter betreut zu werden?"

Weitere visionäre Fragen:

- „Stellen Sie sich vor, Sie sind auf Ihrer eigenen Pensionierungsfeier. Was sehen Sie, was sagen die anderen Leute?"
- „Wo sehen Sie sich in fünf Jahren?"
- „Stellen Sie sich einen perfekten Arbeitstag vor. Wo sind Sie? Was machen Sie? Wie sieht es aus?"

Eine gute visionäre Frage, die die gesamte Schule bei der Entwicklungsplanung voranbringt, könnte wie folgt lauten:

- „Wie wird diese Schule in zehn Jahren aussehen?"

Forschende Fragen

Es gibt Fragen, die den Lernenden ermutigen, mehr zu reflektieren und das Thema zu erforschen. Sie könnten dem Lernenden als eine Art Hausaufgabe mit auf den Weg gegeben werden und ihn ermutigen, sich selbst und seine Rolle im Beruf besser zu verstehen. Diese Fragen können z. B. in Leistungsgesprächen eingesetzt werden, um Stärken und mögliche Entwicklungsbereiche zu identifizieren.

Hier einige Beispiele:

- „Womit beschäftigen Sie sich momentan?"
- „Was motiviert Sie?"
- „Was bedeutet es, ein guter Teamleiter/ein gutes Teammitglied zu sein?"
- „Was bedeutet es, in Ihrem Beruf erfolgreich zu sein?"

Forschende Fragen klären außerdem sowohl für den Coach als auch für den Lernenden die Situation. Sie können dem Lernenden manchmal vorsichtig angeboten werden – selbst eine nur halb formulierte Frage unter Einsatz des Sprachstils des Lernenden kann ihn dazu veranlassen, tiefgreifend und reflektiert darüber nachzudenken.

Effektive Fragen

Effektive Fragen können den Lernenden um Lichtjahre voranbringen. Diese Fragen können das Problem an der Wurzel packen. Sie werden am besten eingesetzt, wenn der Lernende sich in einer Sackgasse befindet oder wenn es den Anschein macht, dass das wahre Problem verborgen ist. Sie sind kurz und können nicht umgangen werden. Sie erfordern eine ehrliche und korrekte Antwort. Hocheffektive Fragen gehen unter die Oberfläche, stellen das Wissen auf die Probe, das der Lernende bereits hat, und decken unendliche Möglichkeiten auf.

Weitere Beispiele für effektive Fragen:

- „Wo liegt hier die Wahrheit?"
- „Wie können Sie das wissen?"
- „Wie können Sie das so sicher sagen?"
- „Was hält Sie auf?"
- „Wie können die Schüler davon profitieren?"

Ein Coach benötigt als weitere wichtige Fähigkeit, Fragen auf positive und offene Art und Weise zu stellen, damit vollständige und durchdachte Antworten das Ergebnis sind.

Fallstudie

Lernender: Ich hatte in letzter Zeit mit meiner Rolle als Leiter der Pausenaufsicht zu kämpfen. Die Gruppe ist ziemlich rechthaberisch und es scheint, als würde ich in Sitzungen mit ihnen jedes Mal in eine Konfrontation geraten. Sie sehen es einfach nicht ein, wenn etwas geändert werden muss. Wenn ich bloß vorschlage, die Mittagszeiten zu verbessern, schweifen sie schon vom Thema ab und sagen, dass alles bestens sei und es die Kinder wären, die immer schwieriger werden.

Coach: *Sie schweifen vom Thema ab ...? Erzählen Sie mir mehr darüber.*

Lernender: Mehr darüber, womit sie sich dann beschäftigen? Nun, sie fangen immer wieder mit dem alten Hut an, dass nicht genug Mitarbeiter zur Verfügung stehen. Sie sagen, wenn sie noch eine zusätzliche Lehrkraft im Team hätten, könnten sie alle Streits während der Mittagszeit schlichten.

Der Coach bot vorsichtig eine Frage an. Der Lernende sprang auf den Zug auf und beantwortete sie für ihn.

Durch eine halb vorgeschlagene Frage konnte der Coach aufdecken, was wirklich das Problem für die Pausenaufsicht ist.

Fallstudie

Lernender: Ich komme einfach nicht dazu, den neuen Arbeitsplan aufzustellen. Ich werde die Frist nicht einhalten können. Es scheint auch keinen Sinn zu haben, ihn jetzt zu schreiben, da sich wegen der neuen Richtlinien sowieso wieder alles ändern wird. Außerdem werden im September drei neue Mitarbeiter erwartet und ich denke, es hat keinen Sinn, den Plan jetzt aufzustellen, ohne ihre Meinung einfließen lassen zu können.

Coach: *Was möchten Sie also tun?*

Durch diese Frage gibt der Coach das Problem an den Lernenden zurück. Es geht nicht um die äußerlichen Einflüsse, sondern lediglich darum, was der Lernende erreichen möchte.

Ein Lernender geht unter Umständen sehr negativ an ein Thema heran. Es ist Aufgabe des Coachs, das Thema durch gezielte Fragestellung in ein positiveres Licht zu rücken. Der Lernende könnte z. B. mit folgendem Szenario aufwarten:

Lernender: Ich kann meiner Referendarin auf keinen Fall die Zeit geben, die sie fordert. Sie möchte sich jeden Tag nach dem Unterricht für eine Stunde treffen, um ihren Unterricht nachzubesprechen. Dafür habe ich einfach keine Zeit. Ich hätte es von vornherein ablehnen sollen, eine Referendarin zu betreuen. Ich wusste nicht, dass es derart viel Arbeit sein würde. Ich kann dem einfach nicht gerecht werden, es funktioniert einfach nicht.

Coach: Ok, Sie haben also nicht jeden Tag eine Stunde Zeit. Wie viel Zeit könnten Sie erübrigen?

Der Coach teilt die Verantwortung sofort dem Lernenden zu, damit dieser eine Lösung für das Problem findet, und wendet das Gespräch so zu einer positiven, lösungsorientierten Diskussion.

Schlussfolgerung

Wenn Sie eine Beziehung aufbauen, kann sich der Lernende entspannen. Sie können demonstrieren, dass Sie eine Beziehung zu jemandem aufgebaut haben, indem Sie den Sprachstil und die nonverbalen Zeichen der Person widerspiegeln.

In einer Coaching-Sitzung müssen Sie effektive, offene Fragen stellen. Sie zielen darauf ab, besser zu verstehen, wo sich der Lernende gerade befindet. Ihre Fragen müssen den Lernenden herausfordern.

Wenn Sie coachen, müssen Sie sicherstellen, dass Sie zuhören, um zu lernen. Hören Sie eingehend zu, um zu verstehen, und zeigen Sie dem Lernenden Ihre Empathie. Denken Sie daran, dass der Lernende während der Sitzung zu 70 % sprechen sollte und der Coach nur zu 30 %.

Auf einen Blick

Um ein erfolgreicher Coach zu sein, müssen Sie folgende Fertigkeiten trainieren:

- Aufbau einer Beziehung
- effektives Fragen
- zuhören, um zu lernen

Aus der Praxis

1. Welche Elemente der Grundbausteine des Coachings beherrschen Sie bereits gut?
2. Wie wissen Sie das?

Die folgende Vorlage könnte hilfreich für Sie sein, um diese Fragen zu beantworten.

Grundbausteine des Coachings, die ich bereits beherrsche	**Nachweis/Beispiele**
Aufbau einer Beziehung *Spezifische Elemente:*	
Zuhören, um zu lernen *Spezifische Elemente:*	
Effektives Fragen *Spezifische Elemente:*	

Überfliegen Sie die Kapitelüberschriften und listen Sie alle Fähigkeiten auf, die Sie nicht so gut beherrschen oder in denen Sie weniger Erfahrung haben.

Nutzen Sie folgende Vorlage, um Entwicklungsbereiche zu identifizieren:

Grundbausteine	**Spezifische Entwicklungsbereiche**
Effektives Fragen	
Aufbau einer Beziehung	
Zuhören, um zu lernen	

3. Überlegen Sie sich Möglichkeiten, um Ihre Fähigkeiten zu trainieren und weiterzuentwickeln. Wie wissen Sie, wann Sie Ihr Ziel erreicht haben?

Entwicklungsbereich	**Aktivität, um zu trainieren/um den Bereich weiterzuentwickeln**	**Nachweis, dass eine Verbesserung stattgefunden hat**

▶▶

4. Wie sollten Sie nun fortfahren, um das Gelernte zu festigen (weiterführende Lektüre, Gespräche mit Kollegen, praktische Ausführung)?
   Planen Sie, wie Sie in den folgenden Monaten fortfahren werden, und nehmen Sie sich Zeit für Ihre Pläne.

Coaching-Entwicklungsplan

Lesen	Gespräche mit Kollegen	Praktische Erprobung
Was? Wann?		

◀

Kapitel

3

Der Coaching-Prozess

In diesem Kapitel erfahren Sie etwas über

- Vereinbarungen, die vor den Coaching-Sitzungen getroffen werden müssen
- die Erforderlichkeit eines Modells
- die verschiedenen Phasen des Modells
- nützliche Fragen zu jeder Phase des Modells
- praktische Vorschläge für die erfolgreiche Umsetzung des Modells
- die Verwendung des Modells zur Planung der Coaching-Sitzungen

In diesem Kapitel stellen wir Ihnen ein Coaching-Modell zur Verfügung, das Sie in Ihren Sitzungen verwenden können. Das Modell bietet Ihnen eine Grundstruktur, anhand derer Sie Ihre Coaching-Sitzung aufbauen können, und weist auf die Punkte hin, die in einer Coaching-Sitzung abgedeckt sein müssen. In diesem Kapitel erfahren Sie, wie Sie das Modell einsetzen und anpassen können. Danach sind Sie in der Lage, Ihre Sitzungen selbst zu planen.

Bevor Sie loslegen

Bevor Sie mit den Coaching-Sitzungen beginnen können, müssen Protokolle und Details ausgearbeitet werden, die es sowohl dem Coach als auch dem Lernenden ermöglichen, sich über den Ablauf des Prozesses klar zu werden und zu wissen, was sie erwartet.

Wenn Sie vorhaben, das Coaching-Programm für alle Mitarbeiter zur Verfügung zu stellen, können Sie die Vorbesprechung im Rahmen einer Mitarbeitersitzung abhalten, bei der alle Betroffenen anwesend sind. Wenn Sie nur einen Kollegen coachen, müssen Sie ein Meeting festlegen, in dem Sie und Ihr Kollege Ihre Erwartungen an den anderen jeweils klar formulieren und festlegen, wie es weitergeht.

Sowohl die Rolle und Verantwortung des Coachs als auch die des Lernenden werden in dieser Sitzung festgelegt. Die Zeit, die hiermit verbracht wird, legt die Basis für die Beziehung zwischen Lernendem und Coach. Es ist möglich, dass der Lernende in dieser Sitzung Druck auf den Coach ausübt, endlich über das eigentliche Thema zu sprechen. Der Coach darf sich jedoch nicht darauf einlassen.

Beide Parteien müssen klären, welche Ziele jeweils erreicht werden sollen. Während dieser Sitzung muss der Coach dem Lernenden klarmachen, dass er an seine Fähigkeit glaubt, seine Leistung in dem Bereich, in dem er arbeitet, verbessern zu können. Der Coach muss den Lernenden ausdrücklich darauf hinweisen, dass er davon ausgeht, dass der Lernende ausreichend Potenzial zur Weiterentwicklung mitbringt. In dieser Sitzung muss die Beziehung aufgebaut werden, über die wir in Kapitel 2 gesprochen haben.

Die Vorbesprechung

Dem Lernenden sollte in dieser wichtigen ersten Sitzung das Gefühl vermittelt werden, dass er geschätzt und verstanden wird. Der Coach wird seine Fähigkeit anwenden, zuzuhören, um zu lernen, um den Kontext für die Coaching-Sitzungen festzulegen.

Es könnte hilfreich sein, wenn Sie den Lernenden vor der ersten Sitzung einige Informationsformulare ausfüllen lassen. Darüber hinaus sollte er eventuell eine Beschreibung der gegenseitigen Erwartungen von Coach und Lernendem lesen (sehen Sie sich als Beispiel die

Tabelle für Coaching-Vereinbarungen auf Seite 55 an). In der Vorbesprechung zur eigentlichen Coaching-Sitzung müssen folgende Themen abgedeckt werden:

Wann und wo finden die Sitzungen statt

Es sollte ein ruhiger und gemütlicher Ort sein, an dem Sie nicht gestört werden. In einigen Schulen wird es schwierig sein, einen solchen Ort zu finden. Wenn Sie sich für das Büro entscheiden, ist es wichtig, dass sich jemand anderes darum kümmert, Anrufe anzunehmen und wenn nötig die Tür zu öffnen.

Häufigkeit und zeitliche Planung der Sitzungen

Es muss festgelegt werden, wie häufig Sie sich treffen und für wie lange. Eine durchschnittliche Coaching-Sitzung dauert normalerweise eine Stunde. Allerdings ist es sowohl für den Lernenden als auch für den Coach anstrengend und so können manchmal bereits 20 Minuten ausreichend sein. Der Coach ist dafür verantwortlich, während der Sitzungen die Zeit im Auge zu behalten. Die Zeitspanne zwischen Sitzungen kann variieren, aber ein Monat ist eine sinnvolle Pause. Dadurch hat der Lernende Zeit, aktiv zu werden, ohne den Fokus zu verlieren.

Wie viele Sitzungen nötig sind, ist unterschiedlich. Die Anzahl muss jedoch von Anfang an festgelegt werden. Für einige Coaching-Themen ist eine einzelne Sitzung ausreichend. Ein Teamleiter könnte beispielsweise entscheiden, ein Teammitglied zu coachen, das eine Präsentation halten wird. Hierfür reicht eine Sitzung aus. Andererseits kann eine Schule, die eine neue Initiative einführt, auch entscheiden, dass sich die Mitarbeiter einmal im Monat über das gesamte Schuljahr hinweg coachen sollten. Mein Vorschlag wäre, zu Beginn des Coachings einen kurzen Coaching-Zeitraum festzulegen und anschließend darauf aufzubauen.

Freie Zeit für Coaching Sitzungen

Dies ist unter Umständen das wichtigste Element, das beachtet werden muss. Wenn keine Vorkehrungen getroffen werden, um Zeit für die Coaching-Sitzungen zu schaffen, werden sie nicht stattfinden. Wenn Sie das Coaching in Ihrer Schule einführen möchten, müssen Sie einen Plan aufstellen, wie sich die Lehrer die nötige Zeit dafür nehmen können. Einige Schulen konnten Coaching erfolgreich in die Mitarbeitersitzungen integrieren, die am Jahresanfang festgelegt wurden.

Welche Aufgaben müssen zwischen den Sitzungen erledigt werden

Es muss dem Lernenden von Anfang an klar sein, dass von ihm erwartet wird, dass er auch zwischen den Sitzungen bestimmte Aufgaben erledigt. Das muss nicht übertrieben viel sein, meistens reicht schon ein bisschen Denkarbeit seitens des Lernenden aus. Es ist sehr wichtig, sich über diesen Punkt einig zu sein, da es Teil der Verpflichtung des Lernenden ist, die Verantwortung für seine Entwicklung selbst in die Hand zu nehmen.

Erwartungen von Coach und Lernendem

Der Lernende muss sich sicher sein können, dass er dem Coach alles anvertrauen kann und dass dieser die Information vertraulich und mit Respekt behandeln wird. Alle Informationen, die der Coach vom Lernenden erhält – seien sie privater oder beruflicher Natur – müssen vom Coach absolut vertraulich behandelt werden. Auch der Coach hat ein Anrecht auf Respekt. Das bedeutet, dass der Lernende Termine einhält und pünktlich zu ihnen erscheint.

Es ist wichtig, die Erwartungen von Coach und Lernendem zu klären. Nachfolgend eine Liste der möglichen Erwartungen, auf die sich Coach und Lernender einigen können.

Als Coach können Sie Folgendes von mir erwarten:
- » Unterstützung und Engagement, damit Sie Ihre Ziele erreichen
- » Vertraulichkeit
- » Glaube an Ihr Potenzial zur Weiterentwicklung
- » Ich werde Ihnen wertungsfrei zuhören.

Als Lernender können Sie Folgendes von mir erwarten:
- » Pünktlichkeit und Einsatz
- » Ich werde sämtliche vereinbarten Aufgaben zwischen den Sitzungen durchführen.
- » Ich verstehe, dass ich selbst dafür verantwortlich bin, Ergebnisse zu erzielen.
- » Ehrlichkeit und Offenheit in den Coaching-Sitzungen

Notizen machen

Während einer Coaching-Sitzung wird über Vieles gesprochen und es werden viele Vereinbarungen getroffen. Der Lernende möchte eventuell eine Aufzeichnung der Sitzung, auf die er sich zwischen den Sitzungen beziehen kann. Der Coach und der Lernende müssen vereinbaren, wer für die Aufzeichnung von Notizen verantwortlich ist und wofür sie genutzt werden sollen. Macht der Lernende Notizen, wird er nur die Punkte der Konversation festhalten, die für ihn am wichtigsten sind und die er zum Lernen benötigt. Wird dem Lernenden die Verantwortung für die Aufzeichnung von Notizen übertragen, übernimmt er dadurch auch die Verantwortung für sein Vorankommen. Sie können jedoch auch entscheiden, dass es besser ist, als Coach die Aufzeichnung von Notizen zu übernehmen, da der Lernende dadurch mehr Zeit hat, Themen ungehindert zu hinterfragen. Das Aufzeichnen von Notizen sollte am Ende einer Sitzung erfolgen, wenn das Gesagte noch einmal zusammengefasst wird. Dadurch wird sichergestellt, dass der Gesprächsfluss während der Sitzung nicht gestört wird. (Sehen Sie sich die folgende Tabelle als Beispiel für einen Notizzettel an.)

Ich rate dazu, dass Coach und Lernender zu Beginn der Sitzungen eine Coaching-Vereinbarung ausfüllen, um die genannten Punkte abzuhaken (siehe nachfolgendes Beispiel).

Die erste Sitzung

In der ersten Sitzung klären Sie die obigen Protokollpunkte und entscheiden, wie Sie zusammenarbeiten werden. Es ist wichtig, dass von vornherein festgelegt wird, was der Lernende langfristig im Rahmen der Coaching-Sitzungen erreichen möchte und welchem Zweck die Sitzungen dienen. Selbst wenn der Zweck der Sitzungen zuvor in einer Mitarbeitersitzung genannt wurde, muss berücksichtigt werden, dass jeder Mensch einzigartig ist und andere Erwartungen hat.

Coaching-Vereinbarung

Name des Lernenden: .... Datum:

Name des Coachs: ....

Coaching-Bereich, z. B. Thema Führungskompetenz, Denkfertigkeit

Uhrzeit und Ort der Sitzung

Zeitspanne zwischen den Sitzungen

Sitzungsdauer

Vereinbarung zur Aufzeichnung von Notizen

Zeitraum des Coaching-Auftrags

Erwartungen an das Coaching und Definition des Coachings vereinbart

Ja ☐ Nein ☐

Sonstiges: ....

Datum: ....

Fallstudie

Kontext: Grundschule im Stadtzentrum

Die Schule hatte sich entschieden, in Coaching für alle Mitarbeiter zu investieren, und sorgte dafür, dass alle Mitarbeiter eine Schulung zu Coaching-Fähigkeiten erhalten würden, was auch sehr gut aufgenommen wurde. Der Trainer/Coach sollte einen eintägigen Workshop zu Coaching-Fähigkeiten abhalten. Im Anschluss sollten vier Sitzungen zur Weiterentwicklung dieser Fähigkeiten stattfinden. Der Trainer/Coach und der Schulleiter hatten gemeinsam beschlossen, dass es beim Coaching hauptsächlich um die Fachbereichsleitung gehen sollte. Die Lehrer wurden in Zweiergruppen eingeteilt, um sich gegenseitig zu Aspekten dieser Rolle zu coachen. Es wurde vereinbart, dass jedes Lehrerpaar zwei Coaching-Sitzungen zu einem Aspekt der Aufgaben als Fachbereichsleiter abhalten würde, bevor der Trainer/Coach erneut in die Schule kam. Der Fokus der ersten Sitzung sollte darauf liegen herauszufinden, wo die Probleme bei den Coaching-Sitzungen lagen, und das Coaching-Modell weiter einzuführen.

Als der Trainer/Coach erneut in die Schule kam, stellte sich heraus, dass keine einzige der vereinbarten Coaching-Sitzungen stattgefunden hatte. Es musste jedoch irgendwie weitergehen.

Der Trainer/Coach führte mit allen Paaren eine Coaching-Sitzung durch, um herauszufinden, was schiefgelaufen war, und um das Engagement im Hinblick auf das Coaching wieder zu stärken. Bei den Gesprächen wurde schnell klar, dass das Thema der Fachbereichsleitung in der Schule ein riesiges Problem war und einige Lehrer überhaupt keine Ahnung hatten, worum es dabei ging. Wie sollten sie sich also zum Thema Fachbereichsleitung coachen, wenn sie noch nicht einmal wussten, worum es dabei überhaupt geht! Es gab keine einstimmige Meinung, was von einem Fachbereichsleiter erwartet wird. Es gab keine Definition der Rolle im Allgemeinen und auch keine detaillierte Auflistung der Aufgaben.

Die Lehrer hatten das Gefühl, keinen Anfang machen zu können, da sie sich nicht klar darüber waren, was Sinn und Zweck der Coaching-Sitzung sein sollte.

In diesem Fall musste der Trainer/Coach zu den Grundlagen zurückkehren. Was die Lehrer so handlungsunfähig machte, war der enorme Umfang der Aufgabe und ein Mangel an Kenntnissen in diesem Bereich. Das Konzept des Coachings war völlig neu für sie und sie kämpften damit, es zu verstehen. Hinzu kommt, dass auch das Gebiet, zu dem die Coaching-Sitzungen stattfinden sollten, Neuland war. Kein Wunder also, dass kein Coaching stattgefunden hatte.

Fazit:

» Erklären Sie den Mitarbeitern genau, weshalb das Coaching stattfinden soll.
» Machen Sie klar, aus welchem Grund die Mitarbeiter Coaching-Fähigkeiten erlernen sollen.
» Beziehen Sie die Mitarbeiter in die Entscheidung ein, einen Coaching-Ansatz einzuführen.

- » Wenn die Mitarbeiter das erste Mal ein Coaching durchführen, sollte der Fokus sehr eng gefasst werden.
- » Wählen Sie für den Anfang ein einfaches Coaching-Thema für die Mitarbeiter, mit dem sie bereits vertraut sind.
- » Wenn die Mitarbeiter sich später im Hinblick auf größere Probleme an der Schule coachen, sollten Sie sicherstellen, dass es eine einheitliche Meinung zu diesen Problemen gibt.

Umfang der Sitzungen

Es muss nicht nur Sinn und Zweck der Sitzung im Voraus klar sein, sondern Coach und Lernender müssen in der ersten Sitzung auch gemeinsam festlegen, welche Themenbereiche im Rahmen des Coachings abgedeckt werden sollen. Wenn Coaching im Zusammenhang mit einer Initiative der Schule steht, die für alle gilt, mag dies bereits klar sein. Aber selbst wenn die gesamte Lehrerbelegschaft z. B. am Thema Fachbereichsleitung arbeitet, kann sich der Fokus des einzelnen Lehrers von dem der anderen unterscheiden. Ein Lehrer muss unter Umständen sein Fachwissen auffrischen und ein anderer muss sich mit der Nutzung von Daten vertraut machen. Der Coach muss außerdem den Kontext festlegen, in dem der Lernende arbeitet. In einer kleinen Schule mag dies offensichtlich sein, aber in einer größeren Schule muss der Coach wissen, wie groß der Fachbereich ist und auf welchem Niveau sich die Kompetenzen der Lehrkräfte bewegen. Der Coach muss auch herausfinden, welche Erfahrungen der Lernende auf dem Gebiet bereits hat. Der Lernende wird so nicht ahnungslos in die Coaching-Sitzungen gehen; das Hervorheben von Stärken und Schwächen ist ein guter Start für den Lernenden, um anschließend Ziele festzulegen. Die gesamte Vorarbeit wird in die erste Sitzung zum Thema Zielsetzung einfließen, wodurch diese sehr fokussiert sein wird.

Folgende Themen müssen in der ersten Sitzung abgedeckt werden:

- » Sinn und Zweck des Coachings
- » Thema und Umfang der Coaching-Sitzungen
- » Kontext, in dem der Lernende arbeitet
- » Stärken und Schwächen in diesem Bereich aus Sicht des Lernenden

Das Vorgespräch wurde absolviert, man ist sich über das Protokoll einig, Coach und Lernender sind sich über den Sinn und Zweck des Coachings im Klaren. Sie sind somit bereit, das Coaching-Modell einzusetzen.

> **Guter Tipp**
>
> Beim Coaching geht es um Konversation, aber keinesfalls um einen gemütlichen Plausch. Eines der Elemente, durch das es zu einer formellen Konversation wird, ist seine Struktur, d. h. das Konversationsmodell.

Wozu ein Modell?

Ein Modell bietet Ihnen eine Struktur für Ihre Sitzungen.

Beim Coaching läuft das Meiste intuitiv ab; wahrscheinlich führen Sie an der Schule ständig informelle Coaching-Gespräche. Eine formelle Coaching-Sitzung benötigt jedoch eine Struktur, damit sowohl der Lernende als auch der Coach wissen, wohin der Weg gehen soll. An einem informellen Coaching-Gespräch auf dem Gang oder im Lehrerzimmer ist grundsätzlich nichts auszusetzen. Diese Gespräche können sehr aufschlussreich sein. Das Problem dabei ist, dass sowohl der Lernende als auch der Coach im Anschluss eventuell nicht wissen, auf welche Vorgehensweise man sich letztendlich geeinigt hat. Wer entscheidet, wo und wann die nächste Sitzung stattfindet und wie weiter vorgegangen werden soll? Wir alle kennen die Situation, wenn ein Kollege einen vor einer Sitzung noch schnell abfängt, um eine Frage zu stellen und man letztendlich in ein Coaching-Gespräch verwickelt wird. Sie mögen dabei feststellen, dass Sie mit der gleichen Person vor ein paar Monaten bereits das gleiche Gespräch geführt haben und sich seitdem nichts geändert hat. Wenn Sie immer wieder die gleiche Konversation führen, die zu nichts führt, werden die gleichen Probleme immer wieder auftreten. Eine fachlich versierte Coaching-Sitzung mit einer vereinbarten Struktur wird den Lernenden voranbringen. Ein normales Gespräch vermag dies nicht.

Ein Modell verleiht Ihren Coaching-Sitzungen einen strikten Rahmen; die Gespräche laufen schneller ab. Die Schule investiert schließlich Zeit und Schulungsaufwand in ein Coaching, weshalb es angebracht ist, dass die Zeit angemessen genutzt wird.
Das Modell, das wir uns ansehen werden, besteht aus vier unterschiedlichen Phasen, die als Grundlage zur Planung Ihrer Coaching-Sitzung dienen.

Was ist Coaching?

Unter Coaching versteht man eine Reihe strukturierter Gespräche, in denen der Coach den Lernenden dabei unterstützt, bestimmte Aspekte seiner Rolle an der Schule weiterzuentwickeln. Die Ziele, auf die Coach und Lernender hinarbeiten, wurden zuvor vom Lernenden in Hinblick auf seinen Aufgabenbereich festgelegt, auf den Coach und Lernender sich vor Beginn des Coachings geeinigt haben.

Der Coach wird Ihnen während einer Coaching-Sitzung Fragen stellen, die für Sie durchaus eine Herausforderung darstellen können. Die Wirkung des Coachings wird vor allem nach den Sitzungen deutlich, wenn Sie in Gedanken noch einmal durchgehen, was gesagt wurde und wie dies Ihre Denkweise beeinflusst hat.

Der Coach hört Ihnen zu, stellt Fragen und fasst das Gesagte zusammen, damit Sie Ihre Situation besser verstehen können und erkennen, wie Sie weitermachen sollten.

Coaching darf nicht mit einer Beratung oder Therapie verwechselt werden. Sollten während der Sitzung Probleme auftauchen, die in einer Beratung besser behandelt werden können, wird der Coach das Gespräch zurück zum ursprünglichen Coaching-Ziel leiten.

Beim Coaching geht es darum, dass der Lernende selbst die Verantwortung für seine Entwicklung und Fortbildung übernimmt. Der Lernende erwartet also nicht, dass der Coach die Probleme löst, die er in dem Gespräch anspricht.

Obwohl es eine Struktur für Coaching-Sitzungen gibt, die wir befolgen werden, ist diese Struktur kein Allheilmittel. Es können Situationen auftreten, in denen es nötig ist, eine Phase zu wiederholen oder unterschiedliche Phasen in anderer Reihenfolge zu durchlaufen. Je mehr Übung Sie als Coach haben, desto mehr werden Sie feststellen, dass Sie intuitiver vorgehen und das Gespräch auf natürliche Art und Weise seinen Gang nimmt. Sie brauchen jedoch trotzdem ein System, um den Fortschritt mit dem Lernenden gemeinsam festzuhalten und eine weitere Vorgehensweise für den Lernenden vorzugeben.

Es bietet sich vor allem für erfahrene Coachs an, dem Fluss eines Coaching-Gesprächs intuitiv zu folgen. Wenn Sie als Coach noch nicht an dieser Stelle angelangt sind, ist es besser, sich als Leitfaden an ein Modell zu halten.

Die vier Phasen des Modells

Da Coaching beim Lernenden einen Entwicklungssprung auslöst, wird das Modell im Englischen als **LEAP**-Modell (*leap* = engl. für „Sprung“) bezeichnet. Das Modell besteht aus vier Phasen.

1. **L**ooking at goals (Ziele analysieren)
2. **E**xploring reality (die Realität betrachten)
3. **A**nalysing possibilities (Möglichkeiten analysieren)
4. **P**lanning action (Vorgehensweisen planen)

Normalerweise sollten die vier Phasen des Modells der Reihe nach durchlaufen werden. Die verschiedenen Phasen dauern unterschiedlich lange. Für Phase zwei, „Die Realität betrachten“, wird z. B. wahrscheinlich nur eine Sitzung nötig sein. Für die Phase „Ziele analysieren“ werden wahrscheinlich zwei Sitzungen benötigt. Es kann auch vorkommen, dass Ihnen während einer Sitzung auffällt, dass sich die Ziele des Lernenden geändert haben und er deshalb erneut die Phase „Ziele analysieren“ durchlaufen muss. Das ist in Ordnung, solange Sie das Modell und seine einzelnen Phasen stets im Hinterkopf behalten und letztendlich als Coach darauf zurückkommen. Es kann außerdem vorkommen, dass sich der Kontext für den

Lernenden ändert, wenn er die Schule oder seine Rolle an der Schule gewechselt hat. In diesem Fall ist eine zusätzliche Sitzung zum Aufbau des Kontexts nötig.

Sehen wir uns nun die einzelnen Phasen genauer an.

Phase 1: Ziele analysieren

Wozu dient die Zielsetzung?

Wir alle haben Ziele. Wer kennt es nicht, dass man sich jedes Jahr aufs Neue vornimmt, abzunehmen, mehr Sport zu treiben, mehr zu lesen oder mehr Zeit mit seinen Kindern zu verbringen? Meistens vergisst man diese Vorsätze sehr schnell wieder und setzt sie nie um. Das liegt daran, dass es lediglich gute Vorsätze waren und keine richtigen Ziele. Ein Lernender muss mit seinem Coach daran arbeiten, seine Erwartungen höher zu stecken, damit sie nicht nur ein guter Vorsatz bleiben, sondern zu einem richtig definierten Ziel heranreifen.

Die Zielsetzung ist eine sehr gute Methode, Menschen vom Status quo an das gewünschte Ziel zu bringen. Wie möchten Sie sonst einen Fortschritt messen, wenn Sie kein Ziel haben, das Sie erreichen können? Sie haben im schulischen Umfeld mit Sicherheit mitbekommen, wie jedes Jahr neue Ziele gesetzt werden und diese meist in einen Verbesserungsplan aufgenommen werden. Jeder, der daran mitgearbeitet hat, freut sich am Ende, wenn die Ziele erreicht werden. Indem Sie sich ein Ziel setzen, werden Sie zuversichtlich und Sie können dadurch mehr erreichen, als Sie jemals zu träumen gewagt haben.

Vorteile der Zielsetzung:

- » gestärktes Vertrauen, da Fortschritte messbar werden
- » gestärktes Selbstvertrauen durch das Erreichen der gesetzten Ziele
- » Ermutigung, proaktiver an die eigene Entwicklung heranzugehen
- » Vorgabe einer Kernaufgabe und einer Richtung

Wie sollte das Ziel aussehen?

Bei der Zielsetzung ist es sehr wichtig, dass der Lernende selbst das Ziel bestimmt. Wenn Ziele von anderen Personen festgelegt werden, sind die Chancen gering, sie wirklich zu erreichen. Selbst wenn sie erreicht werden, wird der Lernende nicht in dem Maße daran wachsen, wie es der Fall gewesen wäre, wenn er selbst dafür verantwortlich gewesen wäre. Nicht nur das Erreichen des Ziels ist wichtig. Noch wichtiger sind der Lernprozess, das geistige Wachstum und die Entwicklung, die auf dem Weg zum Ziel stattfinden. Wenn die Ziele des Lernenden mit denen der Schule verbunden sind, muss er sie so umformulieren, dass sie für ihn selbst und seine jeweilige Situation Sinn ergeben.

Lautet das schulische Ziel z. B. „Erreichen eines durchschnittlichen oder besseren Schnitts in Mathematik in Jahrgangsstufe 2", sollte der Lernende überlegen, welche Rolle er beim Erreichen dieses Ziels spielen könnte. Ist der Lernende Fachbereichsleiter im Bereich Mathematik, könnte sein Ziel wie folgt lauten: „Erfüllung des strategischen Planungsaspekts in der Rolle als Fachbereichsleiter". Teil der Rolle wäre es, einen Maßnahmenplan zur Verbesserung des Mathematikunterrichts zu entwickeln, damit die Schule ihr Ziel erreichen kann.

Ziele müssen spezifisch genug sein, damit sie messbar sind. Es ist sinnvoll, das SMART-Modell zu nutzen, um das Ziel zu formulieren:

» **S**pecific (spezifisch)
» **M**easurable (messbar)
» **A**ttainable (erreichbar)
» **R**ealistic (realistisch)
» **T**imeframed (zeitgebunden)

Obwohl Ziele erreichbar sein müssen, sollten sie doch eine Herausforderung darstellen. Es ist wichtig, dass die Ziele den Lernenden fordern und er über seine bisherigen Grenzen hinauswachsen muss. Der Coach ist in der Lage einzuschätzen, wie viel Herausforderung und Einsatz durch den Lernenden angemessen sind.

Es ist wichtig, dass Ziele messbar sind. Bei ihrer Formulierung sollte jedoch darauf geachtet werden, dass die Ziele nicht auf Themen beschränkt werden, bei denen Fortschritte leicht gemessen werden können. Erfolge, die im Hinblick auf ein Ziel in Zusammenhang mit Schülern entstehen, sind leicht messbar. Aber wie sieht es mit anderen Zielen aus? Wie sähe es aus, wenn das Ziel lauten würde: *Verbesserung des eigenständigen Lernens von Schülern*? Wie könnte der Erfolg im Hinblick auf dieses Ziel gemessen werden? Möchte der Lernende diese Aufgabe lösen, müsste er genau definieren, wie eigenständiges Lernen eigentlich aussehen soll. Ein guter Coach wird die Ziele nicht auf ihre einfache Messbarkeit beschränken, sondern den Lernenden ermutigen, Möglichkeiten zu finden, um den Erfolg bei schwierigeren Zielen zu messen. Dadurch kann der Lernende das Ziel selbst besser verstehen.

Ein Coaching-Gespräch zum Thema *Ziele analysieren* sollte generell mit einer grundlegenden und weitgefassten Diskussion zum Thema beginnen. Der Coach unterstützt den Lernenden dabei, weitgefasste Ansätze zu wirklichen Zielen umzuformulieren. Diese Phase des Prozesses bezieht sich auf die Zukunft. Der Lernende denkt darüber nach, was er erreichen möchte. Sie haben vielleicht das Gefühl, dass der Lernende etwas nervös wird und versucht, das Ziel auf leicht erreichbare Aspekte zu reduzieren. Das könnte daran liegen, dass er sich davor fürchtet zu versagen. An dieser Stelle ist es wichtig, ihn darauf hinzuweisen, dass Ziele jederzeit angepasst werden können. In der Tat sollte das wiederholte Überprüfen der Ziele Teil jedes Coaching-Auftrags sein, um herauszufinden, ob sie überarbeitet werden müssen.

Die Beziehung und das Vertrauen, das der Coach aufgebaut hat, ermöglichen es dem Coach einzuschätzen, ob der Lernende eine Herausforderung benötigt oder ob er zunächst eine Reihe relativ leicht erreichbarer Ziele braucht, um Vertrauen aufzubauen. Besonders wichtig bei der Formulierung von Zielen sind die Worte, die wir dafür verwenden. Viele Menschen formulieren Ziele vor allem negativ, beschreiben also, was sie in Zukunft vermeiden möchten.

Beispiel: *Ich möchte im Klassenzimmer nicht mehr laut werden.* Wenn das Ziel nicht umformuliert wird, konzentriert sich der Lernende ausschließlich darauf, was er nicht machen sollte. Das Ziel sollte positiv umformuliert werden: *Ich möchte positive Verhaltensstrategien im Klassenzimmer umsetzen.* Es wird augenblicklich klar, wie sich der Lernende in diesem Fall auf sein Ziel konzentriert und damit beginnen wird, einen konstruktiven Plan aufzustellen, um sein Ziel zu erreichen.

Um sicherzustellen, dass die Lernenden in der richtigen Stimmung sind, sich Ziele zu setzen, können Sie eine Visualisierungsübung mit ihnen machen. Nachfolgend ein Vorschlag, wie Sie den Lernenden ermutigen können, sich vorzustellen, wie Erfolg wirklich aussieht.

Sich Ziele vorstellen

Ein Coach würde Folgendes sagen: „Stellen Sie sich vor, an einem Ort und einem Zeitpunkt in der Zukunft zu sein, an dem Sie Ihr Ziel erreicht haben. Nehmen Sie sich Zeit und versetzen Sie sich an einen Zeitpunkt, an dem alles, was mit Ihrem Ziel in Zusammenhang steht, erreicht wurde. Was geschieht? Was sagen die Menschen um Sie herum? Wie fühlen Sie sich? Woran sehen Sie sicher, dass Sie Ihr Ziel erreicht haben?“ In diesem Fall wird der Lernende in der Lage sein, sein Ziel zu verwirklichen: Er kann es wirklich vor sich sehen.

Je nachdem, welche Beziehung Sie zu dem Lernenden aufgebaut haben und welchen Lernstil er hat, können Sie versuchen, ihn zu bitten, bildlich zu beschreiben, wie es aussähe, wenn er sein Ziel erreicht. Sinn und Zweck dieser Frage ist es, dem Lernenden ein Gefühl dafür zu vermitteln, wie sich ein erreichtes Ziel anfühlt. Wenn der Lernende vor seinem geistigen Auge ein Bild davon hat, wie z. B. erfolgreiches Verhaltensmanagement aussieht, wird er in der Lage sein, es zu erkennen, wenn es wirklich eintritt.

Effektive Fragen für die Phase der Zielanalyse

- » Was möchten Sie erreichen?
- » Wann genau möchten Sie es erreichen?
- » Wie wird es sich anfühlen, wenn Sie es erreicht haben?
- » Wie werden Sie wissen, wann Sie es erreicht haben?
- » In welchen Situationen möchten Sie dieses Ziel erreichen?
- » Wen wird es betreffen?
- » Wie werden sich die Dinge durch das Erreichen des Ziels verändern?

Nachbesprechung der Phase der Zielanalyse

Es ist wichtig, am Ende dieser Sitzung zu überprüfen, inwiefern der Lernende hinter seinem Ziel steht. Einige wohlüberlegt formulierte Fragen können den nötigen Enthusiasmus und die Verantwortung des Lernenden in Bezug auf das Ziel fördern.

- » Wie real ist dieses Ziel für Sie?
- » Wenn Sie es jetzt schon haben könnten, würden Sie es nehmen?
- » Wie viel Einfluss haben Sie auf das Problem?
- » Was behindert Sie auf dem Weg zum Ziel?

1. **L**ooking at goals (Ziele analysieren)
2. **E**xploring reality (die Realität betrachten)
3. **A**nalysing possibilities (Möglichkeiten analysieren)
4. **P**lanning action (Vorgehensweisen planen)

Phase 2: Die Realität betrachten

Sobald das Ziel des Lernenden feststeht, d. h. klar ist, was der Lernende erreichen möchte, müssen Sie in Betracht ziehen, wo er sich im Moment befindet. In dieser Phase muss der Coach den Lernenden dazu bringen, seine aktuelle Situation analytisch und objektiv zu beschreiben. In dieser Phase geht es ausschließlich um die Gegenwart. In der Phase *Ziele analysieren* hat der Coach den Lernenden dazu ermutigt, kreativ und visionär an die Sache heranzugehen. In der Phase *die Realität betrachten* muss er sicherstellen, dass der Lernende sich auf die Realität konzentriert, d. h. auf das, was wirklich vor sich geht.

Der Coach muss zuhören, um zu lernen, und versuchen zu verstehen, wie die Situation wirklich ist. Ziel dieser Sitzung ist es, ein klares Bild aus Sicht des Lernenden zu erhalten.

Der Coach sollte in dieser Phase so objektiv wie möglich bleiben und Wertungen sowie eine emotionale Sprachwahl vermeiden. Das Hauptaugenmerk liegt auf den Fakten. Der Coach muss den Lernenden dazu bringen, die Situation so detailliert und spezifisch wie möglich darzulegen. Während dieser Sitzung wird der Lernende durch den Coach ermutigt, seine Geschichte zu erzählen. Hierbei kommen die tatsächlichen Problempunkte ans Licht.

Es sieht vielleicht so aus, als sollte diese Phase des Modells an erster Stelle kommen, damit der Coach einen Überblick über die Situation erhält, bevor neue Ziele festgelegt werden. Die Ziele sollten jedoch zuerst gesetzt werden, denn sie bieten eine klare Richtung, in die die Konversation laufen soll. Es ist wichtig, dass die Ziele zuerst gesetzt werden, egal wie offen, denn es kann sein, dass sie nach der Phase der Realitätsbetrachtung ohnehin noch einmal überarbeitet werden müssen.

Guter Tipp

Als Coach sind Sie dafür verantwortlich, das Bewusstsein des Lernenden für seine Situation zu verbessern und ihn zu ermutigen, Verantwortung zu übernehmen.

Sehen Sie sich als Beispiel die folgende Fallstudie an.

Fallstudie

Steve ist stellvertretender Schulleiter einer großen Gesamtschule in einem ruhigen Vorort. Ein Mitarbeiter, der an der Schule zum leitenden Coach für den Bereich Management/Führungskompetenzen gewählt wurde, hält eine Coaching-Sitzung mit ihm ab. Sie befinden sich in der zweiten Phase – *die Realität betrachten*.

Coach: Also Steve, wir hatten vereinbart, dass Ihr Ziel ein besseres Zeitmanagement sein sollte. Sagen Sie mir, woran Sie momentan gerade merken, dass Sie ein Problem damit haben.

Steve: Ich kann Fristen nicht einhalten und bin mit meiner Arbeit nicht zufrieden.

Coach: Können Sie das genauer erklären?

Steve: Ja, letzte Woche hat mich der Leistungsbeauftragte darum gebeten, alle Berichte der Klassenlehrer einzusammeln und sie vor dem Elternabend durchzugehen. Ich habe vergessen danach zu fragen und musste infolgedessen in letzter Minute noch herumlaufen und hinter den Lehrern her hetzen. Damit habe ich sicherlich keinen guten Eindruck hinterlassen.

Coach: Wie oft passiert so etwas?

Steve: Es kommt mir so vor, als würde mir das ständig passieren.

Coach: Ständig?

Steve: Nun, zumindest alle zwei Wochen. Es scheint, als ließe ich immer alles bis zur letzten Minute liegen, und dann gerate ich in Stress. Das macht keinen guten Eindruck. Ich sollte mit gutem Beispiel vorangehen.

Coach: Was verstehen Sie unter einem guten Beispiel?

Steve: Vor allem müsste ich Fristen einhalten, effizient und organisiert arbeiten.

Coach: Sie möchten also als effizient und organisiert wahrgenommen werden?

Steve: Ich möchte nicht nur, dass mich andere so sehen, ich möchte das vor allem für mich selbst. Momentan habe ich überhaupt nicht das Gefühl, dass ich eine gute Leistung abliefere.

Coach: In welchem Bereich empfinden Sie dieses Gefühl am stärksten?

Steve: Ich denke, das ist immer dann der Fall, wenn ich wie ein kopfloses Huhn herumlaufe und meine Fristen verpasse.

Coach: Verpassen Sie alle Fristen?

Steve: Hm, nein, manchmal kommt es mir leichter vor, die Zeitvorgaben einzuhalten.

Coach: Sehen wir uns also noch einmal an, was genau das Problem ist.

Steve: Ich denke, es fällt mir schwer, andere auf ihre Verantwortung hinzuweisen. Ich verschiebe es immer wieder, sie nach etwas zu fragen, da ich weiß, dass sie sehr beschäftigt sind, und ich fühle mich schlecht dabei, wenn ich sie unter Druck setze.

Coach: Was genau hält Sie momentan davon ab, effizient und organisiert zu arbeiten?

▶▶

Steve: *Nun, das ist mein Problem, andere nach etwas zu fragen.*
Coach: Ist das etwas, woran wir arbeiten können?
Steve: *Ja.*

In diesem Gespräch wird deutlich, wie der Coach Steves Vorschlag folgt und ihn selbst die Richtung des Gesprächs bestimmen lässt. Indem sich der Coach aus Steves Sicht auf die Situation konzentriert hat, konnte er das wirkliche Problem aufdecken. Der Coach würde nun im weiteren Verlauf ein Ziel definieren, das sich vor allem auf die Verantwortung bezieht. Der Coach hat zu keinem Zeitpunkt versucht, Steve zu dem eigentlichen Ziel, sein Zeitmanagement zu verbessern, zurückzubringen. Er folgte stattdessen den Gedankengängen von Steve und gab ihm das Vertrauen, das wirkliche Problem anzusprechen. Der Coach hat Steve auf das Problem aufmerksam gemacht und dabei unterstützt, den Kern des Problems zu finden. ◀

Effektive Fragen, die in dieser Phase gestellt werden sollten:
» Was passiert gerade in diesem Bereich?
» Was geschieht wirklich?
» Wie oft geschieht es?
» Wie fühlen Sie sich dadurch?
» Was haben Sie bisher getan, um die Dinge zu verbessern?
» Was steht Ihnen dabei im Weg, sich weiterzuentwickeln?

1. **L**ooking at goals (Ziele analysieren)
2. **E**xploring reality (die Realität betrachten)
3. **A**nalysing possibilities (Möglichkeiten analysieren)
4. **P**lanning action (Vorgehensweisen planen)

Phase 3: Möglichkeiten analysieren

In dieser Phase geht es vor allem um Möglichkeiten, nicht um Lösungen. Aufgabe des Coachs ist es, den Lernenden dabei zu unterstützen, seine Vorstellungskraft zu entfalten, um alle Möglichkeiten zu entdecken, mit denen das gesetzte Ziel erreicht werden kann, gleich, wie weit hergeholt oder unerreichbar es scheint. In dieser Phase hat es keinen Sinn, den Lernenden auf das hinzuweisen, was leicht erreichbar ist. Sein Ziel mag unrealistisch erscheinen, aber es ist wichtig, seine Denkweise nicht dadurch zu beeinflussen, indem Sie von ihm fordern, sich nur auf das Erreichbare zu konzentrieren. Wir haben die Realität in der letzten Phase hinter uns gelassen und konzentrieren uns wieder voll und ganz auf die Zukunft.

Der Coach ist dafür verantwortlich, den Lernenden dazu anzuregen, seine Denkweise so offen wie möglich zu gestalten und möglichst kreativ zu denken. Ob die Vorschläge zum Erreichen des Ziels möglich oder unmöglich sind, ist in dieser Phase nicht wichtig. Der Lernende wird im Verlauf aus diesem Pool kreativer Ideen schöpfen, wenn es darum geht, geeignete Maßnahmen auszuwählen.

Meist verschwinden zuerst einige Hindernisse, die zuvor im Weg standen und das Erreichen des Ziels erschwert haben, wenn der Lernende kreativ und offen denkt und entdeckt, was die wahren Hindernisse sind und wo es sich nur um eingebildete Hindernisse handelt.

Wenn der Coach den Lernenden nicht ermutigt, von Anfang an so offen wie möglich zu denken, dann wird die Auswahl an Möglichkeiten im späteren Verlauf zu gering sein. Diese Liste der Optionen aufzustellen ist ebenso wichtig wie das Ergebnis. Der Coach muss eine Atmosphäre schaffen, in der sich der Lernende uneingeschränkt entfalten kann, um alle Ideen vorzubringen.

Der Coach sollte in dieser Phase nicht werten. Es ist äußerst wichtig, dass der Lernende keine Anzeichen erkennt, die auf eine Ablehnung seines Vorschlags hinweisen könnten.

Die nachfolgenden Aussagen zeigen sehr gut den Denkprozess, der zunächst offen verläuft und dann die Ideen des Lernenden langsam einschränkt:
- „Was wäre die ideale Lösung?“
- „Was würde ich gerne tun, halte es aber für unmöglich?“
- „Was könnte ich tun, wenn ich die Zeit und das Geld hätte?“
- „Was würde ich tun, wenn ich auf keinen Fall versagen könnte?“
- „Was könnte ich tun?“
- „Was werde ich tun?“

Einschränkungen – real oder eingebildet

Sie werden auf Anhieb sehen, wie einschränkend es gewesen wäre, mit der Frage „Was werde ich tun?“ zu beginnen. Dadurch würden Sie die Möglichkeiten unmittelbar einschränken. Es ist offensichtlich, dass es an einer Schule stets Einschränkungen in Bezug auf Zeit, Geld und Ressourcen gibt, die alle Abläufe an einer Schule beeinflussen. Anfangs ist es jedoch wichtig, dem Lernenden die Möglichkeit zu geben, kreativ und ungehindert zu denken. Manchmal kann ein Mangel an Ressourcen dazu führen, dass keine Weiterentwicklung stattfindet. Ein Beispiel:

Mark arbeitete als Fachbereichsleiter in einer großen Grundschule. Die Schulleiterin erklärte am Jahresanfang, dass das Budget extrem knapp und kein Geld für die Lehrplanentwicklung übrig sei. In diesem Jahr würde es keine Budgets für die einzelnen Fachbereiche geben. Die Mitarbeiter erhielten eine Schulung zum Thema Kalkulation durch den Fachbereichsleiter für Mathematik. Dieses Thema stand auf dem Aktionsplan der Schule ganz oben. Die Kalkulationsmethoden, die den teilnehmenden

Lehrkräften nähergebracht wurden, umfassten unter anderem die Verwendung von Zahlenstrahlen. Zwei Monate nach der Schulung, bei einer regulären Besprechung mit ihm, fragte die Schulleiterin Mark, wie die Methode gegriffen hätte. Mark erklärte, dass sie nicht umgesetzt worden sei, da es keine Zahlenstrahlen gäbe und er aufgrund ihrer Anweisungen zu den Sparmaßnahmen im Hinblick auf die Lehrplanausgaben auch keine gekauft hätte. Sicherlich hätte die Schulleiterin das Geld für Zahlenstrahlen auftreiben können. Waren die fehlenden Ressourcen also wirklich der Grund, warum Mark die neue Methode nicht umgesetzt hat, oder waren sie nur ein Vorwand?

Man hört Menschen oft sagen: „Wir würden das gerne tun, aber ...“. Lassen wir einmal das „aber“ weg und denken uneingeschränkt darüber nach, was wünschenswert wäre. Im Anschluss können wir uns um die Aufteilung der Ressourcen kümmern.

Guter Tipp

Einige Einschränkungen, die sich Menschen auferlegen, sind real, andere wiederum sind eingebildet.

Das kann am besten anhand einer Übung dargestellt werden, die ich in Schulungen gerne verwende. Diese Übung dient bei Schulungen zur Teamarbeit als sogenannter Eisbrecher.

Die Teilnehmer werden zuerst in Teams aufgeteilt. Jedes Team muss versuchen, mit 10 Gummibären und 20 trockenen Spaghetti einen möglichst hohen Turm aufzubauen. Es gibt grundsätzlich einen Streit darüber, wer gewonnen hat. Meistens unterstellt ein Team dem anderen, geschummelt zu haben! Einige werden denken, das Gewinnerteam hat geschummelt, andere werden denken, dass sie kreativ gedacht haben. Einige Teams gehen automatisch davon aus, dass es Einschränkungen bzw. Spielregeln gibt. Aber wer hat denn gesagt, dass die Gummibärchen nicht halbiert werden dürfen? Wer hat gesagt, dass es gegen die Spielregeln verstößt, den Turm auf einem Buchstapel aufzubauen? Fakt ist, es gibt keine Regeln, nur eine einfache Anweisung. Das Team, das am kreativsten an die Aufgabe herangeht, gewinnt meistens auch. Die verlierenden Teams haben sich selbst Einschränkungen auferlegt, die in der Realität nicht vorgegeben waren.

Guter Tipp

Coaching hilft dabei, alle Möglichkeiten in Betracht zu ziehen und Hindernisse abzubauen, die Fortschritte verhindern.

Es ist wichtig, in dieser Phase alle Ideen und Möglichkeiten aufzuzeichnen; der Coach wird den Lernenden dabei unterstützen, alle Möglichkeiten und Ideen in Betracht zu ziehen.

Coach und Lernender müssen sich gemeinsam jede einzelne Option ansehen und Stärken und Schwächen abwägen. Es ist außerdem wichtig, dass der Coach feststellt und auf einer Skala von eins bis zehn bewertet, wie sehr sich der Lernende bei jeder einzelnen Option einsetzt.

Nachfolgend ein Beispiel, wie der Coach den Lernenden ermutigt, kreativ zu denken und sich nicht von einer Einschränkung aufhalten zu lassen.

Fallstudie

Julia, erst seit kurzem Schulleiterin einer ländlichen Grundschule, hat es sich zum Ziel gesetzt, den Ruf ihrer Schule zu verbessern. Bisher litt die Schule unter einer schlechten Leitung und schlechten Ergebnissen bei den Schulbewertungen. Bei der letzten Prüfung durch die Schulbehörde wurde der Schule ein aufsteigender Trend bescheinigt. Die Schule muss unbedingt ihre Bewertungszahlen verbessern, um nicht geschlossen zu werden.

Coach: Also Julia, was denken Sie, könnten Sie tun, um den Ruf der Schule zu verbessern?

Julia: Nun, wir haben schon viel auf den Weg gebracht. Mir fällt wirklich nicht mehr ein.

Coach: Okay, was, wenn Ihnen noch etwas einfallen würde?

Julia: Ich könnte versuchen, einen Artikel in der Lokalzeitung zu bekommen. Aber um ehrlich zu sein, man hat uns nach der letzten Bewertung durch die Schulbehörde fertiggemacht und die Schulbeiräte haben beschlossen, nie wieder ein Wort mit der Presse zu sprechen. Ich wurde davor gewarnt, die Presse in die Schule zu lassen.

Coach: Gehen Sie einen Moment davon aus, dass es kein Problem mit der Presse gäbe. Was würden Sie in diesem Fall tun?

Julia: Nun, es steht ein Tag der offenen Tür an. Ich könnte die Presse einladen.

Coach: Gut, was könnten Sie noch machen?

Julia: Die ehemalige Schulleiterin hat in den Kindergärten für die Schule geworben. Ich könnte das noch einmal versuchen. Ich könnte die Eltern zum Tag der offenen Tür einladen oder besser noch, ich könnte eine Extraveranstaltung für Eltern von Vorschulkindern und ihre Kinder anbieten und das im Kindergarten ausschreiben.

Coach: Haben Sie noch weitere Ideen?

Julia: Nein, nicht wirklich. Die Schulbeiräte haben mir mitgeteilt, dass bereits alles versucht wurde.

Coach: Ich habe ein paar Ideen. Soll ich sie Ihnen mitteilen?

Julia: Ja, bitte.

▶▶

Coach: In Kürze findet ein Dorffest statt. Warum sollten sich nicht ein paar Kinder in Schale werfen und den Maibaumtanz vorführen, den Sie schon im Frühjahr vorgeführt haben?

Julia: *Das ist eine tolle Idee! Ich könnte im Elternbeirat anregen, dass ein Kuchenstand organisiert wird, und vielleicht könnten wir eine kleine Ausstellung von Kunstwerken unserer Schüler machen.*

Sie werden bemerkt haben, dass der Coach dem Lernenden einen Vorschlag gemacht hat. Wenn sich der Coach in den Bereichen auskennt, in denen der Lernende nach Ideen sucht, ist dies durchaus eine gute Möglichkeit. Wichtig ist jedoch, den Vorschlag lediglich anzubieten. Der Coach muss den Lernenden fragen, ob er einen Vorschlag annehmen möchte. Dieser Vorschlag sollte lediglich als einer von vielen Punkten auf einer Liste von Optionen behandelt werden. Ebenso interessant ist es, dass ab dem Punkt, ab dem das Hindernis in Form des Nichteinladens der Presse beseitigt war, die Ideen nur so zu sprießen begannen. Der Coach ging erneut auf das Problem mit der Schulleitung und der Presse ein, um zu sehen, ob es sich dabei um ein reales oder ein eingebildetes Problem handelt. Vielleicht hatten die Schulbeiräte ihre Meinung nach der Bewertung durch die Schulbehörde und der schlechten Presse geändert. ◀

Effektive Fragen für die Phase der *Analyse von Möglichkeiten*:

- „Was würden Sie tun, wenn Sie nicht versagen könnten?"
- „Was würden Sie tun, wenn Sie alles Geld und alle Zeit der Welt hätten?"
- „Was würden Sie tun, wenn Sie insgeheim wüssten, was Sie tun müssen?"
- „Was würden Sie einem Freund oder Kollegen raten?"
- „Was würden Sie ansonsten noch machen?"
- „Was würden Sie tun, wenn Sie die Antwort wüssten?"
- „Wählen Sie unter Berücksichtigung aller Optionen diejenige aus, die Sie einen Schritt voranbringt. Wählen Sie die Option aus, die Ihnen am besten liegt. Wie werden Sie dadurch vorankommen?"

Schreiben Sie auf, was der Vorteil dieser einen Option ist.

1. **L**ooking at goals (Ziele analysieren)
2. **E**xploring reality (die Realität betrachten)
3. **A**nalysing possibilities (Möglichkeiten analysieren)
4. **P**lanning action (Vorgehensweisen planen)

Phase 4: Vorgehensweisen planen

In dieser Phase geht es um Aktion. Lehrkräfte sind es normalerweise gewohnt, Maßnahmenpläne zu erstellen, weshalb sie sich in dieser Phase wahrscheinlich am wohlsten fühlen.

In dieser Phase werden Sie mit der Liste von Optionen arbeiten, die Sie erstellt haben. Wählen Sie die beste Option aus und planen Sie Ihre nächsten Schritte. In dieser Phase konzentrieren wir uns auf die Zukunft. Es ist jedoch wichtig, sich darauf zu einigen, was jetzt gemacht werden muss, wir konzentrieren uns auf die unmittelbare Zukunft.

Der Coach wird hier sehr rigide Fragen stellen, um herauszufinden, welche Maßnahmen der Lernende genau umsetzen möchte. Jetzt ist ein guter Zeitpunkt, um herauszufinden, wie sehr der Lernende hinter den vereinbarten Maßnahmen steht. Der Coach spricht nun nicht mehr darüber, was passieren könnte, sondern darüber, was wirklich passieren wird.

Der Coach wird den Lernenden dazu ermutigen, sich auf die Maßnahmen zu konzentrieren und an die möglichen Hindernisse zu denken, die im Weg stehen könnten, und vor allem, wie diese umgangen werden können. Der Coach kann aus Stimmlage und Körpersprache des Lernenden Rückschlüsse auf dessen Engagement ziehen. Die Fragen werden sich vor allem darauf beziehen, welche Maßnahmen wann und wie ergriffen werden. An dieser Stelle übernimmt der Lernende die Verantwortung und muss sich darüber bewusst sein, wie der Erfolg dieser Maßnahmen gemessen wird. Gerade an einer Schule wäre es schön, wenn man davon ausgehen könnte, dass alle Mitarbeiter ohnehin motiviert sind und eine Überprüfung nicht nötig ist. Aber es liegt in der Natur des Menschen, dass dem eben nicht so ist. Der Coach muss höchstwahrscheinlich eine Coaching-Sitzung zur Nachbesprechung mit dem Lernenden vereinbaren, damit eine gewisse Verpflichtung entsteht.

Fallstudie

Tom, eine Nachwuchslehrkraft, befindet sich in einer Coaching-Sitzung mit seinem Mentor. Es geht um das Ziel, den Zeitaufwand für die Bewertung der Arbeiten seiner Schüler zu verringern. Tom hat eine ganze Liste mit Möglichkeiten, um dies zu erreichen, und es ist an der Zeit, die weitere Vorgehensweise zu planen. ▸▸

Coach: Welche der Optionen, die wir beim letzten Mal besprochen haben, um den Zeitaufwand für die Bewertung der Arbeiten zu senken, finden Sie am besten geeignet, um Ihr Ziel zu erreichen?

Tom: *Ich bin mir nicht sicher, ob ich mich an alle erinnern kann. Was denken Sie?*

Coach: Nun, sehen wir uns die Liste an und gehen sie durch. Wir haben folgende Optionen:

» Bewertung in Zielgruppen
» Selbstbewertung von Tests durch die Schüler
» Erteilen von Hausaufgaben mit kreativem Ausgang
» Durchführen von mehr Übungen im Unterricht mit direkt folgender Bewertung
» Ändern Sie Ihre Planung dahingehend, dass Sie an drei Tagen direkt nach dem Unterricht die Bewertung der Arbeiten erledigen, anstatt sich ins Lehrerzimmer zu setzen.

Welche Vorschläge sagen Ihnen am meisten zu?

Tom: *Der letzte. Ich habe bereits damit angefangen und es macht wirklich einen großen Unterschied. Ich gehe jetzt erst ins Lehrerzimmer, wenn ich einige Bewertungen erledigt habe und eine Pause brauche.*

Coach: Sehr gut, somit wäre der Anfang gemacht. Was möchten Sie sonst noch umsetzen?

Tom: *Die Option in Bezug auf die Zielgruppen.*

Coach: Wann möchten Sie damit beginnen?

Tom: *Ich denke, zu Beginn des zweiten Halbjahres wäre der ideale Zeitpunkt.*

Coach: Okay, sagen Sie mir anhand einer Skala von eins bis zehn, wie engagiert Sie sind, die Maßnahme zu Beginn des zweiten Halbjahres umzusetzen.

Tom: *Äh … sieben … denke ich.*

Coach: Weshalb ist es keine Zehn?

Tom: *Nun, ich bin mir sicher, dass es ein Vorteil wäre, aber ich weiß nicht, wie ich das in der Praxis umsetzen soll und wie meine Schüler darauf reagieren.*

Coach: Sie brauchen hierbei also Unterstützung. Wer könnte Ihnen dabei helfen?

Tom: *Nun, Jim, der stellvertretende Leiter, könnte das vielleicht machen.*

Coach: Okay, wie würden Sie Ihr Engagement mit der Unterstützung von Jim nun bewerten?

Tom: *Ich würde neun sagen. Die Zehn kann ich immer noch nicht vergeben, weil ich mir nicht ganz sicher bin.*

Coach: Neun ist gut. Wann werden Sie Jim um Hilfe bitten?

Tom: *Ende der Woche.*

Der Coach hat eine direkte Frage gestellt, die in dieser Phase sehr wichtig ist. „Wie engagiert sind Sie auf einer Skala von eins bis zehn, wenn es um die Umsetzung der Maßnahme geht?" Eine Bewertung unter acht bedeutet, dass der ▸▸

Lernende nicht sehr motiviert ist, die Maßnahme umzusetzen. Die Frage „Was wäre nötig, um eine Zehn daraus zu machen?" dient der Identifikation möglicher Hindernisse und Probleme. Eines der Hindernisse für Tom war mangelnde Unterstützung. Während der Planung von Maßnahmen ist es gut, sich anzusehen, wie viel Unterstützung nötig ist, wer noch informiert werden sollte oder wer sich ebenfalls an der Maßnahme beteiligen muss. ◀

Indem wir das Engagement des Lernenden, die nötige Unterstützung sowie die Beseitigung möglicher Hindernisse im Voraus sicherstellen, legen wir den Grundstock für seinen Erfolg. Aus diesem Grund ist es so wichtig, mit der Maßnahme zu beginnen, mit der sich der Lernende am wohlsten fühlt.

Effektive Fragen in dieser Phase:

- „Was werden Sie machen?"
- „Wann werden Sie es machen?"
- „Sollte noch jemand davon wissen?"
- „Wann werden Sie es diesen Personen mitteilen?"
- „Welche Unterstützung benötigen Sie?"
- „Wie und wann werden Sie sie bekommen?"
- „Was könnte Sie daran hindern, die Maßnahme umzusetzen?"
- „Wie würden Sie Ihr Engagement auf einer Skala von eins bis zehn einschätzen?"

Die Form, in der die Maßnahme umgesetzt wird, variiert von Person zu Person. Die Grundlagen müssen jedoch vorab festgelegt werden, ebenso wann die Umsetzung stattfinden soll und wie. Wenn Sie mehr Details dazu möchten, finden Sie am Ende des Kapitels einige Vorschläge zur Maßnahmenplanung.

Schlussfolgerung

Wenn wir jemanden coachen, geht es um das Erzielen von Erfolgen. Allzu oft schreiben wir uns in der Arbeit „Aufgabenlisten", die wir nie in die Tat umsetzen und die jeden Tag noch länger werden. Dadurch entsteht Unzufriedenheit und das Selbstbewusstsein leidet. Durch eine Reihe geplanter Coaching-Sitzungen können die Talente und Fertigkeiten von Menschen gefördert werden und sie erhalten die Reflexion, die sie benötigen, um ihre Persönlichkeit zu entfalten und sich weiterzuentwickeln.

Auf einen Blick

- Coaching-Gespräche müssen nach der Struktur des LEAP-Modells ablaufen, um erfolgreich zu sein.
- In jeder Phase des Modells müssen unterschiedliche Fragen gestellt werden.
- Die Phasen können mehrmals durchlaufen und die Ergebnisse daraus überarbeitet werden. Dies gilt vor allem für die Phase der Zielsetzung.
- Bevor ein Coaching-Auftrag erteilt werden kann, müssen Vorbesprechungen zum Coaching stattfinden

Aus der Praxis

1. Welche Phasen des LEAP-Modells werden Ihnen wahrscheinlich am leichtesten fallen?
2. Welche Phasen werden Ihnen wahrscheinlich mehr Schwierigkeiten bereiten?

Elemente des Modells, die mir leichtfallen	**Elemente, mit denen ich zu kämpfen haben werde**
Ziele analysieren (looking at goals) *Spezifische Elemente:*	Ziele analysieren (looking at goals) *Spezifische Elemente:*
Die Realität betrachten (exploring reality) *Spezifische Elemente:*	Die Realität betrachten (exploring reality) *Spezifische Elemente:*
Möglichkeiten analysieren (analysing possibilities) *Spezifische Elemente:*	Möglichkeiten analysieren (analysing possibilities) *Spezifische Elemente:*
Vorgehensweisen planen (planning action) *Spezifische Elemente:*	Vorgehensweisen planen (planning action) *Spezifische Elemente:*

Wie werden Sie mit diesen Problembereichen verfahren?

» Weitere Informationen?

» Besprechung mit einem Kollegen?

» Testen von Coaching-Sitzungen mit einem Lernpartner?

» Nachdenken über Methoden, die Sie vielleicht bereits einsetzen, die ähnlich sind und auf denen Sie aufbauen könnten?

Vorlage für die Aufzeichnung von Sitzungen

Name:

E-Mail:

Telefon:

Aktueller Verantwortungsbereich:

Schule:

Datum:

Ziele

Maßnahmenliste

Ressourcen/Benötigte Unterstützung

Hindernisse/Probleme

Vereinbarte Maßnahme mit Zeitplan

Vorlage für die Aufzeichnung von Sitzungen

Name:

E-Mail:

Telefon:

Aktueller Verantwortungsbereich:

Schule:

Datum:

Was sind Ihre Ziele?

Wie werden Sie wissen, ob Sie sie erreicht haben oder nicht?

Was werden Sie tun, um sie zu erreichen?

Wann denken Sie, werden Sie sie erreichen?

Wer unterstützt Sie bei der Umsetzung?

Vorlage für die Aufzeichnung von Sitzungen

Name:

E-Mail:

Telefon:

Aktueller Verantwortungsbereich:

Schule:

Datum:

Ziele

Maßnahmen – Wann werden Sie diese umsetzen?

Wie werden Sie mit diesen Maßnahmen Ihre Ziele erreichen?

Welche Hindernisse könnten Ihnen im Weg stehen?

Inwiefern sind diese Hindernisse real und inwiefern eingebildet? In welchem Umfang werden sie, proportional gesehen, von Ihnen selbst oder von anderen bestimmt?

Kapitel

4

Entwicklung einer Coaching-Kultur an Ihrer Schule

In diesem Kapitel erfahren Sie etwas über

- den Umgang mit Hindernissen und Problemen beim Coaching
- die Problematik, wenn ein Vorgesetzter die Rolle des Coachs übernimmt
- den Aufbau einer Weiterbildungskultur an Ihrer Schule
- die Struktur zum Aufbau eines Coaching-Systems an Ihrer Schule

In diesem Kapitel erhalten Sie die wichtigsten Grundlagen zum Aufbau eines Coaching-Programms an Ihrer Schule. Wir gehen auf die allgemeinen Fallstricke ein, die auftreten können, wenn Coaching zum ersten Mal eingesetzt wird, und besprechen, wie sie umgangen werden können. Sie erhalten ein Modell zur erfolgreichen Integration von Coaching in Ihre Schulkultur.

Coaching einführen – Grundlagen schaffen

Die Einführung von Coaching an einer Schule bedeutet eine erhebliche Investition von Zeit und Geld. Deshalb ist es sehr wichtig für den Erfolg des Projekts, dass alle Mitarbeiter von Anfang an mit einbezogen werden. Es gibt kein allgemeingültiges Rezept für die Einführung. Es kann vorkommen, dass Sie an einer Schule arbeiten, an der nur die Vorgesetzten oder der Schulleiter gecoacht werden. Es kann sein, dass es bereits einige Mitarbeiter mit Coaching-Kenntnissen gibt oder dass dieses Buch die einzige Verbindung zum Coaching ist.

Aber egal, wo die Schule gerade steht, eines ist klar: Wenn die Initiative erfolgreich sein soll, müssen die Mitarbeiter über deren Sinn und Zweck Bescheid wissen. Es ist ratsam, mit einem Schulungstag für die Mitarbeiter zu beginnen. Dadurch können Missverständnisse in Bezug auf das Coaching ausgeräumt werden. Es könnte sein, dass die Mitarbeiter dem Coaching skeptisch gegenüberstehen, wodurch der Erfolg des Coachings beeinträchtigt werden könnte. Werden die Mitarbeiter vorab an die Grundlagen des Coachings herangeführt, kann sichergestellt werden, dass das Coaching auf der Schulagenda ganz oben steht. Außerdem dient diese Vorabschulung auch zur Definition des Coachings, wie es in der Schule stattfinden soll. Niemand wird am Coaching teilnehmen, wenn er nichts darüber weiß. Einige Mitarbeiter haben sicherlich bereits in Zeitschriften über Coaching im Allgemeinen gelesen. Andere wurden oder haben vielleicht bereits gecoacht. Einige Mitarbeiter sind wahrscheinlich erfahrene Mentoren an der Schule. Wenn all dies vorab geklärt und besprochen wird, ist es wahrscheinlicher, dass Coaching erfolgreich umgesetzt werden kann.

Am Schulungstag sollten Sie als Erstes mit allen Mitarbeitern klären, was sie bereits über Coaching wissen. Im Verlauf des Tages werden Sie definieren, was genau Coaching ist. Die Mitarbeiter sollten zuerst erfahren, weshalb sie teilnehmen und zu welchem Zweck.

Guter Tipp

Alle Mitarbeiter müssen wissen, welche langfristigen Ziele mit der Einführung von Coaching an der Schule verfolgt werden. Sie müssen wissen, weshalb sie an einer Einführungsschulung teilnehmen und inwiefern sie selbst davon profitieren.

Bevor das Coaching beginnen kann, müssen die Erwartungen an das Coaching geklärt werden, für alle verständlich sein und vor allem allen Mitarbeitern mitgeteilt werden. Nachfolgend einige Gründe für die Einführung von Coaching:

» Verbesserung des Leistungsmanagements
» Integration neuer Strategien
» Aufbau einer Lerngemeinschaft unter den Mitarbeitern
» Aufbau von Führungskompetenzen
» Ermutigung der Mitarbeiter, voneinander zu lernen
» Erreichen von mehr Unabhängigkeit gegenüber Beratern
» Unterstützung einer gemeinsamen Leitung
» Verbesserung und Integration von Fortbildungsmaßnahmen
» Verbesserung der Fertigkeiten von Fachbereichsleitern
» Unterstützung von Schülern mit Lernschwierigkeiten
» Verbesserung des Qualitätsstandards des Unterrichts

Es gibt viele und sehr vielfältige Gründe. Wichtig ist, dass eine Schule sich eingehend damit beschäftigt, inwiefern sie vom Coaching profitieren kann. Mit anderen Worten, weshalb soll das Coaching überhaupt eingesetzt werden?

Wer soll als Coach eingesetzt werden?

Nachdem Sinn und Zweck bestimmt wurden, sollte im nächsten Schritt besprochen werden, wie das Coaching eingesetzt werden wird. Es muss festgelegt werden, wer wen coachen wird und zu welchem Thema das Coaching stattfindet. Welche Mitarbeiter werden geschult und wer wird das Coaching übernehmen? Womöglich hat der Schulleiter beschlossen, dass alle Mitarbeiter gecoacht werden, um ihre Arbeit dadurch verbessern zu können. Darüber hinaus ist es wichtig, festzulegen, wann Coachings stattfinden sollen und wer genau gecoacht werden wird. An einer Schule gibt es diverse Mitarbeiter, die andere Mitarbeiter oder Schüler coachen können. Hier einige Beispiele:

» Vorgesetzte, die für das Leistungsmanagement ihrer Teams verantwortlich sind
» Schüler, die als Mentoren für andere Schüler agieren
» Assistenzlehrer, die auch als Mentoren tätig sind
» die gesamte Schulleitung, die sich gegenseitig zu Führungskompetenzen coacht
» Fachbereichsleiter, die von Vorgesetzten gecoacht werden
» Lehrkräfte, die nach einer bestimmten Lehr- und Lernstrategie ihre Kollegen coachen
» Lehrkräfte, die mit der Schülermitverwaltung zusammenarbeiten, um Probleme zu lösen

Erfolg durch Coaching

Um durch Coaching Erfolge verzeichnen zu können, muss es Teil des Verbesserungsplans der Schule sein. Es müssen klare Ziele definiert und Zeit und Ressourcen zugewiesen werden.

Ist dies nicht der Fall, geht das Coaching im Verlauf des Schuljahrs unter, da zu viele andere Dinge im Weg stehen. Wirklich erfolgreich waren Sie, wenn der Schulleiter die Erfolge des Coachings bereits sehen konnte und er selbst ebenfalls erfolgreich gecoacht wurde.

Guter Tipp

Wenn der Schul- oder Teamleiter enthusiastisch und unterstützend an das Coaching herangeht, wird er den Prozess voranbringen und Erfolge möglich machen.

Der Schulleiter oder ein erfahrenes Mitglied des Lehrerkollegiums müssen die Vorteile des Coachings klar darlegen und von ihren eigenen Erfahrungen damit berichten, um die Mitarbeiter auf ihre Seite zu ziehen. Die Schulleitung muss die Einführung des Coachings an der Schule unterstützen. Tut sie das nicht, ist das Vorhaben bereits im Voraus zum Scheitern verurteilt.

Beim Coaching handelt es sich nicht um eine kurzfristige Strategie. Es braucht Zeit, um wirklich Wirkung zu zeigen. Deshalb würde ich stets ein Modell empfehlen, das die Strategie über ein ganzes Schuljahr hinweg einführt. Es reicht nicht aus, einen Tag darauf zu verwenden, den Mitarbeitern Coaching-Strategien beizubringen, und dann darauf zu hoffen, dass alles von alleine läuft. Es muss das ganze Jahr über eine Struktur für Coaching-Workshops geben. Hierbei kann der Schulungsleiter die Sitzungen zur Weiterentwicklung von Fähigkeiten leiten. Außerdem sollten Sitzungen für Mitarbeiter geplant werden, in denen sie im Laufe des Jahres zu den Fortschritten ihrer Coaching-Fähigkeiten gecoacht werden. Der Coach schneidet die Fähigkeiten so zu, dass sie in den Lernprozess integriert werden können.

So führen Sie Coaching erfolgreich ein:

- Sichern Sie sich das Engagement der Schulleitung.
- Machen Sie den Mitarbeitern Sinn und Zweck sowie die gewünschten Ergebnisse klar.
- Stellen Sie sicher, dass Coaching als Priorität auf dem Verbesserungsplan festgehalten wird.
- Beziehen Sie alle Mitarbeiter in die Schulungen ein.
- Erarbeiten Sie zusammen eine Definition des Coachings.

Erarbeiten Sie eine Strategie zur Einführung der Coaching-Fähigkeiten

Wenn Sie einen Maßnahmenplan für die Einführung von Coaching an Ihrer Schule erstellen, kann es hilfreich sein, wenn Sie dies so tun, als wäre es eine richtige Coaching-Sitzung.

Hier ist das LEAP-Modell besonders hilfreich. In der Phase der Zielsetzung werden Sie z.B. beginnen, darüber nachzudenken, was Sie mit dem Projekt an Ihrer Schule eigentlich erreichen möchten.

Sehen wir uns anhand von zwei sehr unterschiedlichen Fallstudien an, wie dies geschehen kann.

Fallstudie

Kontext: 300 Schüler; die Schule liegt im Stadtzentrum

Die Schule hatte über einen Zeitraum von vier Jahren keinen richtigen Schulleiter. Es gab mehrere Stellvertreter und die Schulleitung hat dreimal dabei versagt, einen dauerhaften Schulleiter zu bestimmen. Der ursprüngliche Schulleiter war aufgrund gesundheitlicher Probleme in Rente gegangen. Vor seiner Pensionierung war er wegen gesundheitlicher Beschwerden bereits lange abwesend. Der Schulbehörde blieb das nicht verborgen. Sie stufte die Schule als problematisch ein; die Mitarbeiter hatten das Vertrauen in die Schulleitung verloren. Es schien eine Schule zu sein, bei der einfach kein Fortschritt möglich war.

Es wurde eine Reihe unterstützender Maßnahmen für die Schule bereitgestellt, aber scheinbar wurden sie nicht umgesetzt. Die Mitarbeiter gingen zu Schulungen, verließen sie hochmotiviert und sobald es zurück an die Arbeit ging, nahm alles seinen Lauf wie bisher. Der Lehrer/Coach der Lernvereinigung arbeitete mit den Mitarbeitern; sie waren ihrer Arbeit gegenüber positiv eingestellt.

Die Schule war Mitglied einer englischen Fördermaßnahme für Schulen. Das bedeutet, dass die Schule an einigen Verhaltens- und Lehrplanfördermaßnahmen teilnahm. Aber egal, an wie vielen Schulungen die Mitarbeiter der Schule teilnahmen bzw. wie viel Unterstützung sie erhielten, die Schule erreichte immer weniger und der Unterricht und die Lernergebnisse kamen über ‚gerade noch befriedigend' nicht hinaus.

Die Lernvereinigung entschied, für zwei Jahre eine Schulleiterin aus dem Landkreis einzusetzen, um so zu versuchen, das Steuer noch einmal herumzureißen. Die neue Schulleiterin hatte Mitleid mit den Mitarbeitern und hatte das Gefühl, dass sie völlig verkannt wurden. Sie war der Meinung, dass die berufliche Weiterbildung der Lehrkräfte völlig vernachlässigt worden war. Sie wollte, dass sie Coaching-Fertigkeiten erlernen, um ihnen ihr Selbstvertrauen zurückzugeben. Besonders schlecht lief es mit der Fachbereichsleitung. Sie hoffte, dass Coaching die Fachbereichsleiter voranbringen könnte, damit diese in der Lage wären, ihre Aufgabe besser zu verrichten.

Die Schulleiterin sollte nur zwei Jahre für die Schule tätig sein und fühlte sich selbst als Problemlöserin für den Landkreis. Sie leitete die Dinge sehr schnell in die Wege und war sich darüber bewusst, dass bald eine Prüfung durch die Schulbehörde anstehen sollte.

▶▶

Im Rahmen der Fördermaßnahmen für Schulen wurde der Schulleiterin ein Berater/Trainer angeboten, der den Mitarbeitern der Schule Coaching-Fähigkeiten beibringen sollte, und dies völlig kostenfrei für die Schule.

Die Schulleiterin und der Berater erstellten folgenden Maßnahmenplan.

Ziele

» Aufbau einer nachhaltigen Führungsriege mit Coaching-Fähigkeiten, um die Schule voranzubringen

Stärken

» starke Schulleiterin mit einem klaren Programm zur Verbesserung der Umstände
» Mitglied der Maßnahme zur Förderung von Schulen
» effektiv arbeitender stellvertretender Schulleiter mit viel Erfahrung

Hindernisse/Probleme

» negative Verhaltensweisen von Mitarbeitern
» fehlende Kontinuität in der Schulleitung
» fehlende Führungskompetenzen bei den Mitarbeitern
» Mitarbeiter mit geringem Selbstwertgefühl aufgrund der vorangegangenen Ereignisse

Geplante Maßnahmen

1. Schulung der Mitarbeiter zum Erwerb von Coaching-Fähigkeiten
2. Üben und Überwachung der Entwicklung der Coaching-Fähigkeiten
3. Coaching für die Schulleitung zu ihren Aufgaben
4. Coaching der Fachbereichsleiter zu ihren Aufgaben
5. Befähigung der Mitarbeiter, ihre Führungsrollen anhand eines Coaching-Modells auszufüllen
6. Bewertung der Effizienz der Schulung

Am Tag der Coaching-Schulung stellte die Schulleiterin den Trainer vor, blieb jedoch selbst bei der Schulung nicht dabei. Die Mitarbeiter nahmen die Schulung gut auf und wollten ihre neuen Fähigkeiten ausprobieren. Einer meinte sogar, dies wäre die beste Schulung, die je abgehalten worden sei. Es sah ganz danach aus, als könnte Coaching an der Schule einen guten Anfang nehmen. Am Ende der Schulung fragte der Trainer, ob es noch Fragen gäbe. Eine Lehrkraft stellte die Frage: „Weshalb machen wir das?" Dadurch wurde offensichtlich, dass die Mitarbeiter vor der Schulung nicht darüber informiert worden waren, worum es eigentlich ging.

Der Trainer versuchte zu erklären, welches Ziel an der Schule mit Coaching verfolgt werden sollte. Es wäre besser gewesen, wenn die Schulleiterin dies getan hätte.

Schulleiterin und Trainer hatten ein Schulungsprogramm zusammengestellt: ▶▶

1. Vierteljahr:	Einführung	Coaching zur Prüfung der Fortschritte	Coaching zum Thema Fachbereichsleitung
2. Vierteljahr:	Team-Coaching zum Thema Führungskompetenz	Coaching zur Prüfung der Fortschritte	Coaching zur weiteren Entwicklung der Coaching-Fähigkeiten
3. Vierteljahr:	Team-Coaching zum Thema Führungskompetenz	Coaching zum Thema Fachbereichsleitung	Team-Coaching zum Thema Führungskompetenz
4. Vierteljahr:	Bewertung		

Man entschied, dass die Integration der Coaching-Fähigkeiten am besten funktionieren würde, wenn sich die Mitglieder der Schulleitung gegenseitig coachen und im Anschluss die Weiterentwicklung der Mitarbeiterfähigkeiten in die Hand nehmen.

Nach der Schulung wurden Coaching-Paare gebildet und die ersten Coaching-Sitzungen mit einer Uhrzeit, einem Ort und einem Thema angesetzt. Im darauffolgenden Monat erschien der Berater und musste feststellen, dass alles nicht ganz so gelaufen war wie geplant. Die Coaching-Paare hatten sich aufgelöst, mit der Begründung, die Sitzungen seien zu emotional; sie hatten nicht stattgefunden. Die Mitarbeiter standen unter enormem Druck, da sie von der Lernvereinigung überprüft wurden und nicht genug Zeit für das Coaching zur Verfügung stand. ◀

Was ist schiefgelaufen?

Coaching hatte auf der Agenda der Schule keine Priorität. Das wurde schon allein daraus ersichtlich, dass die Schulleiterin nicht selbst an der Schulung teilnahm. Die Lehrkräfte hatten keine Ahnung, zu welchem Zweck sie Coaching-Fähigkeiten erlernen sollten. Vor der Schulung gab es keine Einführung, bei der die Prinzipien des Coachings erklärt wurden. Und am entscheidendsten ist wahrscheinlich die Tatsache, dass Coaching nur als Hilfsmittel genutzt wurde, um die Schulleitung durch die Fachgebietsleiter zu entlasten.

Guter Tipp

Coaching funktioniert keinesfalls als schnelle Problemlösung. Die Dinge können dadurch deutlich verbessert werden, aber es ist kein Wundermittel, um die Situation von jetzt auf gleich zu verbessern.

Wie hätte man in diesem Falle vorgehen sollen?

Jede Schulungsmaßnahme ist dazu verdammt, ins Leere zu laufen, wenn die teilnehmenden Mitarbeiter nicht wissen, was sie erwartet. Sie müssen außerdem darüber aufgeklärt werden, was Sinn und Zweck der Schulung ist und welches Ziel damit verfolgt wird. Die meisten Mitarbeiter nehmen an einer Schulung teil und denken sich: „Was habe ich davon?" Den Mitarbeitern muss versichert werden, dass sie die nötige Zeit erhalten werden, um die erworbenen Fähigkeiten zu nutzen.

Fallstudie

Kontext: 1.200 Schüler, die Schule liegt in einem Vorort

Die Schule hatte im Landkreis einen guten Ruf, aber die Schulleitung hatte das Gefühl, dass etwas schieflief. Die Schule wurde von den Kindern eines kleinen Vororts besucht; es gab keine Alternativschule, für die die Kinder nicht mit dem Bus in eine andere Stadt hätten fahren müssen. Der Schulleiter machte sich Sorgen, weil die Schüler dem Lernen nicht besonders enthusiastisch gegenüberstanden. In dem Landkreis gab es kaum Arbeitslosigkeit und der Lebensstandard war hoch. In dieser Umgebung hatten die Schüler keinen Anlass, nach mehr zu streben. Sie waren sich sicher, einen Job zu bekommen, egal, welche Noten sie hatten. Der Schulleiter hatte außerdem das Gefühl, dass die Disziplin an der Schule zu kurz kam. Nach den Pausen wurde zu viel Unterrichtszeit damit verschwendet, kleine Streitigkeiten zu schlichten. Die Schüler sollten mehr Verantwortungsgefühl sich selbst und anderen gegenüber entwickeln. Da es sich bei den Schülern um Kinder aus Familien der Mittelschicht handelte, schienen die Lehrer davon auszugehen, dass es keine Probleme mit der Disziplin gäbe. Die Zahl der Schulverweise und ernsthaften Zwischenfälle war niedrig. Aus diesem Grund wurden kleinere Störungen und Unverschämtheiten im Klassenzimmer toleriert und dies wirkte sich auch auf die Pausen aus.

Der stellvertretende Schulleiter machte den Schulleiter darauf aufmerksam, dass bereits einige Jahre vergangen waren, seit die Teamleiter im Bereich Leistungsmanagement zum letzten Mal eine Einführung zum Thema Coaching-Fähigkeiten erhalten hatten. Damals wollte man mit der Maßnahme frischen Wind in das Leistungsmanagement bringen. Durch den Einsatz von Coaching-Fähigkeiten sollten die Teamleiter angeregt werden, proaktiver an ihre Aufgaben heranzugehen.

Der Schulleiter hatte selbst ein Coaching zu Führungskompetenzen erhalten, fand es sehr nützlich und war äußerst interessiert daran, es vermehrt einzusetzen. Der stellvertretende Schulleiter hatte die Vorteile des Coachings in Schulungsprogrammen kennen gelernt.

Die Schulleitung hatte überlegt, Vermittler in die erste Schulung mit einzubeziehen. Einige der Vermittler würden zum ersten Mal eine derartige Rolle übernehmen. Der stellvertretende Schulleiter war für die Mentoren an der Schule zuständig. Die Vermittler sollten Schüler sein, die eine Schulung zu Coaching- und Vermittlerfähigkeiten erhalten hatten. Sie würden von den verantwortlichen Lehrkräften für die Pausenaufsicht unterstützt, welche ebenfalls eine Schulung erhalten würden. ▶▶

Die Aufgabe der Mentoren sollten Assistenzlehrer übernehmen, die mit Hilfe von Coaching-Fähigkeiten die Lernschwierigkeiten der Schüler beheben sollten.

Es wurde offensichtlich, dass die Mitarbeiter eine Schulung zum Thema Coaching benötigten. Außerdem war es Ziel der Schulleitung, durch Coaching sowohl Lehrern als auch Schülern wieder mehr Motivation zu geben und ihre Leidenschaft zum Lernen neu zu wecken.

Die Schulleitung arbeitete mit der Trainerin/Beraterin zusammen, um sich auf einen Maßnahmenplan zu einigen.

Ziele

» Etablieren einer Coaching-Kultur an der Schule

Ziel des Coachings

» Entwicklung der Schule zu einer Lerngemeinschaft
» Verbesserung des Leistungsmanagements
» Verbesserung der Disziplin unter den Schülern
» Aufbau eines fähigen Lehrerkollegiums, das die gleiche Sprache spricht
» Verbesserung der Führungskompetenzen

Anwendung

» für Teamleiter in Leistungsbewertungsgesprächen
» für Vermittler, um die Fähigkeiten positiv während der Pausen einzusetzen
» für Mentoren, um Schüler mit Lernschwierigkeiten durch ihre Coaching-Fähigkeiten zu unterstützen
» für Lehrer zum Einsatz beim Coaching von Vermittlern und zur Verbesserung der Disziplin
» für die Schulleitung zum Einsatz bei Sitzungen

Vereinbarte Maßnahmen

» Mitteilen der vereinbarten Ziele an die Mitarbeiter
» Entwickeln eines klaren aber flexiblen Maßnahmenplans
» Integration in den Verbesserungsplan der Schule
» Ernennen eines leitenden Coachs unter den Mitarbeitern, der Coaching-Sitzungen erhalten sollte
» regelmäßige Sitzungen mit dem Trainer/Berater zur Überprüfung der Ergebnisse

Nachdem die Schulung zum Coaching stattgefunden hatte, wurden vier Sitzungen mit der Schulleitung abgehalten. Bei diesen Sitzungen wurde besprochen, was Coaching bedeutet, und die Ziele des Projekts wurden klar definiert. Aufgrund der hohen Mitarbeiterzahl wurden die Mitarbeiter in zwei Gruppen geschult. Der Schulleiter stellte die Trainerin jedem Team vor und erklärte Sinn und Zweck der Schulung sowie deren Ziele. Ein Mitglied der Schulleitung war bei allen Schulungen anwesend.

▶▶

Die Schulungen wurden mit den folgenden Elementen geplant:

1. Vierteljahr:	Vier Sitzungen mit der Schulleitung zur Definition des Kontexts in der Schule und zur Vereinbarung der Projektziele	Regelmäßige Coaching-Sitzungen für Schulleiter und seine Kollegen in der Schulleitung	Erstellen des Maßnahmenplans durch die Beraterin anhand einer Coaching-Struktur
2. Vierteljahr:	Schulungen für alle Teams	Nachbesprechung mit den Mentoren	Nachbesprechung mit stellvertretendem Schulleiter
3. Vierteljahr:	Workshop zum Ausbau der Fähigkeiten mit den für das Leistungsmanagement zuständigen Teamleitern	Nachbesprechung mit stellvertretendem Schulleiter	Schulung der Vermittler
4. Vierteljahr:	Bewertung des ersten Jahres		

Was ist gut gelaufen?

Das Projekt läuft gerade an, aber es sieht ganz danach aus, als würde es gut verlaufen. Die Beraterin wird an der Schule erwartet und die Mitarbeiter brennen darauf, ihr ihre Coaching-Erfahrungen mitzuteilen. Der stellvertretende Schulleiter berichtet, dass ihm aufgefallen ist, dass die Mitarbeiter nicht mehr so passiv sind und sogar mit neuen Initiativen auf ihn zukommen. Im Lehrerzimmer wird mehr über den Unterricht und Lehrmethoden gesprochen, denn die Lehrer möchten untereinander Erfahrungen und Ideen austauschen. Die Leistungsbesprechungen sind sehr gut gelaufen und die Mitarbeiter haben das Gefühl, nun mehr Einfluss auf den Prozess zu haben. Sie finden außerdem, dass ihre Ziele relevanter sind. Die Zahl der Streitigkeiten während der Pausen ist gesunken. Ein weiterer Effekt, den niemand erwartet hat, ist, dass die Lehrkräfte das Gefühl haben, sie würden besser betreut. In den Medien wurde viel über Coaching allgemein und Coaching in bestimmten Lebenssituationen gesprochen; immer wieder wurde auf die Vorteile für die Persönlichkeitsentwicklung hingewiesen. Durch das Erlernen der Coaching-Fähigkeiten haben die Mitarbeiter das Gefühl, ihre persönliche Weiterentwicklung und die anderer besser steuern zu können. Der Grund, weshalb sie sich gut betreut fühlen, ist der, dass die Schule die Notwendigkeit der Investition erkannt und ihnen genau die richtigen Fähigkeiten in einer Schulung beigebracht hat.

Der Teil der Schulung, in dem es um die Fähigkeit des guten Zuhörens ging, wurde von den Mitarbeitern sehr gut aufgenommen. Sie versuchen nun, die Strategie des Zuhörens im Umgang mit ihren Schülern umzusetzen, anstatt selbst zu sprechen.

Da die Mitarbeiter nun die Fähigkeit besitzen, zuzuhören, um zu verstehen, gibt es eine gemeinsame Basis dafür, was man unter Zuhören versteht, und es gibt weniger Missverständnisse unter den Lehrkräften, als dies zuvor der Fall war. Die Lehrkräfte haben auch berichtet, dass die neue Fähigkeit, zuzuhören, um zu verstehen, ihnen im Umgang mit Eltern und bei der Lösung von Konflikten mit Schülern zugutekommt.

Was sind die Gründe für den Erfolg?

» Sowohl der Schulleiter als auch der stellvertretende Schulleiter hatten bereits positive Erfahrungen im Bereich Coaching gemacht.
» Man nahm sich Zeit für die Planung und die Einigung über die Ziele und integrierte diese in den Maßnahmenplan.
» Die Strategie wurde voll und ganz vom Schulleiter unterstützt, der sehr motiviert war und unbedingt eine Coaching-Kultur an seiner Schule aufbauen wollte.
» Die Schulleitung hatte bereits eine gemeinsame Definition des Coachings erstellt.
» Alle Mitarbeiter verstanden, weshalb Coaching eingeführt werden sollte.
» Alle Mitarbeiter waren sich darüber im Klaren, welche Rolle sie dabei spielen sollten.

Erfolg durch das richtige Coaching

Sieht man sich beide Fallstudien an, lässt sich leicht feststellen, weshalb eine Schule Erfolg hatte und die andere nicht. Wie das Coaching an Ihrer Schule eingeführt wird, hängt von den Umständen und dem Kontext an Ihrer Schule ab. Sie könnten beispielsweise mit einem Pilotprojekt mit einer Gruppe von Mitarbeitern beginnen. Oder Sie stellen fest, dass Ihre Mitarbeiter nach einer entsprechenden Weiterbildungsmaßnahme selbst mehr Führungsverantwortung übernehmen möchten. Egal, für welche Methode Sie sich entscheiden, der Sinn und Zweck sowie die gewünschten Ziele müssen vorab feststehen. Sie sollten Coaching nicht nur einsetzen, weil es sich gut anhört. Anstatt Coaching sofort für alle Mitarbeiter anzubieten, könnten Sie entscheiden, zuerst selbst mehr über Coaching zu lernen. Sie haben dieses Buch gelesen, die Übungen gemacht und sind jetzt bereit, Ihre Kenntnisse in der Praxis auszuprobieren. Vielleicht haben Sie Verantwortung für ein Team. Vielleicht wollen Sie sich gerne mit einem Kollegen zusammenschließen, um durch Coaching Ihre Arbeit zu verbessern. Oder Sie könnten ein Berater sein, der die neuen Kenntnisse gerne an Schulen einsetzen würde.

Coaching üben

Wenn Sie sich Coaching-Fähigkeiten aneignen möchten, müssen Sie vor allem eines tun: üben! Eine gute Möglichkeit hierfür ist, sich zwei motivierte Kollegen zu suchen. Sie könnten sich zu einem Coaching-Trio zusammenschließen, um Coaching zu üben. Einer übernimmt die Rolle des Coachs, einer die des Beobachters und einer die Rolle des Lernenden. Sie sollten drei Sitzungen üben, bei denen Sie jeweils die Rollen tauschen. Der Beobachter sollte Verhaltensweisen, Fragen des Coachs und das Vorgehen des Coachs aufzeichnen.

Notizvorlage für den Beobachter bei Coaching-Übungen

Notizen und Beispiele

Fähigkeit

1. baut Beziehung auf
2. hört aktiv zu
3. wählt offene Fragen

Die Zielsetzung unterstützt den Lernenden dabei:

» Prioritäten zu setzen
» klare Ergebnisse zu definieren
» sich auf die wichtigsten Themen zu konzentrieren

Das Betrachten der Realität unterstützt den Lernenden dabei:

» die aktuelle Situation zu analysieren
» einschränkende Denkweisen zu erkennen
» Stärken zu erkennen

Die Analyse der Möglichkeiten unterstützt den Lernenden dabei:

» diverse Optionen zu berücksichtigen
» über Grenzen hinauszudenken
» kreativ zu denken

Die Planung der Maßnahmen unterstützt den Lernenden dabei:

» zu entscheiden, mit welcher Option das Ziel erreicht werden kann
» einen Maßnahmenplan aufzustellen
» einen Zeitrahmen zu vereinbaren
» die Maßnahme umzusetzen

Die Coaching-Sitzungen sollten kurz sein – rund 15 Minuten. Anschließend sollte der Beobachter 5 Minuten Zeit haben, um seinen Kollegen Feedback zu geben. Der Lernende muss ebenfalls die Gelegenheit haben, zu berichten, wie es sich angefühlt hat und was er nützlich gefunden hat. Stellen Sie sicher, dass Sie ein geeignetes Thema für das Coaching wählen. Coaching-Themen sollten folgende Eigenschaften haben:

» aktuell und ungelöst
» Es sollte der Wunsch nach Veränderung in diesem Bereich bestehen.
» nicht unbedingt problematisch – es könnte sich um eine Verbesserungsmöglichkeit handeln
» nicht unbedingt begrenzt – kann sich auf einen großen Bereich beziehen

Der gesamte Prozess wird 25 Minuten dauern. Wenn man einmal pro Woche übt, ist dies kein großer Zeitaufwand. Alle drei Wochen hat eine Person die Rolle des Lernenden inne, was bedeutet, dass in der Zwischenzeit die Möglichkeit besteht, Maßnahmen zu ergreifen und umzusetzen.

Dieses Lernmodell funktioniert sehr gut und der Vorteil dabei ist, dass alle drei Teilnehmer voneinander lernen und gleichzeitig selbst gecoacht werden. Egal, ob Sie dies in Dreiergruppen oder mit allen Mitarbeitern durchführen, das Ergebnis ist eine gute Zusammenarbeit unter den Mitarbeitern. Die Auswahl der Dreiergruppen ist sehr wichtig. Sie müssen sich jemanden suchen, mit dem Sie sich wohl fühlen und dem Sie vertrauen. Sie müssen sich auf Grundregeln einigen, zu denen vor allem Vertraulichkeit zählt. Es wäre gut, sich zwei Kollegen zu suchen, die an der Schule nicht unbedingt die gleichen Aufgaben haben wie Sie. Dadurch können Distanz und Objektivität erreicht werden.

Anfangs sollte man für die Übung in Dreiergruppen ein nicht zu umfangreiches Coaching-Thema auswählen. Es sollte sich um kein besonders wichtiges Coaching-Thema handeln. Es geht nur darum, den ersten Schritt zu machen, und es ist wichtig, dass die Teilnehmer nicht gleich durch ein schwieriges Thema mit großer Verantwortung eingeschüchtert werden. Nachfolgend einige Ideen für leichte Themen:

» Verringerung des Benotungsaufwands
» Halten einer Präsentation
» Gespräche mit Eltern
» Verbesserung der Planung
» Priorisierung von Aufgaben

Sobald Sie ungefähr sechs Übungssitzungen hatten, werden Sie in der Lage sein, selbst jemanden zu coachen.

Planung von Sitzungen

Wenn Sie das Gefühl haben, dass Sie genug geübt haben und nun bereit sind, eine andere Person zu coachen, benötigen Sie einen Plan. Ich empfehle ein Coaching-Modell, das aus acht Sitzungen besteht, die etwa 20–30 Minuten dauern sollten. Diese Sitzungen sollten über das Jahr verteilt werden und dazwischen sollte ein (mindestens) dreiwöchiges Intervall sein.

Sitzung 1	Festlegen des Kontexts für den Lernenden
Sitzung 2	Zielsetzung
Sitzung 3	Coaching unter Verwendung des LEAP-Modells
Sitzung 4	Coaching unter Verwendung des LEAP-Modells
Sitzung 5	Überprüfung des Fortschritts
Sitzung 6	Coaching unter Verwendung des LEAP-Modells
Sitzung 7	Coaching unter Verwendung des LEAP-Modells
Sitzung 8	Bewertung

Bevor Sie jedoch loslegen, sollten Sie sich einiger Fallstricke bewusst werden, die beim Coaching auf Sie warten könnten. Es gibt einige Probleme, die den Erfolg des Coachings zunichtemachen können. Wenn wir sie hier und jetzt besprechen, sind Sie wenigstens darauf vorbereitet und können damit umgehen, falls sie auftreten sollten.

Was kann beim Coaching schieflaufen?

Sehen wir uns die häufigsten Probleme an, die dem Erfolg im Weg stehen können.

1. *Ungeeignete Umgebung*
   Wenn Sie jemanden coachen, sollte dies an einem Ort stattfinden, der sich förderlich auf das Coaching auswirkt. In einer Schule könnte das schwierig sein, aber Sie als Coach haben die Verantwortung, einen geeigneten Ort zu finden. Es ist wichtig, dass der Raum gut belüftet ist und sowohl für den Lernenden als auch für den Coach Wasser bereitsteht. Die Sitzgelegenheit sollte bequem sein, damit sich Coach und Lernender wohl fühlen, ohne jedoch schläfrig zu werden.

   Es muss ausreichend Privatsphäre herrschen, damit der Lernende sich entspannen kann und sich keine Gedanken darüber machen muss, was er sagt. Es muss ruhig sein, damit sowohl der Lernende als auch der Coach den anderen ohne große Anstrengung verstehen können.

   Wenn der Ort für das Coaching nicht richtig gewählt wird, könnte dies zu einem schlechten Start führen, der nicht so leicht wieder auszugleichen ist.

2. *Der Zeitfaktor*
   Zeitmangel ist ein häufiger Grund dafür, dass Coaching nicht erfolgreich verläuft. Wir haben bereits darüber gesprochen, wie wichtig es ist, Coaching regelmäßig durchzuführen. Alle neuen Initiativen, die an einer Schule eingeführt werden, sollten einen gewissen Zeitrahmen zugewiesen bekommen. Wenn Coaching-Sitzungen geplant werden, kann man nicht erwarten, dass die Mitarbeiter dafür ihre Freizeit nutzen. Es wäre am effizientesten, Freistunden dafür zu nutzen. Ist dies nicht möglich, könnten Team- und Mitarbeiterbesprechungen einmal monatlich für Coaching genutzt werden.

   Wenn Sie sich auf Termine für die Coaching-Sitzungen einigen, verpflichten Sie sich dazu, diese nicht abzusagen. Zeit spielt aber auch während einer Coaching-Sitzung eine Rolle. Wir haben bereits erwähnt, dass 30 Minuten bis hin zu einer Stunde der optimale Zeitraum dafür ist. Ich hatte aber auch schon sehr produktive Sitzungen, die zwischen 15 Minuten und zwei Stunden gedauert haben. Es ist Aufgabe des Coachs, die Zeit für die Sitzung richtig zu planen. Der Lernende sollte sich nicht gestresst fühlen. Andererseits möchten Sie nicht, dass er erst in der letzten Minute sein Problem erwähnt und Sie dann keine Zeit mehr haben, darüber zu sprechen.

Eine weitere Möglichkeit ist, die Zeiteinteilung einer Sitzung sehr direkt vorzugeben. Es ist nützlich z. B. Folgendes zu sagen: „Wir haben noch 20 Minuten, was würden Sie in dieser Zeit gerne besprechen?“ Nach einer Weile wird der Coach in der Lage sein, ein entspanntes Gesprächsklima zu schaffen, ohne dabei die Zeit aus den Augen zu verlieren.

Als Coach zu arbeiten kann sehr erfüllend sein, aber es ist dennoch harte Arbeit und kann sehr ermüdend sein. Um so konzentriert wie möglich zu bleiben, sollten Sie sich zwischen Coaching-Sitzungen mindestens 15 Minuten Pause nehmen. Die Anzahl der Coaching-Sitzungen, die Sie an einem Tag abhalten können, ist ebenfalls beschränkt.

Wenn Sie als Coach an einer Schule arbeiten, sollten Sie Ihren Zeitplan nicht außer Acht lassen.

3. *Schwierige Gesprächspartner*
Nicht jedermann möchte gecoacht werden und ein Coach kann mit schwierigen Gesprächspartnern zu tun haben. Einige Menschen betrachten Coaching-Fragen als einschüchternd und bedrohlich. Coaching kann dem Führungsstil einiger Führungskräfte sehr ähnlich sein. Für andere wiederum bedeutet es eine große Veränderung. Wenn der Vorgesetzte normalerweise sehr hierarchiebewusst vorgeht, sind die Mitarbeiter es gewohnt, Anweisungen entgegenzunehmen. Es könnte schwierig für sie sein, sich daran zu gewöhnen, gefragt zu werden und nicht einfach eine Anweisung zu erhalten. Wenn sie normalerweise zu ihrem Vorgesetzten gehen, damit dieser ihre Probleme löst, könnten sie sehr frustriert reagieren, wenn sie plötzlich selbst eine Antwort finden sollen.

Wenn der Vorgesetzte ein Teammitglied coacht, kann es zu Situationen kommen, in denen es das Teammitglied nicht als seine Aufgabe betrachtet, eine eigene Lösung zu finden. Wenn das Teammitglied vom Vorgesetzten erwartet, dass er Lösungen bereitstellt, muss der Coach das Vertrauen des Lernenden aufbauen und ihm zeigen, welche Vorteile er durch Coaching haben kann.

Es ist sehr wichtig, dass der Lernende weiß, welcher Sinn und Zweck hinter dem Coaching steht und wie er davon profitieren kann. Langfristig kann der Lernende neue Fertigkeiten erwerben und seine Aufgaben mit neuer Sichtweise angehen. Beim Coaching dauert es natürlich länger, Ergebnisse zu erzielen, als wenn man einfach nur Befehle erteilt. Schließlich muss der Lernende mit einbezogen werden und selbst Verantwortung übernehmen. Langfristig gesehen bringt dies jedoch Vorteile. Anfangs ist das dem Lernenden vielleicht nicht klar und er könnte dem Coaching skeptisch gegenüberstehen. In dieser Situation ist es am besten, langsam zu beginnen und nach und nach einige Coaching-Fragen in das Gespräch einfließen zu lassen.

Nachfolgend ein Coaching-Gespräch zwischen Julie und Jack, das diese Problematik sehr gut schildert.

Guter Tipp

Durch Coaching unterstützen wir den Lernenden, selbst die Verantwortung für seine Probleme zu übernehmen.

Fallstudie

Jack ist ein neuer Teamleiter und hat Probleme damit, sein Team zu motivieren. Er ist es gewohnt, sich einmal pro Halbjahr mit seiner Vorgesetzten Julie zu treffen, um sich Rat von ihr zu holen, wie er mit Problemen bei der Teamleitung umgehen soll.

Julie: Hallo Jack, danke, dass Sie gekommen sind. Ich möchte dieses Treffen etwas anders gestalten als normal. Können Sie sich erinnern? Ich erwähnte bereits bei der Mitarbeitersitzung, dass ich in Zukunft einen Coaching-Ansatz verwenden werde.

Jack: Oh ja, Sie waren vor ein paar Wochen bei einer Schulung. Mir war nicht klar, dass wir Coaching immer noch einsetzen würden. Ich dachte, Sie würden mittlerweile wieder das alte System verwenden.

Julie: Nein, ich nutze nach wie vor die Coaching-Methoden. Nun, Jack, sagen Sie mir, was Sie sich von dieser Sitzung erwarten.

Jack: Wie können Sie mir helfen? Ich möchte gerne Ratschläge, um mit dem bereits bekannten Problem zurechtzukommen. Ich möchte wissen, wie ich Ken zu einem motivierteren und aufnahmebereiteren Mitarbeiter machen kann.

Julie: Wie hätten Sie es denn gerne?

Jack: Ich weiß nicht. Ich hatte gehofft, Sie würden mir das sagen. Sie hatten in der Vergangenheit immer gute Ideen. Was soll ich tun?

Julie: Was ist Ihr Ziel?

Jack: Dass Sie mir ein paar Lösungsvorschläge anbieten, wie Sie es auch in der Vergangenheit getan haben. Es ist ja schön, dass Sie an einer Schulung teilgenommen haben, aber sollten wir nicht endlich wieder zur Normalität zurückkehren?

Julie: Ich habe das Gefühl, dass Sie sich dagegen sträuben. Ich kann Ihre Frustration verstehen. Vergessen wir das Coaching für einen Moment und erzählen Sie mir, was genau geschieht, wenn Ken loslegt.

Jack: Nun, er nutzt jede Gelegenheit, meine Autorität zu untergraben. Bei Teamversammlungen nörgelt er stets nur herum.

Julie: Wie fühlt sich das an?

Sie können sehen, dass Julie nach und nach Coaching-Fragen ins Spiel gebracht hat, ohne dass Jack es überhaupt gemerkt hat. Sie wird ihn letztendlich dazu kriegen, ein Ziel zu formulieren, ohne dass das Wort „Ziel" überhaupt fällt. Julie reagierte auf Jacks Widerstand, indem sie ihn darauf ansprach und nicht dagegen ankämpfte und dann ebenso weiterverfuhr wie zuvor.

Führungsstile

In diesem Abschnitt werden wir alle Personen als Führungskraft bezeichnen, die für eine Gruppe von Mitarbeitern an einer Schule verantwortlich sind. Hierbei sind alle Bereiche vertreten, vom Fachgebietsleiter über den Teamleiter in der Verwaltung bis hin zur Schulleitung und der Person, die sich um die Einteilung der Pausenaufsicht kümmert. All diese Personen nutzen ihre Führungskompetenzen, um mit ihren Mitarbeitern zu arbeiten und sie zu motivieren. An einer großen Gesamtschule gibt es meistens verschiedene Teams. Sie könnten auf ein Szenario stoßen, wo eine Person in einem Team Teamleiter ist und in einem anderen lediglich ein Teammitglied. Aber sie alle haben etwas gemeinsam: Sie könnten von einer Schulung zu Coaching-Fähigkeiten profitieren und sie tagtäglich bei der Ausführung ihrer Aufgaben als Führungskraft nutzen.

Jeder hat einen eigenen Führungsstil. Hierbei handelt es sich um eine Kombination aus Elementen der Persönlichkeit und aus dem, was die Person bisher als effektiven Führungsstil erlebt hat. Sowohl Führungskräfte, denen wir nacheifern möchten, als auch Führungskräfte, die wir lieber vergessen würden, haben Einfluss auf uns.

Eine gute Führungskraft hat diverse Führungsstile zur Hand, die sie in verschiedenen Situationen einsetzen kann. Jeder hat jedoch einen bevorzugten Führungsstil, den er hauptsächlich einsetzt. Viele Führungskräfte nutzen vielleicht bereits einen Coaching-Stil, ohne dies überhaupt bewusst wahrzunehmen. Andere wiederum gehen direkter (wie Experten) an die Sache heran. Es gibt viele Führungsstile; die beiden genannten stehen am jeweiligen Ende der Skala.

Führungskraft als Experte ⟷ **Führungskraft als Coach**

Führungskraft als Experte

Diese Art Führungskraft wird mit Stolz darauf verweisen, dass sie über alles Bescheid weiß, was in der Schule oder dem Fachbereich abläuft. Sie sieht sich selbst und auch die Mitarbeiter sehen sie als jemanden an, der für jedes Problem eine Lösung kennt. Wenn es Probleme gibt und Lösungen gefunden werden müssen, gehen diese Führungskräfte sehr lösungsorientiert vor. Sie behalten gerne die Kontrolle über die Schule und die Fachbereiche. Sie sind sehr praktisch orientiert und werden dafür bewundert, dass sie niemanden um etwas bitten, das sie nicht auch selbst tun würden. Mitarbeiter schätzen solche Führungskräfte, da sie genau wissen, wo sie stehen, und die Erwartungen an sie sehr klar sind. Diese Führungskräfte sind beliebt bei Lehrern, da sie sich so auf das Unterrichten konzentrieren können und nicht in Führungsaufgaben mit einbezogen werden. Einige Mitarbeiter wechseln jedoch auch die Stelle, da sie keine ausreichenden Entwicklungsmöglichkeiten für sich sehen. Sie haben das Gefühl, sich nicht weiterentwickeln zu können. Eine Führungskraft mit dem Führungsstil eines Experten hat meist ein sehr unausgeglichenes Verhältnis zwischen Arbeits- und Privatleben und sie betrachtet das als Teil des Jobs. Sie hat keine Zeit für strategische Aufgaben während der Arbeit; deshalb erledigt sie diese zuhause.

Am anderen Ende des Modells steht die Führungskraft, die als Coach auftritt.

Führungskraft als Coach

Diese Art von Führungskraft behält lediglich einen Überblick darüber, was in den unterschiedlichen Bereichen der Schule abläuft. Sie wird die Verantwortung für die Abläufe an der Schule niemals aus der Hand geben, kümmert sich jedoch auch nicht um Kleinigkeiten. Diese Führungskraft verlässt sich auf die Kompetenz des Teams. Probleme und Hindernisse werden als Chancen für Entwicklung betrachtet. Diese Führungskräfte coachen ihre Mitarbeiter regelmäßig und fördern ihre Weiterentwicklung. Die Mitarbeiter arbeiten gerne für eine solche Führungskraft, da sie sich wertgeschätzt fühlen und das Vertrauen ihres Vorgesetzten genießen, der sich darauf verlässt, dass sie ihre Arbeit richtig machen. Es gibt aber auch Mitarbeiter, die die Stelle wechseln, da sie mit zu viel Verantwortung nicht zurechtkommen.

Führungskräfte, die sich als Coach sehen, haben ein ausgewogenes Verhältnis zwischen Arbeits- und Privatleben, da sie Aufgaben an Mitarbeiter delegieren. Sie haben dafür gesorgt, dass die Mitarbeiter nicht abhängig von ihnen sind. Dadurch können sie sich um die strategischen Führungsaufgaben kümmern, was sie als ihre Aufgabe betrachten.

Beide Führungsstile wurden etwas übertrieben dargestellt, um den Unterschied hervorzuheben. Daneben gibt es viele andere Führungsstile. Der Vergleich zeigt jedoch, dass eine Führungskraft, die sich als Coach sieht, loslassen können muss; das kann sehr schwierig sein.

Loslassen

Kommt Coaching bei Ihrem Führungsstil zum Einsatz, müssen Sie eine Reihe von Dingen loslassen. Dazu gehört auch, Recht zu haben.

Guter Tipp

Denken Sie daran, dass Sie als Coach die Weiterentwicklung Ihres Teams unterstützen. Die Teammitglieder lernen, machen Erfahrungen und Sie helfen ihnen bei der Weiterentwicklung ihrer Fähigkeiten. Sie sind nicht für die Lösungsfindung verantwortlich.

Je nachdem, an welcher Stelle des Kontinuums, das wir zuvor vorgestellt haben, Sie sich befinden, fällt Ihnen das Loslassen entweder schwerer oder leichter.

Eine Führungskraft, die sich als Coach sieht, hat nicht das Gefühl, unbedingt Recht haben zu müssen. Wenn an einer Schule eine Coaching-Kultur integriert wurde, liegt das Hauptaugenmerk darauf, dass alle Beteiligten lernen. Der Wille, gemeinsam zu lernen und Erfahrungen auszutauschen, ist vorhanden.

Sich selbst gut darzustellen ist eine andere Sache, auf die Sie verzichten sollten. Wenn Sie in einer Coaching-Sitzung versuchen, sich selbst gut darzustellen und mit Ihren Fähigkeiten zu glänzen, dann konzentrieren Sie sich nicht ausreichend auf den Lernenden.

Das Loslassen von Lösungen ist ein weiterer Bereich, an dem Sie arbeiten sollten. Wenn Sie eine Führungskraft sind, kommen die Mitarbeiter wahrscheinlich zu Ihnen, um Lösungen zu erhalten. Sie sind wahrscheinlich stolz darauf, die Dinge lösen zu können. Wenn Sie eine Führungskraft sind, die sich als Coach sieht, konzentrieren Sie sich mehr auf den Lernprozess, der stattfindet, anstatt auf eine schnelle Lösung. Es wird eine Umgebung geschaffen, in der Mitarbeiter Ideen ausprobieren können. Sie sind eher daran interessiert, dass Ihre Mitarbeiter selbst kreative Lösungen finden, anstatt sie von Ihnen zu erhalten. Ist dies der Fall, muss darauf geachtet werden, dass es keine Schuldzuweisungen gibt.

Als Führungskraft erteilen Sie Ihren Mitarbeitern also keine Anweisungen, Sie haben nicht alle Antworten und Sie geben nicht vor, über alles genau Bescheid zu wissen. Wie gehen Sie vor? Sie arbeiten auf einer höheren Ebene. Sie coachen, delegieren, entwickeln, ermächtigen und fördern Ihre Mitarbeiter, damit sie mit Ihnen zusammenarbeiten. In anderen Worten, Sie sehen die Leitung der Schule als gemeinsame Aufgabe.

Eine gemeinsame Leitung kann an einer Schule, an der es die Mitarbeiter gewohnt sind, die Führungskraft als Experten zu betrachten, nicht stattfinden. In Kapitel 10 lernen Sie, wie Sie Coaching einsetzen können, um eine nachhaltige Leitung an Schulen zu entwickeln. In dieser Situation verfügen die Mitarbeiter nicht über die Fähigkeiten oder das Fachwissen, um an der Leitung teilzunehmen. Sieht sich die Führungskraft jedoch als Coach, sind die Mitarbeiter in der Lage, die Aufgaben und die Verantwortung zu übernehmen, die eine gemeinsame Schulleitung erfordert.

Schlussfolgerung

Die wichtigste Aussage in diesem Kapitel ist die Tatsache, dass eine Coaching-Kultur an einer Schule die gemeinsame Schulleitung unterstützt. Aus der Fallstudie ging klar hervor, dass die Mitarbeiter vor einer Schulung den Sinn und Zweck des Coachings kennen müssen. Zu guter Letzt müssen Schulen mit einer Coaching-Kultur sicherstellen, dass die Schulleitung ihren Führungsstil an den eines Coachs anpasst.

Auf einen Blick

- Coaching kann Führungskompetenzen aufbauen.
- Ein Führungsstil, der sich an Coaching anlehnt, unterstützt die Weiterentwicklung der Mitarbeiter.
- Zur Entwicklung einer Coaching-Kultur muss das Führungsteam voll und ganz dahinter stehen und Zeit für das Coaching zur Verfügung stellen.

Aus der Praxis

Wie werden Sie nun fortfahren?

Schreiben Sie auf, was für Sie bisher der wichtigste Punkt in diesem Buch war.

Wie sollten Sie nun vorgehen? Werden Sie Coaching an Ihrer Schule einführen? Werden Sie sich selbst in einer Dreiergruppe coachen?

An welcher Stelle befinden Sie sich im Kontinuum „die Führungskraft als Coach"? Finden Sie heraus, an welcher Stelle Sie stehen und beachten Sie dabei folgende Punkte:

» Führungskraft als Experte
» Erteilen von Anweisungen
» Anleiten
» Vormachen
» Aufbau des Selbstvertrauens anderer
» Fehler tolerieren
» Ermutigen
» Ermächtigen
» Führungskraft als Coach

An welcher Stelle befinden Sie sich insgesamt in diesem Kontinuum?

An welcher Stelle möchten Sie sich befinden?

Was bedeutet das für den Ausbau Ihrer Fähigkeiten?

Kapitel

5

Coaching: Neue Wege beschreiten

In diesem Kapitel erfahren Sie etwas über

- die Stärkung des Selbstvertrauens mit Coaching
- die Fähigkeit von Coaching, das Potenzial eines Lernenden zu entfalten
- die Motivation und die Tools, die Sie zum Coaching benötigen
- den Einsatz gegenseitigen Coachings als hocheffektive Weiterbildungsmaßnahme von Schulmitarbeitern
- die Einsatzmöglichkeiten von Coaching bei Lehrern, Schülern, Eltern und Schulräten

Dieses Kapitel spricht alle Schulmitarbeiter an, egal, auf welcher Ebene sie arbeiten. Der Inhalt ist breitgefächert, da er sich auf die vielen verschiedenen Bereiche konzentriert, in denen Coaching an Schulen eingesetzt werden kann. Im Zentrum dieses Kapitels steht der Glaube daran, dass Coaching eine positive Auswirkung auf die Arbeit der Schulmitarbeiter und den Lernerfolg der Schüler haben kann und haben wird.

Wir werden uns mit der Annahme beschäftigen, dass jeder Schulmitarbeiter und jeder Schüler großes Potenzial mit sich bringt, und wir werden Möglichkeiten besprechen, wie dieses Potenzial entfaltet werden kann. Wir werden außerdem darauf eingehen, wie Coaching Vertrauen aufbauen kann. Wir werden eine Fallstudie besprechen, bei der klar wird, wie stark ein durch Coaching aufgebautes Vertrauen das Leben und das Arbeitspotenzial eines Lernenden verändern kann. In diesem Kapitel erfahren Sie, wie Sie Coaching auf informelle Art und Weise einführen können. Außerdem werden einige der vielen Anwendungsmöglichkeiten des Coachings an Schulen erwähnt, die in anderen Kapiteln keine Rolle spielen.

Coaching und die Entfaltung von Potenzial

Jeder verfügt über ungenutztes Potenzial. Einiges davon wird bei der Arbeit eingesetzt, Teile davon bleiben jedoch völlig unentdeckt und ungenutzt. Einige Menschen blühen in ihrem Arbeitsumfeld auf; die Schule als Arbeitsplatz entspricht ihren natürlichen Talenten und Fähigkeiten. Es gibt jedoch stets Schulmitarbeiter, die nicht so motiviert an ihre Arbeit herangehen oder nicht sehr überzeugt davon sind, dass sie an der Schule etwas erreichen können, sich jedoch bei ihrer Freizeitgestaltung voll und ganz verausgaben. Die Erfolge dieser Menschen außerhalb ihres Arbeitsplatzes können herausragend sein; am Arbeitsplatz halten sie sich eher im Hintergrund. Bei wieder anderen wird das Potenzial nicht erkannt, bis es zu einer Krise kommt. Personen, die keine Verantwortung übernehmen möchten, schlagen sich oftmals hervorragend, wenn es darum geht, eine schwierige Situation zu lösen. Dabei setzen sie Fähigkeiten ein, von denen sie überhaupt nicht wussten, dass sie sie besitzen.

Menschen, die bei der Arbeit ihr Potenzial ausschöpfen, übernehmen gerne neue Projekte. Dabei handelt es sich um Aufgaben, bei denen die Fähigkeiten dieser Person stets getestet werden. Oftmals arbeiten diese Personen auch außerhalb ihrer Fertigkeiten hervorragend. Sie genießen die Herausforderung einer neuen Aufgabe und suchen nach neuen Verantwortungsbereichen. Sie besitzen nicht unbedingt die nötigen Kenntnisse und Fertigkeiten, um diese Aufgaben auszuführen, aber sie glauben an sich selbst und daran, dass sie es schaffen können. Sie gehen Risiken ein und vertrauen darauf, dass alles gut laufen wird. Sie können ihre eigenen Fähigkeiten schnell überschätzen und reagieren leicht schockiert, wenn sie sehen, dass einige Aufgaben schwieriger sind als gedacht. Sie unterschätzen die Anforderungen einer neuen Aufgabe, müssen oft einen Schritt zurückgehen und langsamer weitermachen. Sie überlassen einige Dinge dem Zufall, statt vorher genau zu planen. Das kann dazu führen, dass Aufgaben nicht abgeschlossen werden und großer Stress entsteht.

Menschen, die ihr Potenzial nicht voll ausschöpfen, gehen lieber auf Nummer sicher. Sie stellen stets sicher, dass alles, was sie tun, im Bereich ihrer Fähigkeiten liegt. Sie werden versuchen, Projekte zu übernehmen, die sie zuvor bereits erledigt haben oder die vorherigen Projekten ähneln. Neue Aufgaben planen sie detailliert im Voraus. Sie fordern eine genaue Beschreibung davon, was geschehen soll, bevor sie eine neue Aufgabe annehmen. Sie unterschätzen stets ihre Fähigkeiten. Ihnen ist möglicherweise nicht im Geringsten klar, dass sie mehr erreichen können. Sie erlegen sich selbst Einschränkungen auf.
Sie arbeiten gerne in ihrer Komfortzone. Sie können sehr gut auf ihrem Gebiet sein, haben aber nicht das Selbstvertrauen, neue Bereiche auszuprobieren, und benötigen viel Unterstützung und Mentoring, um ihre Arbeitsweise zu ändern. Egal, ob Mitarbeiter ihr Potenzial erkennen oder nicht, durch Coaching kann ihre Effizienz bei der Arbeit verbessert werden.

Sehen wir uns also an, was Menschen daran hindert, ihr wahres Potenzial zu entfalten.

Als Coach müssen Sie grundsätzlich davon ausgehen, dass die Leistung, die jemand bei der Arbeit bringt, sein Potenzial noch nicht voll ausschöpft. Es ist wichtig, bei einigen Personen über die reine Leistung hinauszublicken, da Sie ansonsten übersehen, wozu sie wirklich in der Lage sind. Sie müssen vorsichtig sein, um zu vermeiden, jemanden alleine an seiner Leistung zu messen. Stattdessen sollten Sie sich seine Fähigkeiten näher ansehen. Jemand, der in seiner Freizeit für den Londoner Marathon trainiert und ihn mitläuft, zeigt, dass er zielstrebig ist und noch Reserven besitzt. Die gleiche Person kann sich bei der Arbeit strikt dagegen wehren, neue Fähigkeiten zu erlernen. Mit Sicherheit kann sie ihre Zielstrebigkeit einsetzen, um einige neue Computer-Kenntnisse zu erwerben und die Feinheiten von Excel und Access zu durchschauen. Diese Person benötigt möglicherweise Coaching, um die Motivationsquelle anzuzapfen, die sie bisher nur beim Laufen einsetzt, und sie für die Arbeit zu nutzen.

Beim Coaching geht es darum, das Beste aus jemandem herauszuholen. Wenn Sie das erreichen möchten, müssen Sie zuerst daran glauben, dass es möglich ist. Oftmals reicht es schon aus, wenn eine Person erkennt, dass jemand an sie glaubt, damit sie ihr volles Potenzial ausschöpfen kann. Beim Coaching geht es um eine Reihe strukturierter Einzelgespräche, mit deren Hilfe Lernende vorangebracht werden können.

Guter Tipp

Beim Coaching geht es darum, über die Leistung einer Person hinwegzusehen und ihr wirkliches Potenzial zu erkennen. Um jemanden zu coachen, müssen Sie an ihn glauben.

Coaching zum Aufbau von Vertrauen

Die Fallstudie, die wir uns ansehen werden, handelt von einem Mitarbeiter an einer weiterführenden Schule. Sowohl die Prinzipien als auch das Verfahren können jedoch auch auf Schüler angewendet werden. Als Schulmitarbeiter liegt es Ihnen wahrscheinlich am Herzen, das Leben junger Menschen zu verbessern. Sie sind in der Lage, ein Kind mit Potenzial in Ihren Gruppen oder Klassen zu erkennen. Hierbei geht es um ein Kind, das wenig Selbstvertrauen hat und lediglich jemanden benötigt, der an es glaubt. Sie werden dieses Kind coachen, damit es erfolgreich sein kann. Es ist allgemein bekannt, dass Selbstvertrauen ein wichtiges Element ist, das Kinder benötigen, um erfolgreich zu lernen. Aber auch für Erwachsene ist Selbstvertrauen unerlässlich, wie die folgende Fallstudie zeigt.

Fallstudie

Kontext: Eine große weiterführende Schule mit 1.100 Schülern; eine erfolgreiche Schule in der Innenstadt, die besonders für die sportlichen Erfolge ihrer Schüler bekannt ist. Im Vergleich zu ähnlichen Schulen fällt auf, dass die schulische Leistung nur durchschnittlich und die sechste Klasse besonders groß ist.

Hintergrund: Insgesamt arbeiten 100 Voll- und Teilzeitlehrkräfte sowie 20 Assistenzlehrer an der Schule. Es gibt sechs Verwaltungsangestellte an der Schule, die dem Finanzbeauftragten der Schule unterstehen. Insgesamt arbeiten 150 Voll- und Teilzeitmitarbeiter an der Schule. Kevin, der Finanzbeauftragte, hat gemeinsam mit einigen anderen Führungskräften eine Schulung zum Thema Coaching durchlaufen. Er trifft sich einmal im Monat mit seinen Teammitgliedern, um sie im Hinblick auf ihre Aufgaben an der Schule zu coachen. Wir werden Kevin beim Coaching-Gespräch mit Sandra begleiten. Sandra ist eine Verwaltungsangestellte, deren Aufgaben sich in den zehn Jahren ihrer Tätigkeit an der Schule enorm ausgeweitet haben. Sie begann ihre Karriere als Pausenaufsicht, als ihre eigenen Kinder die Schule besuchten. Später wechselte sie ins Büro. Sie bewies großes Geschick im Umgang mit Zahlen und hatte keinerlei Probleme, die Finanzsoftware der Schule zu erlernen. Sandra wirkt sehr still und meldet sich nie freiwillig für Schulungen oder die Übernahme neuer Aufgaben. Kevin hatte vor kurzem ein sehr frustrierendes Gespräch mit Sandra, als er sie bat, anderen Mitarbeitern eine Schulung zur Finanzsoftware zu geben. Sie schien nicht sehr begeistert von dieser Idee zu sein. Zuhause verbringt Sandra sehr viel Zeit mit Sudoku und löst selbst die schwierigsten Puzzles in null Komma nichts. Trotz dieses Talents hat sie kein Interesse daran, an dem regelmäßigen Sudoku-Turnier der Schulmitarbeiter teilzunehmen. Kevin hat das Gefühl, dass Sandra sehr viel Potenzial hat und neue zusätzliche Qualifikationen erwerben könnte. Er versteht nicht, was eine derart talentierte Person aufhält. An einem Schulungstag, der erst vor kurzem stattgefunden hatte, reagierte sie sehr verärgert und verließ die Gruppensitzung.

Sandras erste Sitzung mit Kevin:

Fallstudie

Kevin: Sandra, vielen Dank, dass Sie gekommen sind. Sie wissen, dass wir diese Sitzungen einmal monatlich abhalten werden und dass wir gemeinsam ein berufliches Ziel festlegen werden, an dem wir das gesamte Jahr über arbeiten. Ist das in Ordnung?

▶▶

Sandra: *Ja, das ist in Ordnung. Soll das so ähnlich funktionieren wie das alte Leistungsmanagement?*

Kevin: Ja, aber ich werde Sie regelmäßig zu Ihren Leistungszielen coachen. Bevor wir beginnen, möchte ich etwas mit Ihnen besprechen. Am Schulungstag zum Softwarepaket habe ich bemerkt, dass Sie nicht glücklich waren, als wir alle in einem Kreis zusammengesessen sind. Gibt es in Bezug darauf etwas, das Sie mit mir besprechen möchten?

Sandra: *Ich mag die Arbeit in der Gruppe nicht. Ich wusste, ich würde etwas sagen müssen, und das konnte ich nicht.*

Kevin: Was konnten Sie nicht?

Sandra: *Ich konnte nicht vor all den anderen sprechen. Wir sollten alle sagen, was wir uns von diesem Tag erwarten, und mir ist dazu einfach nichts eingefallen.*

Kevin: Wie haben Sie sich dabei gefühlt?

Sandra: *Am liebsten wäre ich in Grund und Boden versunken. Ich mochte es nicht, wie mich alle angesehen haben. Ich kann einfach nicht vor anderen sprechen. Jetzt fühle ich mich noch schlechter, weil ich mich vor allen zum Idioten gemacht habe und sich nun wahrscheinlich alle fragen, was los war.*

Kevin: Sie haben sich nicht wohl dabei gefühlt, vor den anderen zu sprechen. Was wäre besser für Sie gewesen?

Sandra: *Es hätte mir nichts ausgemacht, mit der Person neben mir zu sprechen und das Ergebnis gemeinsam zu präsentieren. Das wäre in Ordnung gewesen.*

Kevin: Es war also nicht die Frage „Was erwarten Sie sich von dem Tag?", die Ihnen Schwierigkeiten bereitet hat?

Sandra: *Nein, überhaupt nicht. Ich wusste die Antwort darauf. Ich habe mich darauf gefreut, einige Fragen zur Software klären zu können und ich wollte einige neue Tastenkombinationen lernen. Ich wollte nur nicht vor all den anderen im Rampenlicht stehen und dumm aussehen.*

Kevin: Dumm aussehen? Vor wem?

Sandra: *Ich weiß nicht, ich denke vor den anderen. Alle erschienen so selbstbewusst. Ich hatte schon immer ein Problem damit, im Rampenlicht zu stehen. Ich mag es nicht, wenn die Leute mich anstarren. Ich mag es nicht, im Mittelpunkt zu stehen.*

Kevin: Was genau geschieht, wenn Sie im Mittelpunkt stehen?

Sandra: *Mein ganzes Selbstvertrauen verschwindet. Ich fühle mich klein und unzulänglich. Deshalb wollte ich die Schulung für die neuen Assistenzlehrer nicht halten. Als Sie mich gebeten haben, einen Teil der Einarbeitung zu übernehmen, hätte ich am liebsten sterben wollen. Ich spreche nicht gern mit mehr als einer Person zur gleichen Zeit. Ich will auch nicht, dass sie mich ansehen und überlegen: „Was weiß die schon?" Ich hätte Angst, dass ich alles falsch mache.*

▶▶

Kevin: Was haben Sie aus dem Schulungstag gelernt?

Sandra: *Dass ich nicht so dumm sein sollte. Ich weiß, dass ich nicht schlechter bin als die anderen. Aber es scheint, als könnte ich mich einfach nicht überwinden, vor anderen zu sprechen.*

Kevin: Ist das etwas, woran Sie gerne arbeiten würden?

Sandra: *Ja. Ich habe das Gefühl, dass mich dieses Problem behindert. Ich würde gerne diese Schulung für die neuen Assistenzlehrer halten, um die Sie mich gebeten haben. Aber zuerst muss ich dieses Problem lösen.* ◀

Was Coaching bewirken kann

In der Sitzung hat sich Sandra selbst herausgefordert und darüber nachgedacht, warum sie nicht vor einer Gruppe sprechen kann. Durch das Gespräch mit Kevin hat sie erkannt, dass ihr mangelndes Selbstvertrauen sie zurückhält und sie möchte dies ändern. Kevin hatte sich zuvor gewundert, weshalb sie die Schulung für die neuen Assistenzlehrer nicht übernehmen wollte, und war davon ausgegangen, dass Sandra einfach unkooperativ war. In diesem Zusammenhang dachte Kevin noch einmal über die Planung des Schulungstages nach. Es war ihm nicht klar gewesen, dass es für jemanden schwierig sein könnte, vor einer Gruppe zu sprechen. Er nahm sich vor, den nächsten Schulungstag anders zu planen.

Sandra formulierte gemeinsam mit Kevin folgendes Ziel: „Mit Selbstvertrauen vor einer kleinen Gruppe sprechen“. Gemeinsam planten Kevin und Sandra eine Reihe kleiner Schritte, die ans Ziel führen sollten. Kevin wurde bewusst, dass Sandra jemand war, der sich auf alles sehr genau vorbereiten wollte. Deshalb plante er ausreichend Zeit ein, damit Sandra jeden einzelnen Schritt planen konnte. Kevin erschien dies absolut nicht notwendig, aber es war Sandras Ziel und sie musste auf ihre Art damit fertig werden.

Mit der Zeit erklärte Sandra das neue Finanzsystem zuerst einer Person, dann zwei Mitarbeitern und so weiter. Die Schule entschied, die Leistungsdaten der Schüler im gleichen System zu verwalten, was bedeutete, dass den Lehrern das System ebenfalls erklärt werden musste. Dies wiederum bedeutete, dass Sandra auch den Lehrkräften das System erklären musste. Das erschien eine weitere Hürde zu sein, da sie bisher nur mit anderen Verwaltungsangestellten zu tun gehabt hatte. Kevin und Sandra vereinbarten in der nächsten Coaching-Sitzung, dass sie das System lediglich zwei Lehrkräften erklären und dafür das gleiche Format verwenden würde, das sie für die Verwaltungsangestellten genutzt hatte.

Die Sitzung mit den Lehrkräften fand statt und lief nicht gut. Sandra wurde so nervös, dass sie den Lehrkräften nicht erklären konnte, wie die Daten abgerufen werden. Alle hatten viel Verständnis für sie, aber Sandra fand diese Erfahrung sehr demoralisierend. Begleiten wir Kevin und Sandra durch die Coaching-Sitzung nach der desaströsen Schulung.

Fallstudie

Kevin: Sie hatten die Schulung mit Kate und Barbara.

Sandra: Ja, sie lief wirklich schlecht. Ich war fix und fertig. Ich kann nicht aufhören, mich zu fragen, was schiefgelaufen ist. Ich habe alles falsch gemacht. Ich habe im Hinblick auf mein Ziel Rückschritte gemacht. Ich kann es wohl gleich vergessen.

Kevin: Ich möchte mich nicht damit beschäftigen, warum es mit den Lehrern nicht geklappt hat. Konzentrieren wir uns lieber auf die Zukunft.

Sandra: Denken Sie nicht, wir sollten analysieren, was schiefgelaufen ist? Darüber sprechen und versuchen, es zu verstehen?

Kevin: Nein, ich möchte mich lieber darauf konzentrieren, was seit der letzten Sitzung gut gelaufen ist. Was hat funktioniert?

Sandra: Das ist schwer zu sagen. Ich kann nur noch an diese schreckliche Schulung denken. Hm ... (Stille) ... da war die Schulung mit den zwei Assistenzlehrern. Die lief gut. Aber bei den Lehrern hatte ich nicht das Selbstvertrauen. Ich habe generell nicht sehr viel Selbstvertrauen.

Kevin: Sie haben nicht sehr viel Selbstvertrauen. Darf ich einen Vorschlag machen?

Sandra: Ja.

Kevin: Ich denke, „Ich habe nicht sehr viel Selbstvertrauen" ist eine Meinung, die Sie von sich selbst haben, aber keinesfalls eine Tatsache.

Sandra: Das verstehe ich nicht.

Kevin: Nun, Sie kamen nicht mit der Vorstellung auf die Welt, nicht genug Selbstvertrauen bei der Arbeit zu haben, oder?

Sandra: Okay.

Kevin: Diese Denkweise haben Sie sich mit der Zeit angeeignet und jedes Mal, wenn etwas an Ihrem Selbstvertrauen nagt, glauben Sie noch mehr daran. Das Gute ist, dass wir diese Sichtweise, die Sie von sich selbst haben, ändern können.

Sandra: Sie sagen also, ich kann lernen, mehr Selbstvertrauen zu haben?

Kevin: Ja. Fällt Ihnen eine Situation ein, in der Sie Selbstvertrauen haben?

Sandra: Ja, zuhause habe ich Selbstvertrauen und in Situationen, in denen ich weiß, dass ich etwas bewegen kann.

Kevin: Wenn ich Ihnen ein Sudoku-Puzzle geben würde, wie würden Sie damit umgehen?

Sandra: Mit Selbstvertrauen. Ich weiß, dass ich gut darin bin, und habe es schon zuvor geschafft. Ich denke, wir kommen zurück zu meinem Ziel. Ich habe kein Selbstvertrauen, wenn ich vor Gruppen oder anderen Personen stehe.

Kevin: Sind Sie immer noch zufrieden mit Ihrem Ziel, mit mehr Selbstvertrauen vor einer kleinen Gruppe zu sprechen?

▶▶

Sandra: *Es geht um mehr. Es geht um mein generelles Selbstvertrauen bei der Arbeit. Ich habe nicht sehr viel Selbstvertrauen, wenn es um die Arbeit geht.*

Kevin: Was erwarten Sie sich davon, wenn Sie diesen Gedanken über sich selbst ändern?

Sandra: *Ich könnte mit Selbstvertrauen an neue Dinge herangehen, ohne in Stress zu verfallen und Nerven zu zeigen. Ich hätte das Gefühl, dass mich nichts behindert. Ich wäre in der Lage zu lernen und meine Fähigkeiten auszubauen.*

Kevin: Wenn ich Ihnen dieses neue Bewusstsein jetzt geben könnte, würden Sie es annehmen?

Sandra: *(Ohne zu zögern) JA!*

Kevin: Inwiefern hätten Sie dann ein besseres Bild von sich?

Sandra: *Ich wäre jemand, der mit Selbstvertrauen an seine Arbeit herangeht.*

Kevin: Gut. Können Sie das in einen Prozess umwandeln? Beschreiben Sie es mit einem Verb, z. B. Ich kann lernen, ich kann versuchen zu …

Sandra: *Denken Sie an etwas wie „Ich kann lernen, jemand zu sein, der mit Selbstvertrauen an seine Arbeit herangeht"?*

Kevin: Ja, gut. Können Sie nun ein Verb hinzufügen, das die Sache angenehmer für Sie gestalten würde? Beispielsweise „freuen" oder „Spaß haben"?

Sandra: *Ich freue mich darauf zu lernen, jemand zu sein, der mit Selbstvertrauen an seine Arbeit herangeht.*

◀

Was das Coaching bewirkt hat

In der ersten Coaching-Sitzung mit Kevin erkannte Sandra, dass es ihr Mangel an Selbstvertrauen war, der sie aufhielt. In der zweiten Sitzung erkannte Kevin, dass ihr Mangel an Selbstvertrauen in der Arbeit eine tiefverwurzelte und einschränkende Sichtweise ihrer selbst war. Es handelte sich nicht um eine Tatsache, sondern um eine Sichtweise, die geändert werden konnte. Ein weiterer wichtiger Punkt der Coaching-Sitzung ist, dass die Vergangenheit dabei keine Rolle spielte. Kevin versuchte zu keinem Zeitpunkt zu analysieren, was schiefgelaufen war, und stellte niemals die Frage „Warum?".

Guter Tipp

Beim Coaching dreht sich alles um die Zukunft. Die Analyse der Vergangenheit bleibt außen vor.

Weitere Vorgehensweise, um eine einschränkende Sichtweise zu ändern

Kevin gab Sandra einige Aufgaben, die sie vor der nächsten Sitzung erledigen sollte. Dabei ging es um die neue Sichtweise „Ich freue mich darauf zu lernen, jemand zu sein, der mit Selbstvertrauen an seine Arbeit herangeht".

Er gab ihr ein Blatt Papier mit den folgenden Aufgaben:

1. Schreiben Sie Ihre neue Sichtweise auf und achten Sie auf Gefühle bzw. einen inneren Dialog, der auftauchen und sich dagegen wehren könnte.
2. Lassen Sie diese negativen Gedanken los, indem Sie sie aufschreiben. Werfen Sie sie nun weg. Diese negativen Gedanken sind vom Unterbewusstsein ins Bewusstsein gekommen, wurden erkannt und beseitigt.
3. Nehmen Sie sich eine Minute Zeit und stellen Sie sich vor, mit dieser Sichtweise zu leben. Wie würde sich das anfühlen? Was würden Sie hören, sehen und machen?
4. Die Gedanken und Gefühle, die Sie bei der Beantwortung von Nummer 3 eingesetzt haben, stellen nun Ihren Anker dar. Sie sollten jeden Tag mit den Gefühlen und Gedanken beginnen, die mit dem Ziel, mit Selbstvertrauen an die Arbeit heranzugehen, in Verbindung stehen.

In der nächsten Sitzung mit Kevin erstellte Sandra einen Plan für mehr Selbstvertrauen (siehe unten). Mithilfe dieses Plans konnte Sandra Momente identifizieren, in denen sie erfolgreich lernen konnte und Selbstvertrauen hatte: mit anderen Worten, wann sie sich in einem Zustand befand, den wir als „FLOW" (Fluss) bezeichnen. Erwachsene lernen, wenn sie sich entspannt und zuversichtlich fühlen. Sandra stellte fest, dass sie zuhause am besten lernen konnte. Sie fühlte sich entspannt und zuversichtlich, die Sudoku-Aufgaben zu lösen und sie musste nun diesen Zustand des FLOWS in die Arbeit transportieren. Sie musste herausgefordert werden, jedoch nicht zu sehr. Wie die meisten anderen Menschen arbeitete sie am besten, wenn sie herausgefordert, jedoch nicht überfordert wurde.

Schlussfolgerung aus der Fallstudie

Kevin arbeitete das Jahr über weiterhin mit Sandra und ihr Selbstvertrauen bei der Arbeit stieg. Sie unterstützte weiterhin das Einarbeitungsprogramm für neue Mitarbeiter.

Plan für mehr Selbstvertrauen: Sandra O'Neil **Datum:**

Ziel: *„Ich freue mich darauf zu lernen, jemand zu sein, der mit Selbstvertrauen an seine Arbeit herangeht."*

Was raubt mir mein Selbstvertrauen und wie kann ich dagegen vorgehen?

In welchen Situationen habe ich Selbstvertrauen?

Welche Strategien, die mir mehr Selbstvertrauen geben, kann ich von zuhause auf die Arbeit übertragen?

Wer kann mir dabei helfen, mehr Selbstvertrauen aufzubauen?

Wie kann ich mir auf dem Weg zu mehr Selbstvertrauen Zwischenziele setzen, die ich feiern kann, wenn ich sie erreicht habe?

Übung

Denken Sie an Kevins Coaching-Ansatz bei Sandra zum Aufbau von mehr Selbstvertrauen und überlegen Sie sich, wie Sie diesen Ansatz anpassen könnten, damit er auf Kinder anwendbar ist. Denken Sie an ein Kind, das von einem Plan für mehr Selbstvertrauen profitieren könnte, und überlegen Sie sich, wie Sie den Plan anpassen würden, damit er sich für einen jungen Menschen eignet.

Sie konnte außerdem ihre Angst, vor großen Gruppen zu sprechen, besiegen und leitete an einem Schulungstag eine kleine Gruppenschulung. Sandra blühte in der Arbeit auf und am Ende des Jahres meldete sie sich bei einem lokalen Schulungsanbieter an, um einen Kurs in Rechnungswesen zu belegen.

Kevin bat alle seine Teammitglieder um Rückmeldung zu den Coachings, die er durchgeführt hatte. Sandra gab folgendes Feedback:

> *Als ich anfing, für die Schule zu arbeiten, dachte ich, ich hätte alles erreicht. Ich erledigte alles, was ich konnte, aber nichts darüber hinaus. Sie haben mir geholfen zu erkennen, dass ich so viel mehr kann. Ich war nie besonders gut in der Schule und zuhause wurde Lob nur sehr spärlich verteilt. In den Coaching-Sitzungen mit Ihnen konnte ich sehr viel Selbstvertrauen aufbauen und ich erkannte, wozu ich wirklich in der Lage bin. Sie haben das nicht für mich getan, sondern mir den Weg gezeigt, damit ich es selbst tun konnte und nun stolz auf mich sein kann.*

Coaching ist eine erfüllende Arbeit, die eine große Investition in andere Menschen darstellt. Nicht nur Sandra hat von den Sitzungen profitiert, auch Kevin konnte mehr Selbstvertrauen als Coach gewinnen. Kevin hat Sandras Potenzial erkannt, selbst Coaching-Fähigkeiten zu erlernen, damit sie in Zukunft die neuen Assistenzlehrer coachen kann. Er hofft, dass dies nächstes Jahr auf dem Plan stehen wird.

Gegenseitiges Coaching

In der Fallstudie auf Seite 103 konnten wir sehen, wie Coaching zwischen Vorgesetztem und Teammitglied erfolgen kann. In der Fallstudie war Kevin der Teamleiter. Er war als Vorgesetzter tätig und hatte mehr Erfahrung in seiner Position als Sandra. Teil seiner Aufgabe als Teamleiter war es, Sandra zu coachen.

Sehen wir uns nun eine Situation an, in der Coach und Lernender auf gleicher Stufe stehen und gleich viel Erfahrung besitzen.

Von gegenseitigem Coaching spricht man, wenn zwei Mitarbeiter auf gleicher Ebene sich gegenseitig coachen. Das Coaching-Paar hat vereinbart, sich durch Coaching gegenseitig bei der beruflichen Entwicklung zu unterstützen. Das gegenseitige Coaching bietet die Möglichkeit, den eigenen Unterricht selbst zu bewerten. Die Teilnehmer erhalten außerdem die Chance, sich beruflich weiterzuentwickeln. Nicht nur durch das, was sie von ihrem Partner lernen, sondern auch durch das Entwickeln eigener Coaching-Fähigkeiten. Das gegenseitige Coaching ist eine sehr praktische und gute Möglichkeit, um mehr über den eigenen Unterricht und den anderer zu erfahren. (Das Dokument hierzu finden Sie auf Seite 108).

Glynnis und Peter hatten an einem Schulungstag eine Coaching-Schulung erhalten. Sie kannten das LEAP-Modell und hatten es bereits einige Male angewendet, und sie hatten außerdem schon an ihren Zuhör- und Frage-Fähigkeiten gearbeitet. Sie waren sich beide darüber bewusst, dass das LEAP-Modell für das gegenseitige Coaching angepasst werden musste.

Fallstudie

Kontext: Eine große Grundschule mit 350 Schülern und 45 Plätzen im dazugehörigen Kindergarten. Eine erfolgreiche Schule im Stadtzentrum, die Teil eines Schulnetzwerkes ist, das zusätzliche Fördergelder erhält, um die Unterrichtsstandards zu verbessern. Die Leistung der Schüler liegt im Vergleich zu ähnlichen Schulen unter dem Durchschnitt und das Netzwerk setzt sich stark dafür ein, die Standards bei den Leistungen zu erhöhen. Die Schulbehörde hat versagt und die Schulen haben ein gemeinsames Netzwerk aufgebaut, das weitaus einflussreicher und nützlicher für die Schulen ist als die Schulbehörde.

Hintergrund: Das Netzwerk bietet ein Coaching-Programm und eine Coaching-Schulung an. Zwei Lehrkräfte der Jahrgangsstufe 3, Peter und Glynnis, haben an einem Coaching-Kurs teilgenommen und brennen nun geradezu darauf, mit dem gegenseitigen Coaching zu beginnen. Sie haben ihre Ideen der Schulleiterin vorgelegt und um ihre Unterstützung gebeten. Die Schulleiterin erhält bereits ein Coaching für Führungskräfte über das Netzwerk und konnte sich davon überzeugen, wie wirkungsvoll es ist. Sie findet die Idee des gegenseitigen Coachings gut, ist aber auch besorgt, weil sie denkt, dass die Mitarbeiter bereits genug Initiativen haben, um die sie sich kümmern müssen. Sie hat Peter und Glynnis jedoch ihre Zustimmung gegeben, mit dem gegenseitigen Coaching zu beginnen, solange es sich im Rahmen hält und sich direkt auf eines der Ziele aus dem Verbesserungsplan der Schule bezieht.

Die Schule hat ein Programm eingeführt, das die Denkfähigkeit der Schüler fördern soll, um die Leistungsstandards zu erhöhen. Die Schule arbeitet außerdem daran, den Lehrplan kreativer zu gestalten. Peter und Glynnis möchten sich bei den gegenseitigen Coachings genau auf diese Initiativen konzentrieren.

Um das Projekt zu einem Erfolg zu machen, stellte die Schulleiterin mithilfe eines Zuschusses aus dem Netzwerk etwas freie Zeit für das Coaching zur Verfügung. Um den Zuschuss zu rechtfertigen, mussten Peter und Glynnis einen Plan erstellen. Glynnis und Peter besprachen ihren Plan und entschieden, dass es nicht nur wichtig wäre, festzulegen, was genau sie machen wollten, sondern auch die Prinzipien, die dahinterstehen sollten.

1. *Looking at goals (Ziele analysieren)*
Diese Phase sollte in der Vorbesprechung durchlaufen werden, in der das Unterrichtsziel besprochen wird. Das Ziel ist der Teil des Unterrichts, von dem der Lehrer erwartet, dass sich der Lehrer/Coach darauf konzentriert. Folgendes könnte z. B. ein Ziel sein: „Sicherstellen, dass die Schüler ihr Lerntagebuch richtig nutzen".

Plan für das gegenseitige Coaching an der Grundschule

Verbindungen zum Verbesserungsplan der Schule: Ziel 3, die Unterrichts- und Lernstandards durch die Strategie „Lernen zu lernen" verbessern

Ziele des gegenseitigen Coachings:

» Austausch bewährter Unterrichtspraktiken
» Reflexion über und Verbesserung der eigenen Arbeit
» Fortlaufende gegenseitige Unterstützung
» Aufbau eines gemeinsamen beruflichen Dialogs
» Feedback für den Coaching-Partner
» Förderung von Zusammenarbeit

Prinzipien des gegenseitigen Coachings:

» Es erfolgt keinerlei Wertung und Bewertung.
» Es basiert auf einer vertrauten Beziehung zwischen zwei Kollegen.
» Inhalte werden vertraulich behandelt.
» Es erfolgt in einer sicheren Umgebung.
» Beide Lehrer versuchen gemeinsam zu wachsen.

Methode:

» Beide Lehrkräfte werden sich Zeit für die Planungsvorbereitung und Bewertung (Planning Preparation and Assessment, PPA) nehmen und gemeinsam planen, welche Themen ausgewählt werden.
» Worauf sich der Beobachter konzentrieren soll, entscheidet die Lehrkraft, die beobachtet wird. Es muss sich jedoch auf Ziel 3 auf dem Verbesserungsplan der Schule beziehen, damit die Unterrichts- und Lehrstandards durch „Lernen zu lernen"-Strategien verbessert werden können.
» Das Feedback zu den beobachteten Verhaltensweisen wird am selben Tag gegeben, an dem die Sitzung stattgefunden hat. Diese Aufgabe übernimmt eine Teilzeitlehrkraft, die vom Netzwerk zur Verfügung gestellt wird.

Bewertung:

» Beide Lehrkräfte erstellen innerhalb von sechs Monaten einen Bericht für den Schulleiter und den Schulrat.

2. *Exploring reality (die Realität betrachten)*
   Diese Phase wird in den Coaching-Sitzungen nach dem Unterricht durchlaufen. Der Lehrer/Coach stellt Fragen wie z. B.: „Was denken Sie, ist im Unterricht geschehen?“ oder „Was waren die effektivsten Bestandteile des Unterrichts in Bezug auf Ihr Ziel?“ Im Anschluss werden die eigenen Beobachtungen aus dem Unterricht gemeinsam besprochen.

3. *Analysing possibilities (Möglichkeiten analysieren)*
   In dieser Phase ermutigt der Lehrer/Coach die Lehrkraft, über alle Möglichkeiten nachzudenken, die sie einsetzen könnte, um die Ziele mit den Schülern zu erreichen. Zu diesem Zeitpunkt kann der Lehrer/Coach auch eigene Ideen einbringen. Beim Coaching sollte der Coach normalerweise vermeiden, seine eigene Meinung kundzutun. Aber beim gegenseitigen Coaching ist das etwas anders. Eines der Ziele ist, bewährte Unterrichtspraktiken untereinander auszutauschen. Aus diesem Grund ist es in Ordnung, wenn der Coach über eigene Erfahrungen und Vorgehensweisen spricht, die für ihn gut funktioniert haben, sofern die gecoachte Lehrkraft zuvor eigene Ideen vorgebracht hat.

4. *Planning action (Vorgehensweisen planen)*
   In dieser Phase stellt der Lehrer/Coach z. B. folgende Fragen: „Wie könnten Sie vorgehen?“, „Was würden Sie fragen?“ oder „Was könnte Ihnen helfen?“ Die gecoachte Lehrkraft wird einen Maßnahmenplan vorbringen, der zum nächsten Ziel führt. Hören wir Glynnis und Peter bei einer ihrer Coaching-Sitzungen nach dem Unterricht zu. Glynnis ist der Coach und Peter der Lernende. Das Thema der Sitzung sollte sich damit befassen, was man unternehmen könnte, wenn die Schüler beim Lernen plötzlich eine Blockade haben. Dieses Thema ist Dreh- und Angelpunkt des Schulprojekts zu den Denkfertigkeiten. Die Lehrer haben versucht, den Schülern beizubringen, belastbarer zu werden und selbst Problemlösungsstrategien anzuwenden, anstatt lediglich blockiert zu reagieren oder den Lehrer zu fragen.

Bedenken Sie, dass die Phase des LEAP-Modells *Looking at goals* (Ziele analysieren) bereits in der Planung vor der Coaching-Sitzung durchlaufen wurde. Dabei ging es um das Rechnen.

Fallstudie

Glynnis: Okay, Peter, wie denken Sie, ist die Stunde im Hinblick auf Ihr Ziel verlaufen?

Peter: *Nun, ich war etwas enttäuscht, dass die Schüler sich nicht an die Strategien erinnern konnten, die wir beim letzten Mal besprochen hatten. Die blaue Gruppe schlug sich sehr gut. Mir scheint, dass die cleveren Schüler keine Probleme damit haben, Strategien zu erlernen, die ihnen beim Lernen helfen. Die Schüler, die mehr Unterstützung benötigen, scheinen damit jedoch größere Probleme zu haben.*

Glynnis: Was hat bei der blauen Gruppe gut funktioniert?

▶▶

Peter: *Nun, sie haben ihre Lerntagebücher verwendet, um Strategien nachzuschlagen, die sie zuvor eingesetzt hatten. Das war fantastisch. Ich musste sie nicht einmal daran erinnern. Das hat mich wirklich gefreut. Und sie haben am Ende der Stunde sogar neue Notizen in ihre Lerntagebücher geschrieben.*

Glynnis: Ja, das habe ich gesehen. Haben Sie auch gesehen, dass die gelbe Gruppe sich untereinander abgesprochen hat, welche Problemlösungsstrategien sie jeweils verwenden?

Peter: *Nein, das hab ich nicht mitbekommen. Ist Ihnen noch etwas anderes aufgefallen?*

Glynnis: Nun, wenn man sich die Klasse als Ganzes ansieht, war ich beeindruckt vom Einfallsreichtum der Schüler. Gut 60 Prozent der Schüler haben ihre Lerntagebücher verwendet. Andere hatten wirklich gute Gespräche mit Mitschülern über Lernstrategien und sie haben einige der Vokabeln verwendet, die wir ihnen zuvor beigebracht hatten. Insgesamt betrachtet würde ich sagen, dass ca. 80 Prozent der Schüler gute Lernstrategien eingesetzt haben. Sie haben gute Arbeit geleistet in dieser Klasse. Es gefällt mir, wie Sie die Lerntagebücher in den Unterricht mit einbeziehen. Ich konnte sie nie so gut in den Unterricht einbringen.

Peter: *Das ist wirklich interessant. Ich hätte das nie so gesagt. Ich war so besorgt darüber, dass die rote Gruppe die Problemlösungsstrategien nicht anwenden konnte, dass ich keinen Gesamtüberblick darüber bekommen konnte, wie die Klasse mit der Aufgabe umging. Ich freue mich zwar über das, was Sie sagen, aber ich bin immer noch besorgt, was die rote Gruppe angeht.*

Glynnis: Okay. Was könnten Sie mit ihnen versuchen?

Peter: *Sie brauchen eine Art Stütze für die Strategien zum Umgang mit Blockaden. Wir haben sie besprochen. Sie scheinen nicht in der Lage zu sein, ihre Lerntagebücher einzusetzen, sie haben überhaupt nichts darin notiert.*

Glynnis: Müssen sie unbedingt Lerntagebücher führen?

Peter: *Nun, es ist Teil der Schulpolitik, dass jeder Schüler ein Lerntagebuch führt. Aber ich denke, wenn sie es nicht nutzen, macht es keinen Sinn. Vielleicht gäbe es eine bessere Alternative ... Vielleicht einige visuelle Symbole auf den ersten Seiten ihrer Bücher. Ich denke dabei beispielsweise an Symbole für „Die Frage aufteilen", „Jemanden um Hilfe bitten" usw. Haben Sie Ideen dazu?*

Glynnis: Ja, es gibt da etwas, das ich mit meiner Gruppe mache, die Lernschwierigkeiten hat. Wir haben als Klasse eine Liste zusammengestellt, auf der alle Lernstrategien stehen, die wir einsetzen, wenn es Probleme gibt, und haben diese auf laminierte Karten geschrieben. Anschließend haben wir einen Behälter dafür gebastelt. Die Kinder nennen den Behälter die „Blockadeschachtel". Wenn einer der Schüler eine Blockade hat, geht er einfach zu der Schachtel und nimmt eine Karte heraus, auf der eine mögliche Problemlösung steht.

▶▶

Peter: *Das klingt wirklich gut. Zuerst könnte ich gemeinsam mit den Schülern die Strategien durchgehen und anschließend könnten wir einige visuelle Symbole für die Strategien finden, die den Schülern helfen, sich daran zu erinnern. Die Karten in der „Blockadeschachtel" könnten ebenfalls visuelle Symbole aufweisen. Diese Idee gefällt mir.*

Glynnis: Ich werde mir auf jeden Fall die Idee mit den Lerntagebüchern von Ihnen abschauen. Ich werde versuchen, sie so in den Unterricht zu integrieren, wie Sie es getan haben, damit ihr Einsatz ganz selbstverständlich wird. Das habe ich heute gelernt.

◀

Was das Coaching bewirkt hat

Glynnis war in der Lage, Peter faktenbasiertes, nicht wertendes Feedback zu seinem Unterricht zu geben und konnte genau auf den Punkt eingehen, bei dem Peter sie gebeten hatte, genauer hinzusehen. Peter profitierte hiervon, da er sich so auf den Unterricht und die Probleme der roten Gruppe konzentriert hatte, dass er sich keinen strukturierten Überblick über die ganzen Vorgänge während des Unterrichts verschaffen konnte. Peter hat nun einige Strategien und Ideen zur Hand, die während der Coaching-Sitzung mit Glynnis aufkamen, um der roten Gruppe zu helfen. Peter kann so nachhaltig und praktisch lernen und sich weiterbilden.

Im Übrigen konnten beide aus dem Coaching lernen: Auch Glynnis konnte von Peter lernen und wird ihren Unterricht nun entsprechend anpassen.

Normalerweise gilt beim Coaching die Faustregel, dass der Coach nicht mehr als 30 Prozent des Gesprächs führen sollte. Beim gegenseitigen Coaching kann jedoch durchaus ein Dialog entstehen. Aber der Lehrer/Coach muss dennoch sicherstellen, dass er die Coaching-Sitzung nicht mit Vorschlägen seinerseits dominiert. Es ist äußerst wichtig, dass sowohl der Lehrer/Coach als auch der gecoachte Lehrer im Anschluss klar äußern, was sie bei der Sitzung gelernt haben. Beide müssen darüber hinaus aufschreiben, wie sich das Gelernte auf ihren Unterricht auswirken wird.

Schlussfolgerung

In den vergangenen sechs Monaten konnten Glynnis und Peter jeweils drei Unterrichtsstunden des anderen beobachten und danach eine Coaching-Sitzung dazu abhalten. Sie sahen das Ganze als großen Erfolg an und erstellten den folgenden Bericht für die Schulleiterin und den Schulrat.

Die Schulleiterin war so beeindruckt von den Ergebnissen des Projekts, dass sie sich dafür entschied, gegenseitiges Coaching im nächsten Schuljahr in den Verbesserungsplan der Schule aufzunehmen und in der gesamten Schule einzuführen. Glynnis und Peter sollten die restlichen Mitarbeiter zum Thema Coaching schulen und ihnen erklären, wie man es am besten angeht. Das gegenseitige Coaching war eine erfolgreiche berufliche Weiterbildungsmaßnahme und als solche relativ kostengünstig. Die Schulleiterin hoffte, dass sich dadurch insgesamt eine Kultur der Zusammenarbeit an der Schule entwickeln würde.

Projekt zum gegenseitigen Coaching von Glynnis Clarke und Peter Hutchinson

Was ist positiv verlaufen?

- Wir haben das Gefühl, erfolgreiche Lernende geworden zu sein, und denken, dass wir dadurch ein besseres Vorbild für die Schüler sind, da wir unsere eigene Arbeit bewerten.
- Wir fühlen uns als Lehrkräfte weniger isoliert und auf uns selbst gestellt.
- Dadurch konnten wir uns im Hinblick auf unsere Leistungsziele verbessern, die in Einklang mit Ziel 3 des Schulverbesserungsplans stehen und sich auf die Verbesserung der Unterrichts- und Lehrstandards beziehen. Der Erfolg wurde hierbei vor allem durch die „Lernen zu lernen"-Strategien erzielt.
- Wir begannen im Lehrerzimmer eine Diskussion über Lernen und Unterrichten.
- Auch andere Lehrkräfte interessieren sich nun für Coaching und der Zusammenhalt und die Zusammenarbeit haben sich verbessert.
- Wir haben beide das Gefühl, dass wir nun mit mehr Selbstvertrauen als Lehrer und Coachs auftreten.
- Wir haben beide das Gefühl, dass sich die Qualität des Unterrichts und des Lerneffektes bei den Schülern in unseren Klassen verbessert hat und die Schüler davon profitieren.

Was hätten wir noch besser machen können?

- Wir hätten uns vor den Coaching-Sitzungen auf ein Pro-Forma-Vorgehen einigen sollen.
- Wir hätten uns mehr darauf konzentrieren sollen, dass auch der Coach von dem Lehrer lernen kann, der gecoacht wird.
- Wir hätten unseren Klassen von vorneherein mitteilen sollen, woran genau wir arbeiteten.

Auf einen Blick

- Coaching erhöht das Selbstvertrauen von Mitarbeitern.
- Coaching kann Mitarbeiter dabei unterstützen, Hindernisse zu überwinden, die sie bisher in ihrer Entwicklung blockiert haben.
- Durch Coaching von Lehrkräften werden diese zu erfolgreichen Lernenden.
- Coaching gibt Mitarbeitern das Gefühl, geschätzt zu werden.

Aus der Praxis

» Was war für Sie der wichtigste Punkt in diesem Kapitel?

» Wie wird sich dadurch Ihre eigene Arbeit als Lehrer verändern?

» Was müssen Sie umsetzen, damit auch Sie vom Coaching profitieren können?

» Wie werden Sie fortfahren?

Kapitel

6

Coaching und Leistungsmanagement

In diesem Kapitel erfahren Sie etwas über

- die Förderung der Bewertung der eigenen Leistung und das Bereitstellen einer geeigneten Struktur
- die Fähigkeit, Feedback zu geben und anzunehmen
- die Möglichkeit, das Beste aus den Mitarbeitern herauszuholen
- die Möglichkeit, das Beste aus der Schule herauszuholen
- Möglichkeiten, mit Blockaden umzugehen, die Menschen in ihrer Entwicklung hemmen

Dieses Kapitel ist wichtig für all jene, die Leistungsgespräche führen oder daran beteiligt sind. Dazu gehören alle Personen, die als Teamleiter an einem Leistungsgespräch teilnehmen, sowie alle Teammitglieder, um die es im Leistungsgespräch geht.

Der Fokus liegt hierbei auf den Möglichkeiten, mit denen Sie das Leistungsmanagementsystem durch Coaching-Fähigkeiten und -Techniken verbessern können. Teamleiter erhalten wertvolle Informationen zum Thema Feedback und Teammitglieder erfahren mehr über die Selbstbewertung und das Annehmen von Feedback. In diesem Kapitel erfahren Sie außerdem, wie sowohl Teamleiter als auch Teammitglieder Ziele aus dem Leistungsmanagement effektiv in bedeutungsvolle Ziele für die Weiterentwicklung umwandeln können.

Was versteht man unter Leistungsmanagement?

Wenn Leistungsmanagement eine Methode zur Messung der Leistung sein soll, müssen wir zuerst definieren, was wir unter Leistung verstehen. Es gibt viele verschiedene Möglichkeiten, um die Leistung beim Unterrichten zu messen. Einige Schulen sehen gute Testergebnisse als Leistungsbarometer, andere wiederum Disziplin. Das Kultusministerium hat Standardkriterien für guten Unterricht zusammengestellt. Sie müssen sich an Ihrer Schule überlegen, welche Kriterien für Sie für eine gute Leistung stehen.

Es gibt bereits Standards, um die Unterrichtsleistung zu messen. Es gibt Standards für Assistenzlehrer an Gymnasien, für Fachgebietsleiter, Lehrkräfte und Schulleiter. Sie können als Messlatte für die Bewertung der eigenen Leistung herangezogen werden. Eine Liste dieser Standards ist sicherlich ein guter Ausgangspunkt für jede Selbstbewertung.

Sinn und Zweck des Leistungsmanagements

Seit dem Jahr 2000 gibt es in Großbritannien das Leistungsmanagement auch an Schulen. Neuen Richtlinien zufolge ist es nun strenger geregelt und hängt mit dem Einkommen zusammen. Aber bloß, weil das System jetzt mit dem Einkommen zusammenhängt, bedeutet dies nicht, dass Coaching nicht eingesetzt werden kann. Laut unserer Definition aus Kapitel 1 ist Coaching:

> *eine strukturierte Möglichkeit, um direkt mit einer Person über eine Reihe von Sitzungen zusammenzuarbeiten. Der Coach ermöglicht es dem Lernenden, die Verantwortung für seine eigene Weiterbildung zu übernehmen, ein Bewusstsein für seine Situation zu entwickeln und seine Fähigkeiten zu verbessern. Es ist eine Möglichkeit, um das Potenzial von Mitarbeitern zu entdecken.*

Eine gewisse Strenge und die Übernahme von Verantwortung sind Teil von Coaching, wodurch es sich ideal für Leistungsmanagement eignet.

An vielen Schulen ist Leistungsmanagement bereits sehr gut integriert und dennoch müssen wir uns die Frage stellen, welche Auswirkungen es auf die Schule und die persönliche Entwicklung der Angestellten hat.

Das Messen ist nicht unbedingt einfach; denken wir einen Moment darüber nach. Leistungsmanagement ist sicherlich eine gute Maßnahme an Schulen. Es sollte im Entwicklungsplan der Schule ganz oben auf der Liste stehen. Alle Schulmitarbeiter leisten bessere Arbeit, wenn sie sich wertgeschätzt fühlen. Den Mitarbeitern dieses Gefühl zu geben, sollte eines der Hauptziele des Leistungsmanagements darstellen. Aus diesem Grund ist es wichtig, dass alle Schulmitarbeiter in einem System erfasst werden. Jeder Mitarbeiter hat das Recht zu erfahren, wie seine Arbeit beurteilt wird. Wenn Verwaltungsangestellte oder andere Schulmitarbeiter, die nicht der Lehrerschaft angehören, davon ausgeschlossen werden, entsteht ein unfaires Zweiklassensystem. Eine Schule ist eine in sich geschlossene Organisation, in der alle zugunsten der Schüler an einem Strang ziehen. Es würde wenig Sinn ergeben, wenn sich manche Mitarbeiter wertgeschätzt fühlten und Weiterbildungsmöglichkeiten erhielten, dies anderen Mitarbeitern aber verwehrt bliebe und sie demotivieren würde.

Denken Sie darüber nach, wie Leistungsmanagement an Ihrer Schule funktioniert. Inwiefern ist es an Ihrer Schule Teil der strategischen Entwicklung? Möglicherweise ist es vollständig in den Verbesserungsplan der Schule integriert oder lediglich ein Punkt unter vielen, der am Jahresanfang und am Jahresende in die Agenda gequetscht wird. Ein aktives Leistungsmanagement kann die Schule voranbringen. Betrachten wir also die folgende Checkliste für das Leistungsmanagement an Ihrer Schule, um zu sehen, wie es an Ihrer Schule aussieht:

- Erfolgt eine Anpassung der persönlichen Ziele an die Ziele der Schule?
- Werden auch Schulmitarbeiter in das Leistungsmanagement mit einbezogen, die nicht zur Lehrerschaft gehören?
- Werden alle Teammitglieder dazu angehalten, vor den Leistungsgesprächen eine Selbstbewertung durchzuführen?
- Sammeln alle Mitarbeiter ausreichend Informationen für die Leistungsgespräche?
- Erhalten Teamleiter regelmäßiges Coaching und Schulungen zum Erteilen und Annehmen von Feedback?

Denken Sie einen Moment über die oben genannten Punkte nach. Welche Probleme kommen Ihnen dabei in den Sinn? Welche Schwachpunkte bestehen Ihrer Meinung nach? Wenn Ihnen welche auffallen, sollten Sie weiterlesen.

Der Leistungsmanagementzyklus

Drei Phasen im Leistungsmanagementzyklus werden zugrundegelegt:

1. **Planung:** Teamleiter besprechen Prioritäten, Ziele und Leistungskriterien mit allen Lehrkräften in ihrem Team und zeichnen diese auf. Sie besprechen, wie Fortschritte überprüft werden sollen, ob und inwiefern Unterstützung und Schulungen nötig sind.

2. **Überprüfung:** Die Lehrkraft und der Teamleiter überwachen über den gesamten Zyklus hinweg den Fortschritt und greifen, wenn nötig, unterstützend ein. Hierzu gehört die Unterrichtsbeobachtung, bei der ein Nachweis für die Ziele erbracht werden kann.
3. **Nachbesprechung:** Lehrkraft und Teamleiter besprechen die Leistung über das Jahr hinweg und bewerten die allgemeine Leistung der Lehrkraft, indem sie den Fortschritt am geplanten Ziel messen.

Guter Tipp

Verwenden Sie in jeder Phase des Leistungsmanagementzyklus Coaching-Techniken, um das System aussagekräftiger und strikter zu gestalten.

Sehen wir uns nun die drei Phasen des Zyklus an und wie Coaching hierbei gewinnbringend eingesetzt werden kann.

Phase 1

Planung			
Zielsetzung	Anpassung der persönlichen Ziele an die Ziele der Schule	Maßnahmen-planung	Selbstbewertung

Die Planungsphase

Jede der oben genannten Phasen erfordert eine Sitzung oder Aktivität. Für die Planungsphase eignet sich am besten eine Sitzung.

Vorbereitung der Sitzung zur Planungsphase

Die Sitzung wird besser und produktiver, wenn die Mitarbeiter bereits Vorarbeit geleistet haben. In dieser Phase sollte eine Selbstbewertung anhand vereinbarter Kriterien stattfinden. Alle Mitarbeiter müssen sich an der Sitzung aktiv beteiligen und das Gefühl haben, proaktiv agieren zu können und nicht lediglich Anweisungen entgegenzunehmen.

Vor der Planungsbesprechung müssen alle Mitarbeiter die Gelegenheit haben, einen Fragebogen auszufüllen. Ein Teil dieses Fragebogens dreht sich um die Aufgaben und Verantwortungsbereiche des Mitarbeiters innerhalb der Schule. Er wird darüber hinaus darum gebeten, anzugeben, was bei seiner Arbeit gut läuft und wo er sich weiterentwickeln könnte.

Vor der Sitzung ist es wichtig, die Aufgabe des Mitarbeiters an der Schule zu definieren. Das klingt auf Anhieb vielleicht sehr offensichtlich, aber es ist immer wieder überraschend, wie sehr sich Aufgabengebiete und Verantwortungsbereiche innerhalb einer Schule ändern können. Das geschieht meist schleichend, wenn interne Aufgaben neu verteilt werden.

Als z. B. Susan, die normalerweise das Mentoring neuer Lehrkräfte an einer kleinen Grundschule übernahm, in Mutterschaftsurlaub ging, bot Terry an, diese Aufgabe zu übernehmen. Terry war bereits Koordinator für die Fächer Mathematik und Erdkunde. Als feststand, dass Susan ihre Arbeit nicht wieder aufnehmen würde, schien es selbstverständlich, dass Terry die Aufgabe weiterhin zusätzlich zu seinen anderen Aufgaben übernehmen würde.

Sehen wir uns den Fall von Sandra an. Sie arbeitet an einer zunehmend größer werdenden Fachschule einer Stadt. Sie ist eine fortgeschrittene Assistenzlehrerin, die gebeten wurde, kurzfristig die Einarbeitung anderer Assistenzlehrer zu übernehmen. Sechs Monate später hat sie die Aufgabe immer noch inne und es kommen viele neue Mitarbeiter an die Schule, was bedeutet, dass sie sehr viel zu tun hat.

Sowohl Terry als auch Sandra bereiten sich auf Planungsbesprechungen mit ihren Teamleitern vor und machen sich Sorgen, dass sie in den neuen Verantwortungsbereichen bewertet werden, ohne zuvor eine angemessene Schulung erhalten zu haben.

Aus diesem Grund ist die Frage „Was sind Ihre Hauptaufgaben und Verantwortungsbereiche?“ im Fragebogen, der vor der Sitzung ausgefüllt werden muss, so wichtig.

Der Fragebogen muss außerdem das Coaching der eigenen Person erlauben. Die Mitarbeiter sollen angeregt werden, über ihre Stärken und ausbaufähigen Bereiche nachzudenken. Es ist wichtig, dass sie auch über Möglichkeiten nachdenken, wie sie dies angehen könnten.

Die folgenden Fragen zur Selbstbewertung im Rahmen des Fragebogens ermutigen den Mitarbeiter, proaktiver an den gesamten Prozess heranzugehen, und ermöglichen es dem Teamleiter, einen Coaching-Ansatz anzuwenden. Teil der Selbstbewertung vor der Sitzung ist es, die vom Kultusministerium (engl. TDA) herausgegebenen Standards zu Rate zu ziehen, um die Stärken und Schwächen in allen Bereichen hervorzuheben.

» Was sind Ihre Hauptaufgaben und Verantwortungsbereiche?
» Was ist Ihre größte Stärke/Ihr größtes Talent?
» Wie setzen Sie es ein?
» Was ist bei Ihrem Job Ihr schwächster Bereich?
» Wie kommt dies zum Ausdruck?
» Was haben Sie bisher versucht, um diese Schwäche zu beseitigen?
» Was steht Ihnen bei der Entwicklung in diesem Bereich im Weg?
» Welche Strategien/Methoden wären in diesem Bereich hilfreich für Sie?
» Welche Schulungen haben Sie im Hinblick auf Ihre Aufgabenbereiche bisher durchlaufen?

Guter Tipp

Verwenden Sie während der Planungsbesprechung Coaching-Fragen, um dem Lernenden die Verantwortung für den Verlauf zu übertragen.

Die Planungsbesprechung

Wurden die erwähnten Fragen beantwortet, stehen die Chancen gut, dass die Planungsbesprechung erfolgreich und zielgerichtet verläuft. Die Vorarbeit wurde bereits geleistet; die Besprechung sollte die Zielsetzung in den Mittelpunkt stellen. Da das Leben aber so ist, wie es ist, und Menschen nun einmal Menschen bleiben, ist dies nicht immer der Fall.

Einer der Fallstricke beim Leistungsmanagement ist, dass Mitarbeiter es eventuell für ausgiebige Beschwerden nutzen, und es kann sein, dass sehr viel Negatives von den Mitarbeitern geäußert wird. Einige Mitarbeiter nehmen Coaching nicht an und lehnen Veränderung ab. Es bedarf eines guten Gespürs seitens des Teamleiters, um mit diesen Personen umzugehen.

Nehmen wir Natalie als Beispiel. Sie arbeitet als erfahrene Lehrkraft in einem Förderzentrum für Kleinkinder. Das folgende Coaching-Gespräch fand während einer Planungsbesprechung zum Leistungsmanagementzyklus statt.

Umgang mit Widerstand

Natalie wird sich dem Festlegen von Zielen widersetzen. Sie ist nicht bereit, sich im Hinblick auf ihre Verantwortung gegenüber den Schülern weiterzuentwickeln. Sehen wir uns die möglichen Gründe dafür an:

- Sie mag Veränderungen nicht.
- Sie hat Angst, zu versagen.
- Sie möchte ihren sicheren Bereich nicht verlassen.
- Sie fühlt sich von den Tutoren eingeschüchtert.
- Sie glaubt nicht an ihre Souveränität bei der Aufgabe.

In Wirklichkeit ist es wahrscheinlich eine Kombination der genannten Punkte, die sie an einer Weiterentwicklung hindert.

Der Coach muss hier seine Fähigkeiten einsetzen, um es Natalie zu ermöglichen, über die unmittelbar mit der Aufgabe zusammenhängenden Probleme hinwegzusehen. Sie muss erkennen, dass sie langfristig davon profitieren könnte, wenn sie ihre Fertigkeiten in diesem Bereich weiterentwickelt.

Der Coach muss wie folgt vorgehen:

» Festlegung und Klärung des Umfangs und des Zwecks der Aufgabe
» Herausfinden, was genau vor sich geht
» Aufdecken der wichtigsten Fertigkeiten, die weiterentwickelt werden müssen
» Motivieren von Natalie, damit sie sich ein Ziel setzt
» Ausarbeitung der nötigen Unterstützung, die sie benötigen wird
» Vereinbarung eines Maßnahmenplans zur Sicherstellung der Umsetzung durch Natalie

Fallstudie

Coach: Vielen Dank, dass Sie den Fragebogen ausgefüllt haben, Natalie. Ich sehe, dass Sie nach dem Ausscheiden von Ken mehr Verantwortung für die Schüler übernommen haben.

Natalie: Ja.

Coach: Von all Ihren Aufgaben bereitet Ihnen diese am meisten Probleme.

Natalie: Ja, das ist einfach nicht fair. Ich habe bereits mehr Aufgaben als die anderen Mitarbeiter mit meiner Berufserfahrung und ich wurde ohne Vorwarnung einfach dazu verdonnert. Ich sollte das wirklich nicht machen. Ich habe genug zu tun mit der Elternberatung und meinen ganzen anderen Aufgaben.

Coach: Was fällt Ihnen beim Umgang mit Schülern besonders schwer?

Natalie: Alles. Sie kommen mit ihren Portfolios und ihren Aufgaben zu mir und scheinen überhaupt keine Ahnung zu haben, was von ihnen erwartet wird; und ihre Tutoren sprechen so gut wie gar nicht mit mir. Ich sollte diese Aufgabe nicht übernehmen. Ken war ein Lehrer, er hatte mehr Erfahrung damit. Das ist nicht die Art von Aufgabe, die ich übernehmen sollte. Dafür bin ich keine Kindergärtnerin geworden.

Coach: Im Fragebogen haben Sie unter „Was haben Sie bisher in dieser Hinsicht versucht?“ angegeben, dass Sie bereits mit der Direktorin gesprochen haben, wessen Aufgabe dies sein sollte.

Natalie: Ja, und es hat mir nichts gebracht. Sie hat mir nicht zugehört. Alles bleibt an mir hängen und ich sollte diese Aufgabe nicht übernehmen.

Coach: Gibt es etwas, das Sie versuchen könnten?

Natalie: Ja, ich könnte versuchen, mit Sheila zu sprechen und sie fragen, ob sie die Aufgabe übernehmen möchte. Sie scheint sehr daran interessiert zu sein.

Coach: Wie sollten wir also weiter vorgehen?

Natalie: Jemand anderes sollte diese Aufgabe übernehmen.

Es wird deutlich, dass Natalie davon überzeugt ist, dass die Betreuung von Schülern nicht ihre Aufgabe ist. Es fällt ihr sehr schwer, diese Überzeugung loszulassen. Selbst als der Coach sie fragte, was sie bisher bereits versucht hatte, interpretierte sie diese Frage im Hinblick darauf, was sie unternommen hatte, um die Aufgabe loszuwerden.

Sie können sicherlich die vier Phasen des LEAP-Modells ausmachen. In diesem Fall wurden die Phasen *Ziele analysieren* und *die Realität betrachten* vertauscht; Letztere wurde an erster Stelle behandelt. Das ist ein gutes Beispiel dafür, wie das LEAP-Modell an verschiedene Situationen angepasst werden kann.

Sehen wir uns an, wie der Coach mit Natalie weiterarbeitet. Im Gespräch wurde gemeinsam festgelegt, worin die Aufgabe generell besteht. Natalie hat widerwillig eingesehen, dass sie an der Entwicklung der Aufgabe arbeiten muss, da es in naher Zukunft niemanden gibt, der sie für sie übernehmen wird. Der Coach hat zugestimmt, dass in sechs Monaten alle Aufgaben- und Verantwortungsbereiche der erfahrenen Mitarbeiter geprüft werden.

Fallstudie

Coach: Also Natalie, welche Aufgaben im Rahmen der Schülerbetreuung fallen Ihnen am schwersten?

Natalie: Der Umgang mit den Tutoren und den Schülern. Sie scheinen keine Ahnung davon zu haben, was von ihnen erwartet wird und sie warten mit allem bis zur letzten Sekunde.

Coach: Okay, sprechen wir zuerst über die Schüler. Wie könnten Sie vorgehen?

Natalie: Ich könnte versuchen, mir von der Schule den Stundenplan zu besorgen, und ihn mit ihnen besprechen, wenn das Schuljahr losgeht.

Coach: Gut, was sonst noch?

Natalie: Ich könnte ihnen mitteilen, dass es nicht meine Aufgabe ist, ihnen hinterherzulaufen, und dass sie ihre Arbeit selbst planen müssen. Wenn ich ein Treffen mit ihnen vereinbaren würde, bei dem die Fakten geklärt werden, und ich einen Terminplan für sie aufhänge und ihnen eine Kopie davon gebe, dann müssten sie sich um alles Weitere selbst kümmern.

Coach: Natalie, ich bin beeindruckt. Das sind sehr gute Ideen. Sprechen wir nun also über die Tutoren.

Natalie: Das ist schon schwieriger. Sie respektieren mich nicht so wie Ken. Ich fühle mich unwohl, wenn ich mit ihnen sprechen muss. Sie haben es immer eilig. Ich weiß nie, wann sie mit mir sprechen wollen, aber wenn sie dann kommen, erwarten sie, dass ich Zeit für sie habe.

Coach: Sie fühlen sich nicht respektiert. Wodurch zeigt sich das?

Natalie: Nun, wenn sie mich respektierten, würden sie einen richtigen Termin ausmachen. Dann wäre ich besser vorbereitet und souveräner bei der Besprechung. Aber ich kann ihnen nicht sagen, dass sie einen Termin ausmachen sollen. Ich bin nur Kindergärtnerin, so kann ich nicht mit ihnen sprechen. Was sollen sie denn denken?

Coach: Nur eine Kindergärtnerin?

Natalie: Naja, gut, eine Verwaltungsfachkraft für die ersten Jahrgänge mit Verantwortung für die Schüler. Ja, ich weiß, ich sollte wirklich eine Möglichkeit ▶▶

finden, damit umzugehen. Ich sollte in der Lage sein, auf Augenhöhe mit ihnen zu sprechen. Wenn ich mich wohler fühlen würde mit der neuen Aufgabe, könnte ich das bestimmt. ◀

Guter Tipp

Achten Sie darauf, ob Mitarbeiter den Satz „Ich bin doch bloß ein/e …“ verwenden. Sobald Sie den Satz hören, wissen Sie, dass sie eine einschränkende Denkweise über sich selbst haben. Sie haben Einschränkungen für das erschaffen, was sie tun und nicht tun können. Als Coach können Sie gemeinsam mit ihnen daran arbeiten.

Das wahre Problem ist also bekannt. Folgendes hält Natalie davon ab, Fortschritte zu machen:
- mangelnde Klarheit in Bezug auf ihre Aufgabe
- mangelndes Selbstbewusstsein im Umgang mit den Tutoren
- einschränkende Denkweisen zu ihren eigenen Fähigkeiten

Der Coach arbeitete gemeinsam mit Natalie an ihrem mangelnden Selbstvertrauen. Sie sprachen auch darüber, wie sie sich selbst wahrnimmt. Der Coach versuchte Natalie dazu zu bringen, dass sie sich Situationen vorstellt, in denen sie selbstbewusst ist; sie fanden gemeinsam heraus, dass dies in sehr strukturierten Situationen der Fall war. Darauf konnte der Coach aufbauen. Er und Natalie entschieden, die Treffen mit den Tutoren strukturierter zu gestalten. Dadurch könnte Natalie die Kontrolle übernehmen.

Der Coach arbeitete im Anschluss mit Natalie an dem Ziel, im Umgang mit den Tutoren mehr Selbstvertrauen zu gewinnen. Anschließend arbeiteten sie einen Maßnahmenplan aus und vereinbarten, diesen im Laufe des Jahres regelmäßig zu überprüfen. Sie vereinbarten außerdem, dass Natalie eine Schulung und Unterstützung zum Thema Führungskompetenz erhalten würde.

Zielsetzung

Die Zielsetzung ist ein wichtiger Punkt in der Planungsphase; viele Fertigkeiten und Techniken, die in der Phase der Zielanalyse zum Einsatz kommen, sind auch hier hilfreich.

Nach der Klärung der Aufgaben und Verantwortungsbereiche sollte es in der Planungsphase um die Prioritäten für das folgende Jahr gehen. Sie sollten mit Blick auf die Bedürfnisse der Schüler und Mitarbeiter besprochen werden. Eine Kopie des Schulverbesserungsplans sollte bei dieser Besprechung zur Hand sein, damit ein weitgefasster Kontext für die Zielsetzung bereitsteht. Der Mitarbeiter muss sich ein Ziel in Zusammenhang mit dem Fortschritt der Schüler setzen, das jedoch nicht unbedingt mit den Noten in Zusammenhang stehen muss.

Wenn das Hauptentwicklungsziel der Schule darauf ausgerichtet war, das Lernverhalten der Schüler unabhängiger zu machen, könnte der Lehrer ein Ziel haben, das sich genau darauf konzentriert. Die Schule sollte zu diesem Zeitpunkt bereits eine Definition für unabhängiges Lernen festgelegt haben. Man hat also eine Vorstellung davon, wie ein Klassenzimmer mit unabhängig lernenden Schülern aussehen sollte. Auch die Unterrichtsbeobachtung ist eine gute Maßnahme, um Fortschritt zu messen.

Die Ziele müssen die Erwartungen des Mitarbeiters für das nächste Jahr in Bezug auf seine eigene Person und die Schüler widerspiegeln. Die Ziele müssen dem SMART-Prinzip entsprechen und flexibel sein. Im Verlauf des Jahres können sich verschiedene Faktoren ändern und die Ziele müssen möglicherweise überarbeitet werden. Es gibt keine Faustregel, wie viele Ziele eine Person haben sollte oder haben kann. Zwischen drei und fünf Ziele scheinen ideal. Es ist wichtig, dass der Coach den Mitarbeiter in die Ausarbeitung der Ziele einbezieht, dass sie leicht verständlich sind und dass die Bewertung dazu transparent ist.

Sehen wir uns nun an, wie das Coaching in der Planungsphase eingesetzt wurde, um ein Ziel im Hinblick auf den Fortschritt der Schüler zu verfassen.

Fallstudie

Mark ist Mathematiklehrer der Jahrgangsstufe 8 an einer weiterführenden Schule in der Innenstadt.

Coach: Nun, Mark, ich sehe, Sie haben es sich in Ihrem Selbstbewertungsformular zum Ziel gesetzt, die Mathematiknoten aller Ihrer Schüler zu verbessern, und dies auch als Jahresziel für den Fortschritt der Schüler festgelegt.

Mark: Ja.

Coach: Das ist ein ziemlich umfassendes Ziel. Können wir es etwas genauer definieren?

Mark: Aber ich möchte, dass sich alle Schüler verbessern.

Coach: Natürlich. Welche Schülergruppe macht Ihrer Ansicht nach am wenigsten Fortschritte?

Mark: Nun, den Noten nach entwickelt sich die Schülergruppe, in der Englisch nicht die Muttersprache ist, am schlechtesten.

Coach: Wäre das eine Gruppe, auf die wir uns im Hinblick auf Ihr Ziel konzentrieren könnten?

Mark: Das könnten wir, aber das soll nicht bedeuten, dass ich nicht auch mit den anderen hart an der Verbesserung arbeiten werde.

▶▶

Coach: Ok, was sind die wichtigsten Punkte im diesjährigen Schulverbesserungsplan?

Mark: *Es geht darum, die Standards zu verbessern. Darum geht es doch immer. Dieses Jahr möchten wir uns jedoch vor allem auf Schüler mit Migrationshintergrund konzentrieren und deren Ergebnisse verbessern. Das lässt sich sehr gut mit meinem eigenen Vorhaben verbinden.*

Coach: Gut, können wir dann das Ziel formulieren?

Mark: *Ja, wie wäre es z.B. damit, zu prüfen, was den Schülern, deren Muttersprache nicht Englisch ist, besondere Probleme in Mathematik bereitet? Vielleicht ist es ja das mangelnde Verständnis der mathematischen Fachterminologie.*

Coach: Ist diese Überprüfung eine Aufgabe oder ein Ziel?

Mark: *Ich verstehe. Ich denke, es ist eher eine Aufgabe.*

Coach: Sehen wir uns also die Schüler an. Was möchten Sie mir in einem Jahr über sie erzählen? Was werde ich sehen, wenn ich in Ihren Unterricht komme?

Mark: *Ich möchte, dass die Schüler mit Migrationshintergrund mit Selbstvertrauen an das Fach Mathematik herangehen. Ich möchte, dass sie ähnlich gute Ergebnisse in Mathematik erzielen wie die anderen Schüler.*

Coach: Warum ist das so wichtig für Sie?

Mark: *Ich glaube an Chancengleichheit. Ich bin an diese Schule gekommen, da sie einen guten Ruf in Bezug auf Integration hat. Das ist etwas, woran ich ebenfalls glaube.*

Coach: Dieses Ziel geht also einher mit Ihren Werten?

Mark: *Ja, sehr sogar.*

Coach: Gut, dann sehen wir uns nun noch einmal Ihr Ziel an. Ihr Ziel ist es, dass die Schüler mit Migrationshintergrund gute Fortschritte erzielen. Was verstehen Sie unter guten Fortschritten?

Mark: *Ich erwarte, dass sie die gleichen Fortschritte erzielen wie die anderen Schüler oder sogar bessere.*

Coach: Können Sie das als Ziel formulieren?

Mark: *Sicherstellen, dass die Schüler mit Migrationshintergrund in meiner Klasse einen durchschnittlichen oder besseren Fortschritt im Vergleich zu ihren bisherigen Leistungen erzielen*

Coach: Ich bin mir immer noch nicht ganz darüber im Klaren, was Sie unter „durchschnittlich oder besser“ verstehen.

Mark: *Gut, dann formulieren wir es wie folgt: „Sicherstellen, dass alle Schüler mit Migrationshintergrund ihre bisherigen Noten in diesem Schuljahr halten oder verbessern können“.*

Zu guter Letzt konnte Mark also ein passendes SMART-Ziel definieren. Er hatte einen Zeitrahmen festgelegt, hatte eine Möglichkeit, Fortschritte zu messen und am wichtigsten, er hatte etwas, worauf er später stolz sein könnte und das zu ▶▶

seinen persönlichen Werten passte. Mark konnte sein Ziel so schnell definieren, da er bei der Sitzung alle nötigen Unterlagen und Daten zur Hand hatte. Er hatte sich gut auf die Sitzung vorbereitet, wodurch sie erfolgreich verlaufen war. Der Coach bezog sich taktisch klug auf die Tatsache, dass Mark selbst von dem Ziel überzeugt war und es auf seiner grundsätzlichen Überzeugung als Lehrkraft basierte. Da er wirklich daran glaubte, würde er alles daransetzen, es in die Praxis umzusetzen. ◀

Versuchen Sie es damit

Sehen Sie sich einige Maßnahmenpläne der Schule an. Sie können einen Maßnahmenplan in Bezug auf ein Leistungsziel auswählen oder einen Maßnahmenplan für Fachgebietsleiter. Wie lassen sie sich einteilen? Liegt der Fokus mehr auf dem Lernelement oder der praktischen Umsetzung? Was müssen Sie tun, um das Format zu ändern? Welche Elemente können Sie übernehmen und welche müssen Sie verbessern?

Phase 2

	Überprüfung	
Fortschritte prüfen	Feedback geben und annehmen	Unterstützung bieten

Fortschritte prüfen

Es ist wichtig, im Verlauf des Jahres die Fortschritte im Hinblick auf das Erreichen des Ziels zu messen. Es gibt hierfür verschiedene Möglichkeiten und es hängt davon ab, welche Informationen dafür nötig sind, um zu entscheiden, welche Möglichkeit angewendet wird. Der Erfolg eines Ziels, das sich auf den Fortschritt der Schüler konzentriert, könnte z. B. vom Lehrer anhand der erzielten Noten gemessen werden. Ein Ziel, das sich auf unabhängiges Lernen der Schüler bezieht, kann durch die Beobachtung des Unterrichts gemessen werden.

Übung

Sehen Sie sich einige der Leistungsmanagementziele Ihrer Schule an. Wenn Sie Teamleiter sind, sollten Sie sich die Ihres Teams ansehen. Wenn nicht, dann sehen Sie sich Ihre eigenen an. Stellen Sie sich die folgenden Fragen:

» Erfüllen die Ziele die SMART-Vorgaben?
» Sind es wirklich Ziele und keine Aufgaben?
» Stimmen sie mit Ihren Werten überein?
» Stellen sie eine Verbesserung für die Schüler dar?
» Versprechen sie einen Fortschritt?
» Möchten Sie sie wirklich erzielen?
» Reflektieren sie die Entwicklungsprioritäten der Schule?

Nachdem die Ziele feststehen, muss der Mitarbeiter einen Maßnahmenplan erstellen. Dieser Teil der Planungsphase ähnelt der Phase „Vorgehensweise planen" aus dem LEAP-Modell. Während der Erstellung des Maßnahmenplans ist es wichtig, dass sich der Mitarbeiter sowohl darauf konzentriert, was er lernen möchte, als auch darauf, was er dafür tun muss. Es geht bei dem Plan um die persönliche Weiterentwicklung und nicht nur um eine Auflistung von Aufgaben.

Der Plan muss folgende Fragen beantworten:

» Was muss gelernt werden, um die Ziele zu erreichen?
» Wie wird es gelernt (Lesen, Beobachten anderer, Internetrecherche, Kurse etc.)?
» Welche Maßnahmen müssen ergriffen werden?
» Wann erfolgt die Umsetzung?
» Wie lauten die Erfolgskriterien?
» Welche Unterstützung ist nötig?
» Wie lässt sich dies mit den Prioritäten der Schule vereinbaren?
» Wie erfolgt die Überprüfung und Bewertung?

Die Unterrichts- oder Gruppenbeobachtung (wenn Sie mit einem Assistenzlehrer arbeiten) kann viele nützliche Hinweise für die Prüfung des Fortschritts liefern. Wenn sich ein Ziel auf die Führungskompetenzen bezieht, kann man sich darauf einigen, dass Kollegen in Form eines Fragebogens zu Ihrer Leistung befragt werden. Neben dem Sammeln von Informationen muss jedoch auch dafür gesorgt werden, dass eine Zwischenbesprechung mit dem Teamleiter stattfindet. Bei dieser Besprechung wird Feedback zu den gesammelten Informationen gegeben und der Fortschritt anhand des Maßnahmenplans überprüft.

Es ist wichtig, dass der Mitarbeiter die Verantwortung für das Sammeln der Informationen übernimmt, die für die Besprechung von Interesse sind.

Unterrichtsbeobachtung

Heutzutage ist es an Schulen völlig normal, dass der Unterricht regelmäßig beobachtet wird; dies birgt viele Vorteile. Das Kultusministerium fordert, dass Schul- und Teamleiter einen guten Überblick über die Lehr- und Lernstandards an ihren Schulen haben und die Unterrichtsbeobachtung bietet eine gute Möglichkeit, hierzu Informationen zu sammeln.

Sowohl Schulleiter als auch Fachgebietsleiter müssen genau wissen, welche Unterrichtsstandards in ihren Fächern gelten. Aus diesem Grund werden an der Schule wahrscheinlich regelmäßige Unterrichtsbeobachtungen durchgeführt. Die Lehrkräfte müssen darüber informiert werden, weshalb ein Teamleiter eine Unterrichtsbeobachtung durchführt. Geht es um das Leistungsmanagement oder darum, die Art des Unterrichts oder das Lernverhalten der Schüler zu bewerten? Die Unterrichtsbeobachtung wird nicht ausschließlich von Teamleitern übernommen; auch Mitarbeiter der Schulbehörde können dem Unterricht beisitzen. Es gibt also diverse Gründe, weshalb die Schulmitarbeiter darüber informiert werden sollten, wie, wann und wo im Verlauf des Schuljahres eine Unterrichtsbeobachtung stattfinden wird.

Das Protokoll für die Unterrichtsbeobachtung muss klar dargelegt werden. Es muss außerdem ein Unterschied zwischen der allgemeinen Unterrichtsbeobachtung und der leistungsorientierten Unterrichtsbeobachtung gemacht werden.

Bei Unterrichtsbeobachtungen, die in Zusammenhang mit Leistungsmanagementzielen stehen, weiß der Mitarbeiter genau, worauf man sich konzentrieren wird und weshalb die Unterrichtsbeobachtung stattfindet. Es besteht ein Unterschied zwischen einer Unterrichtsbeobachtung, die dem Selbstbewertungsprozess der Schule dient, und einer Unterrichtsbeobachtung, die für die Bewertung der Leistungsmanagementziele herangezogen wird. Erstere umfasst eine Bewertung der Unterrichtsqualität; möglicherweise anhand der vom Kultusministerium vorgegebenen Kriterien. Letztere bietet fakten- und entwicklungsbasiertes Feedback in Hinblick auf die Leistungsmanagementziele.

Feedback geben und annehmen – die Vorteile des Coachings

Im besten Fall hat Feedback eine Auswirkung auf die Weiterentwicklung und der Mitarbeiter macht dadurch Fortschritte. Feedback kann eine sehr wertvolle Lernerfahrung sein und eine äußerst positive Auswirkung auf die Leistung haben. Im schlimmsten Falle reagiert die angesprochene Person abwehrend und verwirrt. Feedback kann Mitarbeiter demotivieren und zu mangelndem Vertrauen führen, was sich wiederum verheerend auf die Leistung auswirkt.

Wenn man Feedback in einen Coaching-Prozess integriert, entsteht ein beidseitiger Austausch. Der Lernende hat das Gefühl, selbst Einfluss nehmen zu können und dass ihm zugehört wird.

Ein Teammitglied sollte detailliertes und regelmäßiges Feedback zu seiner Leistung erwarten. Führungskräfte denken oftmals, dass sie bereits ausreichend Feedback geben, wenn sie in Wirklichkeit nur Anmerkungen machen, die unbeachtet bleiben. Es ist verlockend,

Feedback lediglich in Form allgemeiner Kommentare zu geben, da man vermeiden möchte, jemanden zu verletzen.

Gutes und ehrliches Feedback muss regelmäßig erfolgen; es ist wichtig, dass Führungskräfte nicht erst dann Feedback geben, wenn etwas schiefgelaufen ist. Es besteht kein Grund, Angst davor zu haben, Feedback zu geben. Solange Feedback direkt erfolgt und auf Fakten basiert, sollte niemand ein Problem damit haben, es anzunehmen.

Guter Tipp

Denken Sie daran, Führungskraft zu sein bedeutet nicht, dass Sie alle Antworten und Lösungen kennen. Es geht dabei darum, das Beste aus den Mitarbeitern herauszuholen und sie zu coachen, damit sie ihre bestmögliche Leistung abrufen können.

Feedback ist sehr wichtig; es muss gelernt werden, wie man es richtig gibt. Jeder, nicht nur ein Teamleiter, muss diese Fähigkeit erlernen. Wenn an Ihrer Schule eine Coaching-Kultur eingeführt werden soll, ist es wahrscheinlich, dass Sie sich gegenseitig coachen und beobachten werden. Aus diesem Grund muss jeder Mitarbeiter lernen, Feedback zu geben und anzunehmen. Wird Feedback im Rahmen eines Coaching-Ansatzes eingebracht, hat die Person, die es erhält, die Möglichkeit, selbst Einfluss zu nehmen; das Feedback wird weitaus wirkungsvoller sein.

Nachfolgend ein Beispiel für Feedback, das den gewünschten Effekt verfehlte.

Guter Tipp

Wenn Sie Feedback geben, achten Sie darauf, es objektiv und anschaulich zu gestalten.

Fallstudie

Ian ist an einer großen weiterführenden Schule in einem Vorstadtbezirk Fachgebietsleiter für moderne Fremdsprachen. Eines seiner Ziele im Leistungsmanagement war es, in Zukunft vor großen Gruppen von Erwachsenen mit mehr Selbstvertrauen und Überzeugung zu sprechen.

Ian und sein Teamleiter hatten vereinbart, dass seine Präsentation für die zukünftigen Absolventen und ihre Eltern beobachtet werden sollte.

Nachfolgend sehen Sie das Feedback-Gespräch, das auf die Präsentation folgte.

Teamleiter: Also Ian, wirklich gut gemacht. Die Präsentation verlief sehr gut. ▶▶

Ian:	*Danke.*
Teamleiter:	Ja, sie hat mir wirklich gefallen. Was haben Sie selbst für ein Gefühl?
Ian:	*Nun, anfangs war ich sehr nervös, aber insgesamt bin ich zufrieden.*
Teamleiter:	Das Einzige, was ich daran bemängeln kann, ist, dass ich mir nicht sicher bin, ob die Teilnehmer Sie wirklich verstanden haben.
Ian:	*Oh, was genau meinen Sie damit?*
Teamleiter:	Nun, das ist nur mein Gefühl. Ich hätte es anders gemacht und habe mich gefragt, ob es nicht zu kompliziert für die Zuhörer war. Alles andere war gut, es war wohl nur etwas zu kompliziert.
Ian:	*Ich dachte, Sie fanden die Präsentation gut und außerdem ist es schwer, alle Änderungen unter einen Hut zu bringen und sie den Eltern verständlich zu präsentieren. Ich habe ihnen nur das Nötige mitgeteilt. Ich habe lediglich die Anweisungen der Schulleitung befolgt. Wenn das nicht gut genug ist, dann weiß ich nicht, was gut genug sein sollte.*

Es ist schwer, nachzuvollziehen, welche nützlichen Informationen Ian während des Gesprächs erhalten hat und ob es überhaupt welche gab. Er hat keinerlei Vorschläge für mögliche Verbesserungen bekommen. Ians Teamleiter hat bei dem Gespräch keinerlei Coaching-Fähigkeiten eingesetzt.

Ian hat lediglich einige subjektive und wertende Kommentare erhalten. Es wurden ihm keinerlei Fakten genannt und er hatte somit nichts in der Hand, womit er etwas hätte anfangen können. Er wurde nicht gebeten, seine Leistung selbst zu bewerten. Es ist kein Wunder, dass Ian verärgert und abwehrend reagierte. ◄

Feedback, das im Rahmen eines Coaching-Ansatzes gegeben wird, lädt den Lernenden außerdem dazu ein, seine Leistung selbst ausführlich zu kommentieren. Diese Art Feedback basiert auf Fakten. Diese Fakten werden während der Beobachtung gesammelt und dem Lernenden direkt und ohne Umwege dargelegt. Das heißt mit anderen Worten, ohne zu werten und ohne die eigene Meinung dazu einfließen zu lassen.

Sehen wir uns nun an, wie Ians Gespräch hätte verlaufen können, wäre eine Coaching-Technik zum Einsatz gekommen.

Feedback im Rahmen einer Selbstbewertung sowie Feedback von anderen ist wichtig für unseren Lernprozess. Man sollte daran denken, dass man ein Leben lang lernt; Feedback kann einen wichtigen Bestandteil zur Verbesserung der Lernergebnisse und der Leistung darstellen.

Fallstricke beim Feedback

Viele Menschen geben nur ungern Feedback. Das kann z. B. aus folgenden Gründen der Fall sein:

» Die Person betrachtet es nicht als ihre Aufgabe.

» Die Person betrachtet es nicht als ihren Zuständigkeitsbereich.
» Die Person möchte nicht, dass andere sie in einem schlechten Licht sehen.
» Die Person sieht sich selbst als nicht perfekt und möchte sich kein Urteil erlauben.
» Die Person möchte vermeiden, andere zu verärgern.
» Die Person befürchtet, die Beziehung könnte beeinträchtigt werden.
» Die Person möchte das Betriebsklima unter den Kollegen nicht gefährden.

Fallstudie

Teamleiter: Ian, sehr gut gemacht.

Ian: *Danke.*

Teamleiter: Ich habe mir einige Notizen gemacht und detailliertes Feedback für Sie vorbereitet. Bevor ich Ihnen jedoch mein Feedback gebe, möchte ich gerne von Ihnen hören, was Sie selbst von Ihrer Leistung halten. Was, denken Sie, war der beste Teil? Was könnte verbessert werden? Was haben Sie daraus gelernt? Haben Sie Ihre Ziele erreicht? Wenn Sie sich ein paar Minuten Zeit nehmen könnten, um den Fragebogen auszufüllen, könnten wir im Anschluss fortfahren.

[Ian nimmt sich fünf Minuten Zeit, um den Fragebogen auszufüllen.]

Teamleiter: Okay, auf welche Themen sind Sie beim Beantworten der Fragen gestoßen?

Ian: *Insgesamt war ich zufrieden und ich denke, ich habe mein Ziel erreicht. Ich bin mit Sicherheit mit mehr Selbstvertrauen aufgetreten als zuvor. Nun, was die Effizienz der Präsentation betrifft, würde ich anhand der Fragen, die gestellt wurden, sagen, dass ich den Zuhörern zu viele Informationen gegeben habe. Ich lerne also daraus, es in Zukunft einfacher zu gestalten.*

Teamleiter: Okay, ich möchte nun meine Beobachtungen hinzufügen. Gehen wir zuerst auf Ihre Haltung und Ihren Vortrag ein. Sie sind stillgestanden und haben kaum Notizen verwendet, Sie haben einen selbstbewussten Eindruck hinterlassen. Sie haben fließend und überzeugend gesprochen, da Sie nicht ständig in Ihren Notizen nachsehen mussten. Dadurch haben Sie den Eindruck erweckt, zu wissen, wovon Sie sprechen. Die PowerPoint-Präsentation fand ich ebenfalls sehr effektiv. Sie haben nicht jede einzelne Folie vorgelesen und auf Spezialeffekte verzichtet. Dadurch konnten sich die Zuhörer auf das konzentrieren, was Sie gesagt haben. Etwa in der Mitte haben Sie einige Fachbegriffe und Abkürzungen eingeworfen, die die Zuhörer nicht verstanden haben und ich denke, einige konnten dem Vortrag ab hier nicht mehr folgen. Das erkenne ich an einigen der Fragen, die gestellt wurden. Insgesamt würde ich sagen, es war eine gute Präsentation, in der Sie selbstbewusst aufgetreten sind und Sie haben Ihr Ziel erreicht. Ihr nächstes Ziel wird sein, die Verwendung von Fachbegriffen noch einmal zu überdenken und in Zukunft besser auf die Anforderungen der Zuhörer einzugehen.

Ian: *Danke, das ist sehr hilfreich. Ich denke, daran kann ich arbeiten.*

▶▶

Sie können sehen, dass der Teamleiter jeden Kommentar mit Fakten untermauert hat. Beim Erteilen von Feedback ist es hilfreich, sich an Satzkonstruktionen wie z. B. „Mir ist aufgefallen …" oder „Ich habe Folgendes wahrgenommen …" zu halten. Es ist wichtig, dass Feedback auf genauen und klaren Informationen basiert. Aus diesem Grund muss der Beobachter Notizen machen. Diese Notizen müssen in schriftlicher Form widerspiegeln, was genau vor sich geht. Bei Unterrichtsbeobachtungen ist es sinnvoll, sich die Zeit aufzuschreiben. Dadurch könnten Sie z. B. Kommentare in folgender Form geben:

„Ich habe beobachtet, dass die Schüler nach 25 Minuten immer noch auf dem Boden saßen. Ein Drittel von ihnen hat sich entweder unterhalten oder herumgezappelt." Diese Art von Feedback gibt genaue Details zum Ablauf und dem daraus folgenden Ergebnis wieder und ist dadurch weitaus effektiver, als wenn Sie jemandem einfach nur mitteilen, dass seine Einleitung zu lange gedauert hat.

Der Teamleiter verknüpfte sein Feedback außerdem mit den Zielen. Ian wusste nun genau, wie er im Anschluss vorgehen sollte. ◀

Es ist normal, dass man andere nicht verärgern möchte. Vielleicht ist es nicht in der Kultur der Schule verankert, Feedback zu geben. Wenn Sie eine Coaching-Kultur an Ihrer Schule aufbauen, an der die Mitarbeiter daran gewöhnt sind, offen und ehrlich zusammenzuarbeiten, sollte das Geben und Annehmen von Feedback keinerlei Problem darstellen. Ein bekanntes Hindernis beim Erteilen von Feedback ist die Tatsache, dass Menschen die Dinge nicht gern beim Namen nennen. Manche Menschen scheuen davor zurück. Bei einem Leistungsmanagementgespräch ist es sehr wichtig, spezifisches und direktes Feedback zu geben.

Ein weiterer Aspekt des Feedbacks ist die Notwendigkeit der Depersonalisierung. Wenn Sie jemandem Feedback zu den Vorgängen in seinem Klassenzimmer geben, dann legen Sie damit keineswegs fest, ob derjenige ein guter oder schlechter Lehrer ist. Sie kritisieren nicht die Person selbst. Sie bieten lediglich Verbesserungschancen an und arbeiten konstruktiv.

Folgende Aspekte sollten beim Erteilen von Feedback beachtet werden:
- » Seien Sie ehrlich.
- » Halten Sie sich an Fakten und seien Sie direkt.
- » Konzentrieren Sie sich auf Maßnahmen und deren Ergebnisse.
- » Geben Sie Ihrem Gegenüber die Möglichkeit, sich zuerst selbst zu bewerten.

Unterstützung bieten

Durch die Beobachtungsergebnisse hat sich wahrscheinlich ein Entwicklungsbereich für den Lernenden ergeben. Man macht es sich zu leicht, wenn man denkt, dass es die beste Möglichkeit ist, jemanden zur Weiterbildung einfach zu einem Kurs zu schicken. Viele Schulleiter fragen sich jedoch, ob es nicht die nachhaltigste Methode ist, um Mitarbeiter zu schulen.

Wir haben bereits erwähnt, dass sich die Mitarbeiter als lebenslang Lernende betrachten sollten. Erwachsene haben mehr von Weiterbildungen, wenn sie an der Planung beteiligt sind. Wenn sie den Sinn und Zweck dahinter sehen und motiviert sind, werden sie von ganz alleine das Beste daraus machen. Der Teamleiter hat die Aufgabe, dass das Klima an der Schule bzw. in der Abteilung förderlich für die Weiterbildung ist.

Sehen wir uns als Beispiel einen Ausschnitt aus einem Interview der Beobachtungsphase an und wie Coaching-Techniken dabei Unterstützung bieten.

Phase 3

Nachbesprechung		
Selbstbewertung	Anerkennung	Anforderungen für die berufliche Weiterentwicklung

Selbstbewertung

Die Überprüfungsphase des Leistungsmanagementzyklus bietet Zeit, das Erreichte zu feiern und anzuerkennen, was gut gelaufen ist. Durch den Einsatz von Coaching kann sich der Lernende besser fokussieren. Es ist nun außerdem Zeit, darüber nachzudenken, was nicht erreicht wurde, und eine Erklärung für die Gründe zu finden. Ebenso wie in der ersten Phase spielt auch hier die Selbstbewertung eine wichtige Rolle. Es ist wichtig, dass der Mitarbeiter vor der abschließenden Besprechung die Möglichkeit hatte, seine eigene Effektivität über das Jahr hinweg zu bewerten.

Folgende Coaching-Fragen können beispielsweise die Selbstreflexion fördern:
- „Worauf bin ich im Rückblick auf dieses Jahr wirklich stolz?"
- „Was habe ich in diesem Jahr gelernt?"
- „Was würde ich auf einer Skala von 1 bis 10 angeben, inwieweit ich meine Ziele erreicht habe?"
- „Wie hätte ich bei jedem einzelnen Punkt eine 10 erreichen können?"
- „Was erfahre ich dadurch über meine Entwicklungsziele im nächsten Jahr?"
- „Hat der Aktionsplan funktioniert?"

Die Anerkennung der erbrachten Leistung muss bei diesem Gespräch im Vordergrund stehen. Zu viele Lehrer wechseln den Beruf, da sie das Gefühl haben, dass ihre Arbeit nicht geschätzt wird. Gute Teamleiter warten natürlich nicht erst auf das Teammeeting, um ihre Mitarbeiter zu loben. Lob und Anerkennung für eine gute Leistung sollten zum Alltag gehören. Das Leistungsmanagementgespräch bietet jedoch einen formelleren Rahmen, um die erbrachten Leistungen anzuerkennen. Nur zu schnell wechseln wir zum nächsten Punkt auf unserer Agenda, da wir uns alle der Notwendigkeit der steten Verbesserung bewusst sind. Der unaufhaltsame Drang zu Veränderungen bedeutet, dass wir uns stets auf die nächste Aufgabe konzentrieren, ohne zuerst unsere Erfolge zu feiern.

Fallstudie

James, Koordinator für geisteswissenschaftliche Fächer an einer großen städtischen Grundschule, unterhält sich mit seinem Teamleiter.

Teamleiter: James, wir haben das Ziel, den Lehrplan für geisteswissenschaftliche Fächer umfassender und kreativer zu gestalten. Sie haben Ihren Maßnahmenplan. Wir werden uns jetzt ansehen, welche Unterstützung Sie benötigen, um das zu erreichen. Zuerst sollten wir Ihre Lernweise definieren.

James: *Was meinen Sie damit?*

Teamleiter: Wie lernen Sie am besten?

James: *Nun, als wir uns die Unterrichts- und Lernstile angesehen haben, konnte ich mich am ehesten der Gruppe der nachdenklichen Lerner zuordnen. Ich brauche Zeit, um die Dinge ausführlich zu durchdenken, bevor ich sie umsetze. Ich arbeite gerne alleine Ideen aus und arbeite erst anschließend mit anderen daran. Wichtig für mich ist, dass ich genug Zeit habe, um mich zuerst alleine damit auseinanderzusetzen.*

Teamleiter: Okay, denken Sie jetzt an Ihre Hauptaufgabe. Welche Art von Weiterbildung eignet sich für Ihren Lernstil?

James: *Zuerst muss ich an meinen Ideen arbeiten. Ich habe mich bereits eingelesen und brauche einfach nur Zeit, um meine Gedanken dazu zu sortieren.*

Teamleiter: Okay, wie fahren wir fort?

James: *Anschließend würde ich Kollegen einbeziehen, um zu erfahren, was die Schulleitung davon hält. Ich wüsste außerdem gerne, welche Ziele vom Schulamt vorgegeben sind, und würde meine Ideen im Anschluss bei der nächsten Gruppensitzung vorbringen. Der Schulberater könnte ebenfalls helfen.*

Teamleiter: Das ist toll, James. Kann ich einen Vorschlag dazu machen?

James: *Klar.*

Teamleiter: Ich weiß, dass eine Lerngruppe im Schulnetzwerk daran arbeitet. Es wäre somit sicherlich eine gute Idee, sich auf der Website des National College für Schulleitung nach weiteren Details umzusehen. Okay, wir haben nun einige Ideen. Sie sollten sie in Ihren Maßnahmenplan aufnehmen, festlegen, wie viel Zeit dafür benötigt wird und wann. Anschließend können wir entscheiden, wie wir das Ganze handhaben.

Sie bemerken, dass der Teamleiter die Verantwortung für die Erstellung des Maßnahmenplans direkt an James übergeben hat. Darüber hinaus wurde James gebeten, selbst seinen Lernstil zu analysieren und ihn bei seinem Plan zu berücksichtigen.

Einige Menschen hören gerne Lob und nehmen es ebenso gerne an. Andere hingegen tun sich damit schwer. Sie haben z. B. sicherlich schon einmal jemanden für seine tolle neue Hose bewundert; als Antwort erhielten Sie etwas wie: „Was, diese Hose? Die wollte ich eigentlich gar nicht. Die, die ich wollte, gab es nicht mehr. Leider, denn sie sah viel besser aus.“

Ein Grund, warum manche Menschen keine Komplimente annehmen können, ist, dass sie denken, es nicht wert zu sein, oder sie möchten nicht als eitel betrachtet werden. Bei einer der Schulungen, die ich leite, müssen die Teilnehmer zehn Dinge aufschreiben, bei denen sie gut sind. Nur selten schafft es ein Teilnehmer, wirklich zehn Punkte aufzuschreiben. Es fällt Menschen schwer, sich selbst zu loben, das liegt einfach nicht in unserer Kultur.

Die beste Möglichkeit, Feedback anzunehmen, ist, es einfach zu akzeptieren. Wenn das Feedback den zuvor angegebenen Richtlinien entspricht, fällt dies am leichtesten.

Versuchen Sie es damit

Wenn Sie eine Coaching-Kultur an der Schule aufbauen möchten, müssen Sie lernen, Feedback anzunehmen. Machen Sie hierzu die obige Übung oder versuchen Sie es damit:

- » Bitten Sie jeden, sich einen Partner zu suchen. Anschließend soll jeder mit seinem Partner zwei Minuten lang über sich selbst und seine beruflichen Erfolge sprechen, ohne dabei ein negatives Wort zu verwenden.
- » Besprechen Sie, wie schwer diese Übung jedem Einzelnen gefallen ist. Was bedeutet das für denjenigen, der Feedback gibt?

Nachfolgend ein Beispiel zu einem Überprüfungsgespräch, bei dem es der Mitarbeiterin schwer fällt, ihre eigenen Erfolge anzuerkennen. Der Coach verwendet Coaching-Fragen, um hinter das Problem zu kommen.

Fallstudie

Susan ist Assistenzlehrerin und arbeitet in einer Grundschule in der vierten Jahrgangsstufe. Ihr Ziel im Hinblick auf die Fortschritte ihrer Schüler war, die Leistung der Gruppe durch den Einsatz eines interaktiven Whiteboards zu verbessern.

Sie trifft sich zum Gespräch zur Phase 3 mit ihrem Teamleiter, nachdem sie zuvor selbst ihre Fortschritte bewertet hat.

Teamleiter: Susan, ich sehe in Ihrer Selbstbewertung, dass Sie Ihren Fortschritt gemessen an Ihren Zielen mit 2 von 10 bewerten. Können Sie mir das erklären?

Susan: Nun, nur eine Gruppe von insgesamt sechs erzielte die erforderlichen Fortschritte, insofern betrachte ich das Ziel als nicht erreicht.

▶▶

Teamleiter: Sie haben angegeben, dass Sie in diesem Jahr sehr viel über das interaktive Whiteboard gelernt haben. Sicherlich freuen Sie sich darüber, oder?

Susan: *Ja, aber das war nicht das Ziel. Das Ziel war der Fortschritt der Schüler und das konnte ich nicht erreichen. Ich fühle mich entmutigt. Ich habe so hart gearbeitet und es hat nichts gebracht.*

Teamleiter: Was haben Sie erreicht?

Susan: *Mein Selbstvertrauen im Umgang mit der Technologie ist gestiegen. Ich weiß nun, wie ich das Whiteboard als Lernwerkzeug einsetzen kann, zuvor war ich unsicher im Umgang damit. Aber trotz des Einsatzes des Whiteboards konnte ich mit meinen Schülern keine Fortschritte erzielen.*

Teamleiter: Erzählen Sie mir mehr darüber.

Susan: *Nun, die Software war zu schwierig für die Schüler. Ich habe schnell erkannt, dass das Niveau zu hoch war. Also verwendete ich das Whiteboard weiterhin, musste jedoch meine eigenen Unterrichtsinhalte zusammenstellen.*

Teamleiter: Was haben Sie daraus gelernt?

Susan: *Ich habe gelernt, was genau ich mit dem Whiteboard machen kann und welche Software die Gruppe benötigt. Die Koordinatorin für Mathematik hat die Bestellung bereits aufgegeben. Ich habe mir den Einsatz an einer anderen Schule angesehen und ihr davon erzählt. Ich habe außerdem gelernt, die Schüler in die Verwendung des Whiteboards mit einzubeziehen und sie dafür zu begeistern und zu motivieren. Es ist nur schade, dass ich im Hinblick auf mein Ziel damit nicht weiter gekommen bin.*

Teamleiter: Was ist Ihre Ansicht zu diesem Ziel?

Susan: *Nun, rückblickend würde ich sagen, wir hätten es für zwei und nicht nur für ein Jahr festlegen sollen. Im ersten Jahr hätte ich mich auf die Verwendung und den Einsatz des Whiteboards bei den Schülern konzentrieren sollen. Im zweiten Jahr hätte ich mich darauf konzentrieren sollen, es einzusetzen, um Fortschritte mit meinen Schülern zu erzielen.*

Susan traf den Kern des Problems, indem sie darauf einging, dass das Ziel zu knapp gesetzt worden war. Ich schlage keineswegs vor, ein Ziel jedes Mal umzuschreiben, wenn es nicht erreicht werden konnte. In diesem Fall musste es jedoch herabgesetzt werden. Susan konnte kein Lob annehmen, da sie ihrer Ansicht nach ihr Ziel nicht erreicht hatte. Deshalb gab es nichts zu feiern. Interessant ist, dass Susan direkt sagen konnte, was sie aus der Erfahrung lernen konnte. Bei den Überprüfungsgesprächen sollte stets die Frage „Was habe ich daraus gelernt?" im Mittelpunkt stehen.

Alle Elemente des Ziels, die nicht erreicht wurden, fließen in zukünftige Entwicklungsziele mit ein. Susan agierte sehr proaktiv, indem sie sich darüber informierte, wie das Whiteboard an einer anderen Schule eingesetzt wird. Für ihre Weiterentwicklung in diesem Bereich ist es sinnvoll, ihr den Test der neuen Software als Aufgabe zu setzen und sie darum zu bitten, ihre Erfahrungen mit Kollegen zu

▶▶

teilen. Ein Gespräch mit Susan sollte zu diesem Zeitpunkt einige weitere Entwicklungspunkte ergeben.

Wir alle bringen Leistung, wenn wir das Gefühl haben, erfolgreich zu sein. In diesem Beispiel hatte Susan das Gefühl, versagt zu haben, da sie ihr Ziel nicht vollständig erreicht hatte. Es ist wichtig, dass der Teamleiter sich der persönlichen Fähigkeiten und des Selbstvertrauens eines Mitarbeiters bewusst ist, wenn er Ziele setzt und prüft. Herausforderungen, die zu hoch angesetzt werden, führen zu Angst und Stress. Herausforderungen, die zu einfach sind, sorgen nicht für ausreichend Motivation. Obwohl Susan ihr Ziel nicht erreicht hatte, konnte sie viel lernen, was ihr auf dem weiteren Weg nützlich sein wird. Sie werden erkennen, dass Susans Teamleiter weder von Erfolg noch von Versagen sprach. Er bewertete stattdessen ihr Lernergebnis. Oft lernen wir mehr aus unseren Fehlern und Schwächen als aus unseren Erfolgen.

◀

Guter Tipp

Vergessen Sie nicht, dass Lernerfolge, die auf eine nicht optimal verlaufene Situation folgen, eher im Gedächtnis haften bleiben als Erfolge, die sich quasi spielend ergeben.

An einer Schule, an der eine Coaching-Kultur herrscht, gibt es keine Angst zu versagen. Sowohl Erfolge als auch Misserfolge werden als Lernerfahrung verbucht. Menschen bringen keine gute Leistung, wenn sie sich überarbeitet fühlen. Mitarbeiter lernen mehr in einer Umgebung, in der sie sich wertgeschätzt und unterstützt fühlen. Beim Leistungsmanagement geht es nicht nur darum, die Leistung zu messen. Vor allem geht es dabei darum, die Mitarbeiter in ihrer Weiterentwicklung zu unterstützen und das Beste aus ihnen herauszuholen – in anderen Worten, sie zu coachen.

Wir wissen alle aus unserer Arbeit mit Schülern, dass Lernerfolge quasi unmöglich sind, wenn das Stammhirn aktiv ist. Das bedeutet, wenn die Schüler zu gestresst sind, sorgt das Adrenalin für einen gegenteiligen Effekt. Menschen lernen am besten, wenn sie entspannt und aufnahmefähig sind.

Eine Aufgabe von Teamleitern ist, Mitarbeiter zu motivieren, bei ihrer Arbeit zu reflektieren. In der Überprüfungsphase wird der Mitarbeiter aufgefordert, seine Lernerfolge und seine Lernziele für das kommende Jahr zu überdenken. Die Mitarbeiter sollten außerdem ermutigt werden, darüber nachzudenken, wie sie lernen. Die folgenden Fragen könnten hierbei nützlich sein.

Fragebogen zum Lernstil

Ich lerne am besten, indem ich:

» alleine recherchiere
» Dinge in der Praxis ausprobiere
» Personen zuhöre, die Erfahrung darin haben
» mir etwas anschaue, was jemand vorführt
» mich in das Thema einlese
» direkte Unterstützung von einer anderen Person erhalte
» mir ein Video ansehe
» mit einem Partner arbeite

Durch das Identifizieren des eigenen Lernstils können Mitarbeiter anfangen, sich selbst als Lernende zu betrachten. Anschließend können sie ihre eigenen Lernziele erkennen.

Schlussfolgerung

Das Leistungsmanagement ist ein Prozess, bei dem ein Coaching-Ansatz Erfolge verspricht. Durch den Einsatz eines Coaching-Ansatzes wird der Person, um deren Leistungsmanagement es geht, die Verantwortung übertragen. Durch kleine Änderungen bei der Befragungstechnik und den Einsatz von Coaching-Fragen entwickelt sich daraus ein Leistungsentwicklungsprozess.

Auf einen Blick

- Coaching sollte beim Leistungsmanagement an der Schule im Mittelpunkt stehen.
- Wenn Sie das Leistungsmanagementsystem verwenden, um die Weiterentwicklung Ihrer Mitarbeiter zu garantieren, können Sie Coaching leicht integrieren.
- Jede Phase des Leistungsmanagementzyklus eignet sich für ein Coaching-Gespräch.
- Durch den Einsatz von Coaching-Methoden kann das Erteilen und Annehmen von Feedback vereinfacht werden.

Aktuelles Ziel

Führungskompetenz und Management

Lernfortschritte der Schüler

Berufliche Weiterentwicklung

Was muss ich lernen?
Verhaltensweisen, Fertigkeiten, Strategien

Wie werde ich es lernen?
(der Lernstil sollte hierbei nicht außer Acht gelassen werden)

Welche Art von Unterstützung benötige ich?

Was könnte mich beim Lernen behindern?

Aus der Praxis

Der Leistungsmanagementzyklus

Planung

» Welche Fragen können gestellt werden?
» Wie kann sich der Lernende darauf vorbereiten?
» Was kann unternommen werden, um dem Lernenden die Verantwortung zu übertragen?

Überprüfung

» Welche Coaching-Fragen könnten gestellt werden?
» Welche Art der Selbstbewertung kann der Lernende durchführen?
» Wie kann Coaching beim Erteilen von Feedback eingesetzt werden?

Nachbesprechung

» Welche Coaching-Fragen können gestellt werden?
» Wie können wir die Ansichten des Lernenden zu seiner Leistung berücksichtigen?
» Wie wirkt sich diese Sitzung auf zukünftige Ziele aus?

Kapitel

7

Coaching für Führungskräfte in mittleren Positionen

In diesem Kapitel erfahren Sie etwas über

- ein System, das eine Führungskraft in mittlerer Position für ihre Entwicklung verwenden kann
- einen Coaching-Ansatz, anhand dessen Führungskräfte lernen können
- Coaching von Führungskräften in mittleren Positionen im Rahmen der Veränderungsagenda
- ein Selbstbewertungssystem für Führungskräfte in mittleren Positionen

Die Führung aus der Mitte heraus wird bei der strategischen Entwicklung an Schulen immer wichtiger. Hierbei wird Wert auf eine aufgeteilte Führung gelegt und Führungskräften in mittleren Positionen wird eine wichtige Rolle zuteil.

Dieses Kapitel spricht all jene Schulmitarbeiter an, die an der Lehrplangestaltung der Schule beteiligt sind. Es richtet sich außerdem an alle Führungskräfte in mittleren Positionen, die eine beratende Verantwortung oder Aufgaben im Bereich Betreuung von Schülern mit Lernbehinderung übernehmen. Darüber hinaus ist das Kapitel auch für alle Mitglieder der Schulleitung von Interesse, da in diesem Bereich die Verantwortung für Coaching und die Weiterbildung von Führungskräften in mittleren Positionen liegt.

In diesem Kapitel werden wir darauf eingehen, woraus sich die Rolle einer Führungskraft in mittlerer Position zusammensetzt. Wir werden uns ansehen, welche Fertigkeiten eine solche Führungskraft benötigt; anschließend begleiten wir vier Führungskräfte in mittlerer Position und schauen uns an, wie sie sich anhand des LEAP-Coaching-Modells weiterentwickeln.

Wir sehen uns Führungsaspekte und den Umgang mit Veränderungen an, mit denen Führungskräfte in mittleren Positionen in Berührung kommen.

Wer sind die Führungskräfte in mittleren Positionen?

Führungskräfte in mittleren Positionen sind Schulmitarbeiter, die nicht der Schulleitung angehören, jedoch ein gewisses Maß an Führungsverantwortung tragen. Oftmals haben diese Mitarbeiter noch nie an einer Schulung zu Führungskompetenzen teilgenommen. Schulleiter durchlaufen normalerweise ein Schulungsprogramm. Stellvertretende Schulleiter haben höchstwahrscheinlich an einem Weiterbildungskurs zu Führungskompetenzen teilgenommen. Führungskräfte in mittleren Positionen hingegen sind nur selten wirklich gut auf ihre Aufgaben vorbereitet.

An Schulen wird jedoch immer mehr Wert darauf gelegt, alle Mitarbeiter in die Führungsaufgaben einzubinden. Das bedeutet, dass jeder Lehrer, der den Status eines Referendars hinter sich gelassen hat, gewissermaßen eine Führungskraft ist. Schulen investieren oft Zeit und Geld in Schulungen für Lehrkräfte, bei denen es um die Themen Unterricht und Lernen geht. Nur sehr wenig Zeit wird für die Vorbereitung auf Führungsaufgaben verwendet; genau hier können wir mit Coaching ansetzen.

Zu den Personen mit Führungsaufgaben in mittleren Positionen zählen Lehrkräfte, die keine Aufgaben in der Fachgebietsleitung innehaben, Jahrgangsstufenleiter, Lehrkräfte mit einer Spezialausbildung zur Förderung von Schülern mit Lernschwäche oder Abteilungsleiter. Egal, welche Aufgaben sie ausführen, sie alle haben Erfahrung im Umgang mit Veränderungen und der Führung von Mitarbeitern.

An einigen großen Schulen übernehmen Verwaltungsmitarbeiter bestimmte Führungsaufgaben und sind für ein Team verantwortlich. Sie benötigen ebenfalls eine Schulung zu Führungskompetenzen und Coaching.

Der Begriff „Führungskraft in mittlerer Position" umfasst eine große Vielfalt verschiedener Mitarbeiter mit unterschiedlichen Fähigkeiten und Erfahrungen. In der folgenden Fallstudie erleben Sie vier Führungskräfte in mittlerer Position, die wir anhand von Fallstudien bei der Bewältigung ihrer Führungsaufgaben begleiten werden.

Sie werden sehr schnell sehen, wie unterschiedlich diese Mitarbeiter sind. Aber sie alle haben eines gemeinsam: Sie mussten in ihren Bereichen Wachstum, Entwicklung und Veränderungen koordinieren und leiten. Es stimmt nicht immer, dass ein Fachbereichsleiter ein Studium in diesem Bereich abgeschlossen oder wenigstens besonderes Interesse daran hat. Dies gilt vor allem an Grundschulen, an denen ein Lehrer viele verschiedene Fächer unterrichtet und die Förderung von Schülern mit Lernschwierigkeiten noch hinzukommt. Sehr oft werden Fachbereichsleiter aus sehr pragmatischen Gründen ausgewählt. Mike wurde aufgrund seines technischen Wissens gewählt. Lucinda wurde ausgewählt, da man in diesem Bereich jemanden mit starken Führungskompetenzen benötigte. Idealerweise hat ein Fachbereichsleiter umfassende Kenntnisse im jeweiligen Bereich und arbeitet leidenschaftlich auf diesem Gebiet. Tatsache ist jedoch vor allem an Grundschulen, dass der Fachbereichsleiter möglicherweise nicht mehr über dieses Gebiet weiß als seine Kollegen.

Darüber hinaus muss berücksichtig werden, dass an kleinen Grundschulen eine Lehrkraft oftmals mehr als einen Fachbereich leitet.

Fallstudie

Lucinda ist Koordinatorin für den Fachbereich Englisch und leitet die Jahrgangsstufe 2 einer großen Grundschule im Stadtzentrum. Sie ist Mitglied der Schulleitung und verfügt über neun Jahre Erfahrung als Lehrkraft. Ihr Fachgebiet ist Mathematik, aber der Koordinator für das Fachgebiet Englisch hat die Schule verlassen und der Schulleiter bat Lucinda, diese Aufgabe zu übernehmen, da es sich um einen sehr wichtigen Bereich handelte.

Mike ist ein älterer Lehrer an einer Grundschule, der früher sein eigenes IT-Unternehmen leitete. Er unterrichtet in Jahrgangsstufe 3 und 4 an einer kleinen Grundschule auf dem Land. Er hat erst vor kurzem sein Referendariat abgeschlossen und der Schulleiter bat ihn, die IT-Abteilung der Schule zu übernehmen. An der Schule unterstehen ihm drei Lehrkräfte und der Schulleiter, der selbst einige Stunden unterrichtet.

Anne ist Lehrerin an einer weiterführenden Schule in der Vorstadt. Sie leitet ein Team aus acht Assistenzlehrern. Ihr Schwerpunkt liegt auf der Förderung von Schülern mit Lernschwierigkeiten. Sie verfügt über 20 Jahre Erfahrung als ▶▶

Lehrerin und arbeitet seit zwei Jahren in der Förderung von Schülern mit Lernschwierigkeiten.

Jim leitet die Wissenschaftsabteilung an einer großen weiterführenden Schule in einer Vorstadt. Er leitet ein Team mit acht Lehrkräften und es arbeiten zwei Techniker in seiner Abteilung. Er besitzt einen wissenschaftlichen Hochschulabschluss und verfügt über sechs Jahre Berufserfahrung als Lehrer. Er führt neue Arbeits- und Schlüsselstrategien ein, während die Abteilung komplett umgebaut wird. ◀

Sehen wir uns nun einige der Probleme an, denen Führungskräfte in mittleren Positionen gegenüberstehen.

Probleme von Führungskräften in mittleren Positionen

Lucinda

- Wie soll sie einen Fachbereich leiten, in dem viele der Lehrkräfte über mehr Fachwissen verfügen als sie selbst?
- Wie geht sie mit der Tatsache um, dass an einer Schule mit insgesamt sehr guten Ergebnissen die Ergebnisse in Englisch zu wünschen übrig lassen?
- Wie soll sie erfahrene Lehrkräfte führen, die die Notwendigkeit von Veränderungen nicht einsehen?

Mike

- Wie soll er mit nur einem Jahr Berufserfahrung andere Mitarbeiter und den Schulleiter führen?
- Wie soll er mit den begrenzten finanziellen Mitteln eine IT-Abteilung aufbauen?
- Wie soll er seine Aufgabe mit nur zwei Vollzeitkräften beginnen, die zudem nur sehr wenig Erfahrung im Bereich IT haben?
- Wie soll er den Aufbau der IT-Abteilung auf die Tagesordnung bringen, wenn er nicht auf dem Strategieplan der Schule steht?

Anne

- Wie soll sie Aufgaben auf eine Gruppe von Assistenzlehrern verteilen?
- Wie soll sie den Teamgeist unter Teilzeitkräften fördern, die nur selten zur gleichen Zeit in der Schule anwesend sind?
- Wie soll sie mit dem Verwaltungsaufwand umgehen, der im Rahmen der Förderung der Schüler mit Lernschwäche anfällt?
- Wie soll sie ihre Teammitglieder ermuntern, wenn diese an sich selbst zweifeln?

Jim

- » Wie soll er Veränderungen mit einem Team aus Lehrkräften voranbringen, die unterschiedliche Erfahrungen mitbringen und sich unterschiedlich für ihre Aufgaben engagieren?
- » Wie soll er sicherstellen, dass der Unterricht und das Lernen auf der Tagesordnung an erster Stelle stehen, wenn er nebenbei ein Bauprojekt leiten muss?
- » Wie kann er sicherstellen, dass seine Abteilung in dieser schwierigen Phase die nötige Unterstützung von der Schulleitung erhält?
- » Wie kann er die Motivation und die Stimmung in seinem Team dauerhaft hochhalten?

Obwohl alle vier Führungskräfte in mittlerer Position sehr unterschiedlichen Problemen gegenüberstehen, müssen sie alle die gleiche Aufgabe bewältigen. Jeder Einzelne von ihnen muss von einem Kollegen gecoacht werden, der bereits Erfahrung mit Führungsaufgaben hat. Coaching ist nicht die einzige Vorbereitung auf Führungsaufgaben. Die Führungskraft in mittlerer Position muss sich auch einlesen und möglicherweise an einigen Schulungen teilnehmen. Wenn jedoch nicht regelmäßig ein Coaching stattfindet, gehört der durch das Einlesen oder durch Schulungen entstandene Lerneffekt schnell der Vergangenheit an. Der Prozess ähnelt einer Lehre. Die Führungskraft lernt durch Übung sowie durch Coaching und die Unterstützung eines Kollegen. Auf diese Weise kann jede Schule ihr eigenes Programm zum Aufbau von Führungskräften und zur Nachfolgeplanung einführen.

Was ist die Aufgabe einer Führungsperson in mittlerer Position?

Sehr oft handelt es sich bei Führungskräften in mittlerer Position an Schulen um Fachbereichsleiter.

Das britische Kultusministerium hat einen Standardleitfaden für Fachbereichsleiter und Lehrkräfte mit dem Fachbereich der Förderung von Schülern mit Lernschwierigkeiten entwickelt. Der Leitfaden wurde 1998 verfasst, bevor viele der heute gängigen Innovationen eingeführt wurden, aber er deckt nach wie vor viele Aspekte der Aufgabe ab. Es gibt viele verschiedene Aspekte bei dieser Aufgabe; die Aufgaben von Führungskräften in mittleren Positionen variieren je nach Schule. Ich möchte mich hier auf die Aspekte konzentrieren, bei denen Coaching hilfreich eingesetzt werden kann:

- » Anbieten einer strategischen Richtung für ein Fachbereich
- » Umgang mit Veränderungen
- » Entscheidungsfindung
- » Delegieren
- » Einbeziehung von Mitarbeitern und Ressourcen
- » Übertragung der Verantwortung an Mitarbeiter
- » Bewertung von Standards im jeweiligen Fachgebiet

Sie können sehen, dass alle Probleme der Führungskräfte, die wir uns in den vier Fallstudien ansehen, unter einen der genannten Punkte fallen.

Coaching kann bei allen genannten Aspekten hilfreich sein. Es gibt ein hervorragendes Programm für Führungskräfte in mittleren Positionen, das „Führen aus der Mitte" (Leading from the Middle) lautet und vom National College (Kultusministerium) für Schulleiter angeboten wird. Dieses Programm ist darauf ausgelegt, dass jede Führungskraft in mittlerer Position einen Coach für Führungskompetenzen an der Schule hat. Hierbei handelt es sich um ein sehr gutes Modell, bei dem es um den Aufbau von Führungskompetenzen bei Führungskräften in mittleren Positionen geht. Dies soll durch Coaching, Schulungen und Online-Kurse erreicht werden.

Wenn Sie an diesem Programm nicht teilnehmen können, versuchen Sie, einen erfahrenen Kollegen darum zu bitten, Sie auf diesem Gebiet zu coachen. Ist dies nicht möglich, bitten Sie einen beliebigen Kollegen um gegenseitiges Coaching und nehmen Sie sich dafür Zeit. Ist keine der genannten Möglichkeiten durchführbar, können Sie sich anhand der Struktur in diesem Kapitel selbst coachen.

Kein Fachbereich und keine Abteilung sind hermetisch abgeriegelt. Jeder Fachbereich und jede Abteilung leistet einen Beitrag zur allgemeinen Effizienz der Schule. Jeder Fachbereich und jede Abteilung trägt zum Erfolg der Schule bei, sowohl im Hinblick auf Schulbewertungen als auch in Bezug auf das Ansehen der Schule in der Gemeinde.
Der Fachbereichsleiter muss jedoch seine eigenen Bedürfnisse und Prioritäten mit denen der Schule und der Abteilung abstimmen.

Für Führungskräfte in mittleren Positionen wird es immer Interessenkonflikte geben. Es müssen die Anforderungen der Schule, die der Abteilung bzw. des Fachbereichs, aber auch die eigenen Bedürfnisse erfüllt werden. Die Schule konzentriert sich möglicherweise hauptsächlich auf die Entwicklung; dafür werden alle verfügbaren Ressourcen gefordert. Gleichzeitig erkennt der Fachbereichsleiter unter Umständen, dass große Teile des Lehrplans verbessert werden müssen.

Führungskräfte in mittlerer Position haben eventuell ein Fortbildungsbedürfnis, das nicht zu den Anforderungen der Schule passt. Die Führungskraft in mittlerer Position muss einen schwierigen Balanceakt zwischen diesen drei Elementen der Rolle hinbekommen.

Einige Bereiche im Rahmen der Verbesserung der Schule werden möglicherweise sowohl in der Schule als auch in der Abteilung reflektiert. An anderen Schulen gibt es wiederum eine Agenda, die mit den Abteilungen kaum etwas zu tun hat. Damit die Schule als Ganzes effektiv arbeiten kann, müssen die Anforderungen der Schule und der Abteilung ausgeglichen sein. Eine gute Musikabteilung kann einen großen Mehrwert für eine Schule bieten. Die gesamte Schule wird den Beitrag der Abteilung zu schätzen wissen. Die Abteilung kann viel Positives im Bereich Öffentlichkeitsarbeit und Ansehen beitragen. Alleine kann die Abteilung jedoch nicht bestehen. Jede Abteilung muss die Werte und die grundlegende strategische Richtung der Schule teilen.

Führung aus der Mitte – Entwicklungsbereiche

Es wäre leicht für eine Führungskraft in mittlerer Position, die Sache aktiv anzugehen, Stärken und Schwächen der Abteilung zu prüfen und einen Maßnahmenplan zu erstellen. Aber wir sprechen hier über Führungskompetenzen. Wenn sich eine Führungskraft in mittlerer Position voll und ganz darauf konzentriert, Maßnahmen zu ergreifen, ohne darüber nachzudenken, welche Führungskompetenzen sie für die Umsetzung benötigt, wird sie ihre Führungskompetenzen nicht verbessern können.

Guter Tipp

Verwenden Sie den Coaching-Ansatz, um Führungskräfte in mittleren Positionen weiterzubilden. Dadurch werden Führungskompetenzen aufgebaut und es kann ein tiefgreifender und nachhaltiger Wandel in der Schule stattfinden.

Die vier Führungskräfte in mittlerer Position aus unseren Fallstudien könnten alle sehr einfach einen Maßnahmenplan erstellen, in dem sie sich darauf konzentrieren, was sie zu tun haben. Sie könnten sich weiterhin auf Maßnahmen konzentrieren, anstatt ihre Führungskompetenzen zu verbessern. Hierdurch würde es zu permanenter Frustration kommen und die Entwicklung wäre kaum nachhaltig. Worüber sie wirklich nachdenken müssen, ist die Frage, welche Fähigkeiten sie benötigen, um sich selbst als Führungskraft weiterzuentwickeln. Dadurch werden sie in der Lage sein, die Veränderungen erfolgreich zu bewältigen.

Um herauszufinden, woran unsere vier Führungskräfte arbeiten müssen, müssen sie eine Selbstbewertung durchführen. Eine Überprüfung ihrer Fertigkeiten, ihrer Fachkenntnisse und ihrer Erfahrung ist ein guter Ausgangspunkt für die Entwicklung von Fertigkeiten. Idealerweise lassen sie sich auch von ihren Kollegen bewerten, damit sie diese Bewertung mit ihrer eigenen vergleichen können. Sie müssen versuchen herauszufinden, wie ihre Teams sie sehen, aber auch, wie sie selbst sich bewerten würden.

Die folgenden Fragen werden Ihre eigenen Entwicklungsbereiche hervorheben. Sie sollten die Fragen ganz nach dem Bauchgefühl mit „Ja" oder „Nein" beantworten und dann zurückblicken und entscheiden, welche Bereiche Priorität haben.

Strategische Richtung

» Habe ich eine Vision für meinen Fachbereich/meine Abteilung?
» Ist mein Plan für den Fachbereich/die Abteilung klar und hat er ein Ziel?
» Reflektiert meine Vision auch die der Schule?
» Habe ich meine Vision den anderen Mitarbeitern mitgeteilt?
» Kann ich die Mitarbeiter motivieren und inspirieren?

Veränderungen voranbringen

» Wie reagiere ich auf Veränderungen?
» Gibt es in meiner Abteilung/der Schule Mitarbeiter, die Veränderungen verhindern möchten?
» Wie gehe ich bis jetzt mit Veränderungen in meinem Bereich um?
» Vermittle ich anderen Mitarbeitern die Notwendigkeit von Veränderungen klar und zielgerichtet?
» Bin ich mir darüber im Klaren, weshalb die Veränderungen wichtig sind?

Entscheidungsfindung

» Wie widerwillig gehe ich an Entscheidungen heran?
» Frage ich andere Mitarbeiter um Rat? Zu viel? Nicht genug?
» Kommuniziere ich und teile ich meine Entscheidungen mit?

Delegieren

» Delegiere ich ausreichend oder zu wenig?
» Delegiere ich klar und deutlich?
» Wie reagiere ich, wenn die Aufgaben, die ich delegiert habe, nicht so erledigt werden, wie ich mir das vorgestellt habe?
» Erhalten die Mitarbeiter, an die ich delegiere, ausreichend Unterstützung von mir?

Einsetzen von Mitarbeitern und Ressourcen

» Reflektieren meine Budgetprioritäten meine strategischen Ziele?
» Ist meine Zuweisung von Geld oder Ressourcen reaktiv oder proaktiv?
» Werden die Talente und Fertigkeiten meiner Mitarbeiter angemessen eingesetzt?
» Werden Aushilfskräfte an den richtigen Stellen eingesetzt?

Übertragung von Verantwortung auf die Mitarbeiter

» Wie gehe ich mit Mitarbeitern um, die ihre Fristen nicht einhalten?
» Mache ich meine Erwartungen an die Mitarbeiter klar?

- Verfolge ich Entwicklungen?
- Weiß ich, wofür und für wen ich verantwortlich bin?

Bewertung von Standards

- Weiß ich, welche Stärken und Schwächen in den Standards meines Fachgebiets auftreten?
- Weiß ich, wie ich dies untermauern kann?
- Kenne ich den Unterschied zwischen der Bewertung von und der Berichterstattung zu Standards?
- Wie bewerte ich das Unterrichten und Lernen in diesem Fachgebiet und wie teile ich dies den Mitarbeitern mit?

Die Ergebnisse einer Selbstanalyse sollten einige Führungsbereiche hervorheben, die weiterentwickelt werden müssen. Gehen wir nun zurück zu unseren vier Fallstudien. Darin wurden die folgenden Themen für die Führungskräfte in mittlerer Position hervorgehoben:

- Lucinda: strategische Richtung
- Mike: Verantwortung auf die Mitarbeiter übertragen
- Anne: Delegieren
- Jim: Veränderungen vorantreiben

Alle unsere vier Führungskräfte in mittlerer Position haben das Glück, dass es jemanden an ihrer Schule gibt, der sich bereit erklärt hat, sie zu coachen. An Mikes Schule wurde ein Berater dafür bezahlt, die Führungskräfte in mittlerer Position zu coachen, da die Schule so klein ist. An den anderen drei Schulen wurden drei Mitarbeiter im Coaching geschult. Sie werden die Führungskräfte in mittlerer Position coachen. Die Coachs, die mit den vieren arbeiten, werden das LEAP-Coaching-Modell verwenden, um die Themen durchzugehen. Die Coaching-Sitzungen werden einmal im Monat durchgeführt.

Anhand der vier Fallstudien werden wir uns ansehen, wie die Coachs das LEAP-Modell einsetzen, um die wichtigsten Bereiche abzudecken. Was darüber hinaus offensichtlich wird, ist die Tatsache, wie die Coachs den Blickwinkel der Führungskräfte auf die Führungskompetenzen lenken, anstatt sich auf die Verbesserungsbereiche der Schule zu konzentrieren.

> **Guter Tipp**
>
> Durch das Coaching von Führungskräften in mittlerer Position können ihre Führungskompetenzen weiterentwickelt werden und sie leisten einen wertvollen Beitrag für eine gemeinsame Führung der Schule.

Unsere vier Fallstudien zeigen, wie effektiv Coaching beim Aufbau von Führungskompetenzen eingesetzt werden kann.

Fallstudie

Führungskraft in mittlerer Position: Lucinda

Thema: Strategische Richtung

Schule: Große Grundschule im Stadtzentrum

Hintergrund: Lucindas Situation ist sehr komplex. Bei der Schule handelt es sich um eine große Grundschule im Stadtzentrum von Nottingham. An der Schule sind überdurchschnittlich viele Schüler mit Lernschwäche und Englisch als Zweitsprache. Vor sechs Jahren wurden Sondermaßnahmen für die Schule beschlossen; die Leistung war entsprechend schlecht. Seither hat ein neuer Schulleiter jedoch dafür gesorgt, dass die Standards der Schule wieder gestiegen sind. Die Schulbehörde stuft die Schule nicht mehr als Schule mit ernstzunehmenden Schwierigkeiten ein; die Ergebnisse haben sich verbessert. Vor zwei Jahren übernahm jedoch erneut ein neuer Schulleiter die Leitung der Schule und nun verschlechtern sich die Ergebnisse in Jahrgangsstufe 2. Zwei sehr gute Lehrkräfte der Jahrgangsstufe 2 haben die Schule verlassen.

Die Abteilung für Jahrgangsstufe 2 ist schwach und in Jahrgangsstufe 1 und 2 wird kaum ein Mehrwert im Fachbereich Englisch generiert. Lucindas Problem ist, dass viele der Mitarbeiter immer noch der Ansicht sind, dass die Schule sich im Vergleich zu der Zeit, in der es Auflagen von der Schulbehörde gab, gut schlägt. Die Notwendigkeit für Verbesserungen betrachten die Mitarbeiter als Geschichte. Die Schulaufsicht und die Gemeinde sind der Ansicht, dass sich die Schule verbessert hat. Die Schule hat nun einen guten Ruf. Lucindas Aufgabe ist es, eine strategische Richtung für den Fachbereich Englisch an der Schule vorzugeben.

Coach: Lucinda, Sie haben mir von den Schwierigkeiten in Ihrem Fachbereich erzählt. Wie sollte der Fachbereich optimalerweise aussehen?

Lucinda: Nun, das Potenzial wäre da, dass es ein toller Fachbereich im Zentrum des Lehrplans sein könnte.

Coach: Können Sie mir mehr dazu erzählen?

Lucinda: Es könnte ein lebhafter Unterricht sein, bei dem alle aktuellen Lehrmethoden eingesetzt werden. Alle Mitarbeiter würden sich für das Fach engagieren. Die Leistungsergebnisse der Schüler im Fach Englisch wären hoch. Die Zuweisung von Lehrkräften wäre kein Problem und das Fach hätte einen hohen Stellenwert.

Coach: Was werden Schüler und Lehrer tun, wenn diese Ziele erreicht wurden?

Lucinda: Wenn Sie in ein beliebiges Klassenzimmer gehen, werden Sie den Stundenplan für Englisch und die Lernziele an den Wänden vorfinden. Sie werden im Englischunterricht enthusiastische Schüler sehen. Die Lehrer sind gut informiert und verwenden die interaktiven Whiteboards als unterstützende Lernmaßnahme. Ich werde stolz darauf sein, dass wir Erfolg hatten. Ich freue mich darüber, dass die Schüler mit dem Fach die bestmögliche Erfahrung machen.

Coach: Gut. Sie haben zuvor erwähnt, dass die Leistungen im Fach Englisch hoch sein würden. Können Sie mir sagen, was Sie darunter verstehen?

▶▶

Lucinda: *Ich meine damit, dass ein großer Mehrwert erzielt werden wird. Mit anderen Worten, die Fortschritte zwischen den Jahrgangsstufen werden groß sein. Ich verstehe darunter, dass die Schüler im Unterricht gut mitarbeiten. Ich möchte auch, dass sie die Schule mit einer Leidenschaft fürs Lesen und für Bücher verlassen.*

Coach: Mir ist jetzt klar, dass Sie große Ziele für den Fachbereich haben. Haben Sie das den Lehrern bereits mitgeteilt?

Lucinda: *Nun, sie wissen, dass ich einige Ideen habe.*

Coach: Wissen sie, wo die Reise hingehen soll?

Lucinda: *Ich habe ihnen mitgeteilt, dass einige Veränderungen erforderlich sind, aber ich denke, ich habe ihnen noch nicht klipp und klar gesagt, was ich aus der Englischabteilung machen möchte.*

Coach: Steht Ihnen dabei etwas im Weg?

Lucinda: *Nun, ich denke, vor dem Gespräch mit Ihnen wusste ich nicht so genau, was ich möchte. Ich hatte meine Ideen und Visionen noch nicht durchdacht. [Stille …] Die andere Sache ist, dass die Lehrer über mehr Fachwissen verfügen als ich.*

Coach: Wie fühlen Sie sich dadurch?

Lucinda: *Ich werde nervös und mein Selbstvertrauen schwindet. Das andere Problem ist, dass viele das Gefühl haben, dass die Schule ihre Sache gut macht und dass es keinen Grund gibt, etwas zu ändern.*

Coach: An welcher Herausforderung möchten Sie in dieser Sitzung arbeiten?

Lucinda: *Ich würde gerne an dem Problem der strategischen Richtung arbeiten. Ich habe das Gefühl, wenn ich das hinkriege, wird der Rest einfacher.*

Coach: Okay, ich werde Ihnen eine Übung geben, anhand derer wir die Vision festigen können, über die wir gesprochen haben. Dadurch können Sie leichter eine strategische Richtung festlegen. Sobald Sie eine Vision haben, können Sie einen Plan festlegen, der Ihnen den Weg zum Ziel ebnet. Sie müssen auch darüber nachdenken, wie Sie Ihre Vision mit den Mitarbeitern teilen möchten. ◀

Das Format, das der Coach mit Lucinda verwendet hat, können Sie auf den Seiten 150/151 sehen.

Welchen Nutzen hatte das Coaching?

Der Coach half Lucinda dabei, ihre Vision in Worte zu fassen. Indem sie sich darauf konzentrierte, wie Schüler und Lehrer sich verhalten würden, sobald sie ihre Vision in die Tat umgesetzt hätte, ließ sie ihre Gedanken Realität werden. Bei einer Vision geht es darum, diese Gedanken zu visualisieren; wir müssen in der Lage sein, die Realität unserer Vision zu sehen und darüber nachzudenken, wie alles in der Realität aussehen würde. Lucindas erste Antwort auf die Frage zu ihrer Vision lautete wie folgt: „ein tolles Fach mit hoher Priorität im Lehrplan“. Dieser Aussage fehlt Bedeutung und Klarheit. Indem der Coach Lucinda aufforderte, darüber zu sprechen, wie sich Lehrer und Schüler verhalten würden, wurden ihre Gedankengänge klarer.

Nachdem sie den Kollegen ihre Visionen mitgeteilt hat, ist der nächste Schritt das Erstellen eines Plans. Es gibt viele verschiedene Möglichkeiten, um den Plan zu strukturieren (siehe Tabelle). Alle Pläne müssen Ziele umfassen und die Zielsetzungstechniken, die in Kapitel 3 erklärt wurden, können angewandt werden. Der Plan benötigt darüber hinaus einen Zeitrahmen und eine Kostenkalkulation im Hinblick auf die Ressourcen. Der Plan muss außerdem eine Überwachungs- und Bewertungsfunktion enthalten. Sie müssen sich auf etwas konzentrieren können – das Ende, die Erfolgskriterien.

Beim Durchgehen des Plans sollten Sie sich auf die Führungskompetenzen konzentrieren, die mithilfe des Plans entwickelt werden sollen. Es muss außerdem eine Empfehlung dazu geben, wie die Führungskraft in mittlerer Position an die Hilfe und Unterstützung kommen wird, die sie benötigt.

Formulieren einer Vision

Wie wird der Fachbereich aussehen, nachdem ich meine Vision umgesetzt habe?

Was werden die Lehrer und Schüler im Unterricht machen?

Was werden die Schüler erreichen?

Was sind meine Ziele für das Fach Englisch?

Was sind meine Prioritäten?

Wie kann ich dies Kollegen erklären und sie einbeziehen?

Maßnahmenplan

Aktionsbereich für die Weiterentwicklung meiner Fähigkeiten

Stärken, die bei der Selbstbewertung identifiziert wurden

Bereiche für die Entwicklung von Führungskompetenzen

Wo kann ich Hilfe erhalten?

Erfolgskriterien

Woran muss ich in Bezug auf meine Führungskompetenzen arbeiten?

Auswirkungen auf die Abteilung

Fallstudie

Führungskraft in mittlerer Position: Mike

Thema: Verantwortung auf die Mitarbeiter übertragen

Hintergrund: Mike arbeitet an einer sehr kleinen Grundschule auf dem Land. Außer ihm arbeiten hier zwei Vollzeitlehrkräfte und die Schulleiterin, die in Teilzeit unterrichtet. Bisher hatte er kaum Erfahrung mit der Führung und Verwaltung von Schulmitarbeitern. Die Schule liegt unter den Leistungsvorgaben; Englisch und Mathematik sind die wichtigsten Punkte auf dem Schulverbesserungsplan. Die Schulleiterin ist sich jedoch bewusst, dass die IT-Abteilung der Schule einer ▶▶

Untersuchung durch die Schulbehörde nicht standhalten würde. Die Schulleiterin hat Mike gebeten, die Entwicklung der IT-Abteilung zu leiten. Die beiden Vollzeitlehrkräfte sind nicht sehr kompetent im Bereich IT. Die Schülerzahlen an der Schule nehmen stetig ab; es gibt kaum Geld für die Entwicklung der IT-Abteilung. Die Schulleiterin ist sehr glücklich über die neue Aufgabe für Mike und sie hofft, dass er die IT-Abteilung der Schule revolutionieren wird.

Mike und der Coach haben bereits den Kontext, in dem Mike arbeitet, sowie den Aufgabenbereich für das Coaching besprochen. Dies ist die zweite Sitzung. Mike und sein Coach befinden sich in der ersten Phase des LEAP-Modells: „Ziele analysieren".

Coach: Okay, Mike, in Ihrer Selbstbewertung haben Sie angegeben, dass es am wichtigsten sein wird, den Mitarbeitern die Verantwortung zu übertragen; daran möchten Sie arbeiten. Was möchten Sie in diesem Bereich erreichen?

Mike: Ich möchte gerne einen Führungsstil entwickeln, durch den ich in der Lage wäre, Mitarbeitern Aufgaben zuzuweisen, die sie rechtzeitig für mich erledigen würden. Gleichzeitig möchte ich jedoch einen entspannten und freundlichen Umgang wahren.

Coach: Wie versuchen Sie momentan, die Mitarbeiter dazu zu bekommen, Dinge für Sie zu erledigen?

Mike: Nun, ich bitte sie, etwas zu übernehmen und wenn die Zeit gekommen ist, haben sie nichts erledigt und kommen mir mit Ausreden. Ich werde wütend und weiß nicht, wie ich mit ihnen umgehen soll.

Coach: Können Sie mir ein Beispiel geben?

Mike: Ja. Ich habe die beiden Lehrerinnen gebeten, sich einige Beispiele zu überlegen, wie sie das Thema IT im nächsten Halbjahr in den Lehrplan aufnehmen könnten. Ich habe einer Lehrerin Kunst und Design zugewiesen und der anderen Lehrerin die geisteswissenschaftlichen Fächer. Letzten Donnerstag sollten sie ihre Ideen mit zur Mitarbeiterversammlung bringen. Sie haben es nicht getan. Sie hatten nichts. Eine schob Probleme bei der Kinderbetreuung vor, die andere gab an, dass sie es versucht hatte, aber sich nicht sicher war, was genau sie machen sollte.

Coach: Wie haben Sie reagiert?

Mike: Nun, wie hätte ich reagieren sollen? Die Schulleiterin war dabei und hat nichts gesagt. Mir stand es nicht wirklich zu.

Coach: Wie haben Sie sich dabei gefühlt?

Mike: Ich war wütend und fühlte mich fallengelassen.

Coach: Haben Sie das den Lehrerinnen gesagt?

Mike: Nein, ich kann das nicht. Es ist eine kleine Schule und alle verstehen sich gut; ich kann nicht ärgerlich werden.

▶▶

Coach: Bevor Sie an die Schule gekommen sind, haben Sie Ihr eigenes Unternehmen mit fünf Mitarbeitern geleitet. Was haben Sie damals getan, wenn derartige Dinge vorgekommen sind?

Mike: Ich habe die Mitarbeiter angeschrien. Und wenn es noch einmal vorgekommen ist, habe ich sie entlassen.

Coach: Bisher haben Sie also die Erfahrung gemacht, dass Sie wütend werden müssen, um Mitarbeiter zur Rechenschaft zu ziehen.

Mike: Ja, und es hat funktioniert. Anders kenne ich es nicht. Ich weiß, ich kann das hier nicht machen. Aber was soll ich sonst tun? Ich weiß, dass Rachel es nicht leicht hat. Sie ist eine alleinerziehende Mutter mit wenig Freizeit und vielen Problemen bei der Kinderbetreuung. Die andere Lehrerin, Kate, scheint ständig in Eile zu sein.

Coach: Sie haben vorhin erwähnt, dass Sie den Mitarbeitern die Verantwortung übertragen möchten, ohne wütend zu werden. Können Sie daraus ein Ziel formulieren und dabei eine positivere Ausdrucksweise verwenden? Sagen Sie mir, was Sie tun möchten und nicht, was Sie nicht tun möchten.

Mike: Ich möchte Mitarbeitern in einer ruhigen und ermutigenden Art und Weise Verantwortung übertragen.

Coach: Okay, zurück zur Aufgabe. Wie haben Sie sie den Lehrerinnen erklärt?

Mike: Nun, das könnte eines der Probleme sein. Wir sprachen nur kurz am Ende einer Mitarbeiterbesprechung darüber und ich hatte keine Zeit, die Aufgabe richtig zu erklären. Ich habe aber erwähnt, dass sie auf mich zukommen könnten, wenn es noch Fragen gäbe.

Coach: Gibt es etwas, wovon Sie denken, dass Sie es das nächste Mal tun sollten?

Mike: Nun, ich habe nicht wirklich erklärt, weshalb sie diese Aufgabe erledigen sollten. Ich hätte ihnen ein Beispiel nennen können.

Coach: Sonst noch etwas?

Mike: Nein, ich glaube nicht. [Pause …] Nun, ich denke, ich muss nicht wütend werden. Ich sagte, ich möchte ermutigend auftreten. Ich darf mich einfach nicht von ihren Ausreden einwickeln lassen und muss mich an die Aufgabe halten, die ich ihnen gegeben habe. Nun, die Sache ist, wenn sie mit ihren Ausreden beginnen, dann werde ich wütend, weil ich mir denke, wenn ich das bewältigen kann, dann können sie es sicherlich auch.

Coach: Sie möchten also ermutigend auftreten?

Mike: Ja, ich möchte eine Möglichkeit finden, die Mitarbeiter zu führen, ohne wütend zu werden und meine Nerven zu verlieren. Aber die Mitarbeiter sollen dennoch auf mich hören.

Coach: Können Sie das als Ziel formulieren?

Mike: „Ich möchte eine positive und ermutigende Führungskraft sein.“

Coach: Gut.

◀

Welchen Nutzen hatte das Coaching?

Der Coach hat die Pausen sehr gut genutzt. In der Pause war Mike in der Lage, die wirklichen Probleme zu erkennen. Er realisierte, dass er sich von den Ausreden der Lehrerinnen einwickeln und von der Aufgabe ablenken ließ. Außerdem kam auf, dass er der Meinung war, wütend werden zu müssen, um Mitarbeiter zur Rechenschaft zu ziehen.

Das Problem mit Mike war, dass er sich von den Ausreden der Lehrerinnen ablenken ließ. Das machte ihn wütend. Er musste sich auf die vorhandenen Aufgaben konzentrieren. Mitarbeiter werden immer versuchen abzulenken, wenn sie das, was von ihnen erwartet wird, nicht erledigt haben. Ebenso wie die Lehrerin, bei der Sie eine Unterrichtsbeobachtung angekündigt haben, die jedoch versucht, Ihnen sofort bei Betreten des Klassenzimmers mitzuteilen, dass sie die ganze Nacht vor Aufregung nicht schlafen konnte. Als Führungskraft dürfen Sie sich nicht ablenken lassen. Sie müssen sich stattdessen auf die Aufgabe konzentrieren. Das Problem ist, dass Sie früher oder später aufhören, die Mitarbeiter, die ständig Probleme haben und ihre Aufgaben nie rechtzeitig erfüllen, um etwas zu bitten, da es die Mühe nicht wert ist. Dadurch werden Mitarbeiter, die ihre Aufgaben unabhängig von Problemen mit der Kinderbetreuung oder anderen Schwierigkeiten erledigen, häufiger gebeten, weitere Aufgaben zu übernehmen.

Das andere Problem für Mike ist, dass die Lehrerinnen nicht wirklich wussten, was sie machen sollten. Er hatte sich nicht die Zeit genommen, die Aufgabe richtig zu erklären. Wenn die Mitarbeiter genau wissen, was von ihnen erwartet wird, sind die Chancen größer, dass sie die Aufgabe wirklich erledigen werden.

An Mitarbeiter delegieren

Wenn Sie Mitarbeiter bitten, etwas zu erledigen, ist es wichtig, folgende Punkte zu beachten:
- Erklären Sie die Aufgabe.
- Erklären Sie Sinn und Zweck der Aufgabe.
- Erklären Sie, welche Vorteile sich für die Mitarbeiter ergeben.
- Unterstützen und ermutigen Sie sie bei der Umsetzung.
- Teilen Sie Ihre Fachkenntnisse.
- Begrenzen Sie die Aufgabe.

Selbst wenn Ihre Mitarbeiter wissen, was sie zu tun haben, müssen sie dennoch motiviert werden.

Motivation von Mitarbeitern

Motivation von Mitarbeitern ist ein Problem, das jede Führungskraft früher oder später kennen lernt. Die Methode, die Mike in seinem eigenen Unternehmen verwendete, war die klassische Methode von Zuckerbrot und Peitsche: „Wenn Sie etwas nicht erledigen, werden Sie entlassen." Diese Methode konnte er jedoch nicht länger einsetzen. Nachdem er die Aufgabe erklärt und alle oben genannten Punkte berücksichtigt hat, sollte er versuchen, die Mitarbeiter zu motivieren und sie so auf seine Seite zu ziehen.

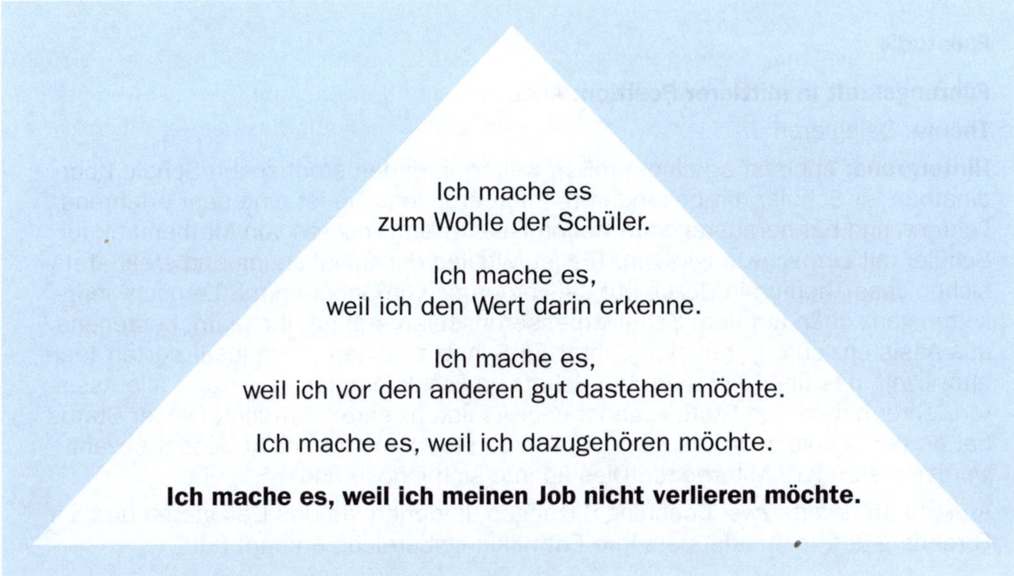

Abb. 7.1: *Das Motivationsdreieck*

Menschen arbeiten aus unterschiedlichen Gründen. Bräuchten wir nicht alle das Geld, würden sicherlich nur wenige Menschen arbeiten. Die meisten Lehrer arbeiten, um ihre Rechnungen zu bezahlen. Die meisten haben jedoch auch beruflichen Ehrgeiz, der sie jeden Tag dazu antreibt, aufzustehen und in die Schule zu gehen. Neben den finanziellen Anreizen gibt es noch weitere Gründe, weshalb manche Menschen an einer Schule arbeiten möchten; genau hier muss Mike ansetzen. Bei den Anreizen, die nötig sind, um genau das zu erledigen, worum Mike gebeten hat, gibt es eine Art Hierarchie, die Sie im Motivationsdreieck sehen können (siehe Abbildung 7.1).

Alle diese Gründe motivieren Mitarbeiter auf die eine oder andere Art. Je weiter nach oben Sie im Motivationsdreieck gehen, desto interessierter sind Mitarbeiter und desto weniger lassen sie sich von äußeren Faktoren beeinflussen. Wenn Sie also eine Aufgabe vergeben, ist es wichtig, die besten Gründe dafür zu finden.

Indem er Mitarbeitern und Schülern den Mehrwert einer Aufgabe erklärt und die Vorteile nennt, hat Mike die besten Chancen, dass die Mitarbeiter die Aufgabe erledigen werden. Mike muss deutlich machen, wie seine Aufgabe mit seiner Vision für die IT-Abteilung und dem Mehrwert für die gesamte Schule übereinstimmt.

Mike konnte die Mitarbeiter nicht länger entlassen, weshalb die Methode „Zuckerbrot und Peitsche" ihre Nützlichkeit verlor. Er musste sich also Motivatoren auf höherer Ebene suchen, z. B. das Selbstwertgefühl einer Person und deren innere Werte. Menschen gehen zwar vorrangig wegen des Geldes arbeiten, aber es gibt andere Antriebsfaktoren, z. B. die Zugehörigkeit zu einem Team oder die Tatsache, dass das eigene Handeln eine Bedeutung hat.

Fallstudie

Führungskraft in mittlerer Position: Anne

Thema: Delegieren

Hintergrund: Anne ist an einer großen weiterführenden städtischen Schule Koordinatorin für Schüler mit besonderen Anforderungen. Sie ist eine sehr erfahrene Lehrerin und hat herausragende Kenntnisse im Unterrichten von Mathematik für Schüler mit Lernschwierigkeiten. Sie ist Mitglied der Schulleitung und stellt stets sicher, dass Themen in Bezug auf die Förderung von Schülern mit Lernschwierigkeiten ganz oben auf dem Schulverbesserungsplan stehen. Ihr Team, bestehend aus Assistenzlehrern, hat sich Schritt für Schritt zu einem hochqualifizierten Team entwickelt, das über einen großen Schatz an Fachkenntnissen verfügt. Alle Assistenzlehrer haben den Status „gehobener Assistenzlehrer" erreicht. Dieser Status hat an der Schule zu Irritationen geführt, da sie momentan nicht besser bezahlt werden als andere Mitarbeiter. Dies könnte sich jedoch ändern.

Anne hatte bereits zwei Coaching-Sitzungen, in denen sie das Delegieren und die Förderung des Teamgeists als ihre Entwicklungsbereiche erkannt hat.

Coach: Okay, Anne, was erwarten Sie sich von dieser Sitzung?

Anne: Nun, ich würde gerne besprechen, wo ich im Moment stehe. Ich weiß, wir haben ein Ziel festgelegt und ich habe einige Dinge versucht, aber ich bin etwas verwirrt, wie ich weiter vorgehen soll und ob ich mein Ziel erreicht habe oder nicht. Mein Ziel war es, effektiv Aufgaben an meine Teammitglieder zu delegieren. Ich denke, zu einem gewissen Maß habe ich das geschafft.

Coach: Wie sieht effektives Delegieren für Sie aus?

Anne: Es geht mir darum, dass ich den Leuten nicht hinterherlaufen und im Anschluss alles selbst noch einmal machen muss, weil sie ihre Aufgabe nicht richtig erledigt haben.

Coach: Sie haben beschrieben, wie es nicht sein sollte. Also, wie sollte es denn idealerweise aussehen?

Anne: Nun, das ist schwer zu sagen … ich weiß nicht genau. Was denken Sie?

Coach: Wie denken Sie, werden die Dinge aussehen, wenn Sie Ihr Ziel erreicht haben?

Anne: Dann werde ich nicht mehr alles selbst machen müssen, weniger gestresst sein und den Leuten nicht mehr hinterherrennen.

Coach: Ist das bereits der Fall?

Anne: Nein, ich bin gestresst, schlafe kaum und erfülle die Anforderungen der Schulleitung nicht. Es scheint, als ob ich ein Team hätte, mit dem ich mir die Arbeit nicht teilen kann. Wie denken Sie, sollte ich vorgehen?

Coach: Anne, ich sehe, Sie sind völlig überarbeitet. Ich werde Ihnen einige Vorschläge zum Delegieren an die Hand geben. Ist das in Ordnung?

Anne: Ja, natürlich.

▶▶

Coach: Unter effektivem Delegieren versteht man die Zuweisung von Aufgaben an eine andere Person. Richtiges Delegieren kann den Teamgeist fördern, da es den Mitarbeitern zeigt, dass Sie ihnen vertrauen und ihnen Verantwortung übertragen.

Anne: Denken Sie, dass man durch das Delegieren die Fertigkeiten der Mitarbeiter weiterentwickeln kann?

Coach: Ja, absolut.

Anne: Ich verstehe. So habe ich das noch nie gesehen. Ich dachte immer, es ginge nur darum, Aufgaben loszuwerden, um mir das Leben leichter zu machen. Ich habe mich deshalb schuldig gefühlt.

Coach: Ja, Mitarbeiter können sich dadurch weiterentwickeln, fühlen sich wertgeschätzt und gehen davon aus, dass man ihnen vertraut. Sollen wir uns Möglichkeiten überlegen, wie Sie dies umsetzen können?

Anne: Ich bin mir immer noch nicht so sicher.

Coach: Was steht Ihnen im Weg?

Anne: Momentan bin ich die Teamleiterin. Ich werde besser bezahlt und man erwartet von mir, die Dinge in die Hand zu nehmen. Ich habe die Verantwortung und übernehme die meiste Arbeit. Was geschieht mit der Verantwortung, sobald ich delegiere? Stehen wir dann alle auf einer Stufe oder wie kann ich mir das vorstellen?

Coach: Möchten Sie damit sagen, weil Sie die Führungskraft sind, müssen Sie alles selbst erledigen oder Sie verlieren das Gesicht?

Anne: Hm, das ist wirklich interessant. Ich denke, ich möchte damit ausdrücken, dass ich Angst davor habe, keine gute Führungskraft mehr zu sein, wenn wir alle auf einer Ebene stehen und alle die gleichen Aufgaben übernehmen. Ich werde an Entscheidungskraft verlieren und die Mitarbeiter tragen mehr Verantwortung. Wer ist dann letztendlich verantwortlich? Sie oder ich?

Coach: Wenn Sie ein Team haben, das Verantwortung übernimmt, wer wird dann die Entscheidungen treffen, die strategische Richtung vorgeben, Aufgaben zuweisen, Ressourcen entwickeln und die Mitarbeiter motivieren?

Anne: Ich werde das tun; ich denke, genau darum geht es bei Führungsaufgaben. Dafür werde ich bezahlt. Es geht nicht darum, dass ich alles selbst erledige. Jetzt verstehe ich.

Coach: Durch Delegieren können Sie die Zufriedenheit der Mitarbeiter verbessern, ihre Fähigkeiten weiterentwickeln und das Gefühl geben, dass ihre Arbeit sinnvoll ist.

Anne: Jetzt verstehe ich, was Delegieren wirklich bedeutet. Wie werde ich vorgehen?

◀

Welchen Nutzen hatte das Coaching?

Anne war müde und in dieser Sitzung mit ihrem Latein am Ende. Der Coach hat dies erkannt und hielt es für hilfreich, ihr einen Ratschlag zu erteilen. Es gibt Momente beim Coaching, wo dies durchaus angebracht ist. Natürlich hat der Coach viel Erfahrung und es wäre lächerlich, dies zu ignorieren. Durch das Eingreifen des Coachs erlangte Anne einen besseren Einblick in ihre eigene Denkweise und verstand besser, was sie davon abhielt zu delegieren.

Das Delegieren von Aufgaben erfordert, dass die jeweilige Person gecoacht wird. Wenn Sie eine Aufgabe delegieren, müssen Sie der Person, die die Aufgabe übernimmt, Unterstützung anbieten. Wenn Sie das Delegieren als eine Maßnahme für die Weiterentwicklung von Mitarbeitern betrachten, dann haben Sie einen sehr guten Grundstein für den Erfolg gelegt. Die Mitarbeiter von Anne sind es nicht gewohnt, dass an sie delegiert wird. Deshalb muss sie für den Anfang eine einfache Aufgabe wählen. Sie muss die Aufgabe klar stellen und ein Zeitlimit setzen. Anne muss deutlich machen, ob der Mitarbeiter ihr zu einem bestimmten Zeitpunkt während des Projekts Zwischenbericht erstatten muss oder ob es ausreicht, wenn er ihr das Endergebnis präsentiert. Sie muss außerdem klarstellen, wie viel Eigenverantwortung und Freiheit der Mitarbeiter bei der Umsetzung der Aufgabe hat. Es gibt nichts Schlimmeres als eine Führungskraft, die eine Aufgabe delegiert und dann ständig nachfragt, wie die Dinge so laufen. Sie müssen es Ihren Mitarbeitern ermöglichen, ihr Bestes zu geben. Oftmals entspricht das Ergebnis nicht dem, was Sie erwartet haben, aber es ist wichtig für eine Führungskraft, loszulassen.

Jeder Mensch hat eigene Ideen und bringt die eigene Sicht der Dinge in die Aufgabe ein. Daran ist im Grunde genommen nichts auszusetzen, solange Anne im Voraus festgelegt hat, wie viel Spielraum besteht. Oftmals läuft das Delegieren schief, da zu Beginn nicht alle Aspekte klar dargelegt wurden. Versuchen Sie das nächste Mal, wenn Sie delegieren, die folgenden Punkte zu beachten:

- Habe ich klar beschrieben, was die Aufgabe umfasst?
- Habe ich den Zeitrahmen geklärt und ist er realistisch?
- Verfügt der Mitarbeiter über die nötigen Fähigkeiten, die Aufgabe auszuführen?
- Habe ich dargelegt, wie häufig und in welchem Umfang ich über den Fortschritt der Aufgabe informiert werden möchte?
- Habe ich ausreichend Unterstützung, Motivation und Feedback gegeben?
- Habe ich zuerst eine leichte Aufgabe delegiert und den Schwierigkeitsgrad langsam gesteigert?
- Wird die Aufgabe zu einer Verbesserung der Fähigkeiten des Mitarbeiters führen?

Versuchen Sie es damit

Sehen Sie sich Ihren Maßnahmenplan für Ihr Fach oder Ihre Abteilung an. Welche Aufgaben haben Sie delegiert? Wenn die Antwort „keine“ lautet, wie wollen Sie Ihre Fähigkeiten im Delegieren weiterentwickeln? Wenn Sie delegiert haben, haben Sie dann auch die Verantwortung an den entsprechenden Mitarbeiter übertragen? Prüfen Sie Ihre Delegationsweise anhand der oben aufgeführten Liste. Wie sollten Sie nun vorgehen?

Fallstudie

Führungskraft in mittlerer Position: Jim, Leiter der Wissenschaftsabteilung

Thema: Umgang mit Veränderungen

Hintergrund: Jim unterrichtet an einer beliebten weiterführenden Schule am Stadtrand. Seine Abteilung weist gute Ergebnisse vor und wird von den anderen Abteilungen der Schule geachtet. Die Labore sind jedoch veraltet und ein Umbau ist längst überfällig. Die Schule hat sich stets auf den Unterricht und das Lernverhalten konzentriert, wodurch diverse Veränderungen im Lehrplan von der Abteilung aufgefangen werden mussten. Jim führt seine Abteilung durch eine Zeit, die mit großem Wandel in vielen Bereichen verbunden ist. Auf rein organisatorischer Ebene findet der Umbau der Abteilung statt, was dazu führt, dass die Klassenzimmer ständig wechseln und Unterrichtsmaterialien an unterschiedlichen Orten aufbewahrt werden.

Auf Lehrplanebene führt Jim neue Arbeitsschemen und Lehrmethoden ein. Einige Mitglieder seiner Abteilung gehen voll und ganz in ihren neuen Aufgaben auf, andere wiederum leisten Widerstand.

Jim hatte bereits eine Coaching-Sitzung und dies ist die zweite Sitzung, genau einen Monat später.

Coach: Okay, Jim, auf welches Ziel haben wir uns letztes Mal geeinigt?

Jim: *Die Abteilung auf die Veränderungen vorbereiten, damit sie sie auch akzeptiert.*

Coach: Wie ist es gelaufen?

Jim: *Ziemlich gut. Jeder weiß Bescheid, was passieren wird. Die meisten freuen sich darauf, aber es gibt auch einige, die über die Veränderungen nicht erfreut sind; dabei handelt es sich um einflussreiche ältere Lehrkräfte, zu denen die jüngeren aufsehen.*

Coach: Okay, möchten Sie sich heute darauf konzentrieren?

Jim: *Ja.*

Coach: Was ist also das Ziel?

Jim: *Meine Führungskompetenzen nutzen, um den Widerstand in der Abteilung gegen die Veränderungen aufzulösen.*

Coach: Wie sollte das für Sie aussehen?

Jim: *Nun, das ist eine schwierige Zeit für uns alle, das will ich nicht leugnen. Aber ich möchte gerne, dass alle Mitarbeiter der Abteilung sich die Vorteile ansehen, die diese Veränderungen mit sich bringen und sich darüber freuen.*

Coach: Wie sieht Enthusiasmus für Sie aus?

Jim: *Nun, es fängt damit an, dass man sich nicht gegen jede kleine Änderung sträubt. Ständig stoße ich auf Widerstand gegen alles. Es gibt nichts, worüber diese zwei speziellen Lehrkräfte, die ich dabei im Sinn habe, sich* ▶▶

nicht beschweren oder es in Stücke reißen. Sie machen alles noch schwerer. Das zieht uns alle runter und ich kann dabei zusehen, wie auch die jüngeren Lehrkräfte von ihnen angesteckt werden. Die Dinge sind für uns alle schwierig. Was macht es für einen Sinn, alles noch schwerer zu machen?

Coach: Was haben Sie schon versucht, um das zu ändern?

Jim: Ich habe mit ihnen über die Vorteile gestritten, die diese Veränderungen mit sich bringen. Ich habe ihnen immer wieder von den Vorteilen erzählt. Jedes Mal, wenn sie anfangen sich zu beschweren, versuche ich das, was sie vorbringen, mit Gegenargumenten zu widerlegen und ihnen zu erklären, was das Tolle daran ist. Ich kann nicht dulden, dass sie alles kaputt machen, denn das würde sich noch schlechter auf die Stimmung auswirken.

Coach: Konnten Sie ihnen schon klar machen, dass diese Veränderungen auf jeden Fall passieren werden, komme was wolle?

Jim: Ja, das war mein Ziel vor dieser Sitzung und das war schwer genug. Jetzt scheint es unmöglich.

Coach: Okay. Als es darum ging, sie dazu zu bringen, sich mit den Änderungen zu arrangieren, wurde ihr Intellekt angesprochen. Jetzt treffen Sie auf Widerstand, das bedeutet, Sie müssen mit ihren Gefühlen umgehen.

Jim: Was meinen Sie damit?

Coach: Diese Lehrer wissen, dass die Veränderung unaufhaltsam ist; sie haben das akzeptiert. Aber jetzt sind sie gestresst und machen sich darüber Gedanken. Das passiert Menschen ständig. Bei Veränderungen durchlaufen sie stets diesen Zyklus. Wichtig ist, den Widerstand ernst zu nehmen.

Jim: Nein, das kann ich nicht. Das würde bedeuten, dass sie gewonnen haben. Ich muss ihrem Widerstand etwas entgegensetzen.

Coach: Was geschieht, wenn Sie so weitermachen?

Jim: Nun, irgendeinem von uns wird es zu dumm werden und er gibt auf; das werde garantiert nicht ich sein.

Coach: Wenn sie aufgeben, wird dann die Stimmung besser? Denken Sie, sie haben sie dann auf Ihre Seite gezogen?

Jim: Langfristig gesehen sicher nicht, sie werden weiter Unruhe stiften. Aber was ist die Alternative dazu, Widerstand mit Widerstand zu bekämpfen und zurückzuschlagen?

Coach: Was wäre die Alternative zu Widerstand?

Jim: Den Dingen ihren Lauf zu lassen?

Coach: Ja, und noch besser, zuzuhören. Geben Sie dem Problem eine Plattform, anstatt nur Widerstand dagegen zu leisten.

Jim: Das ist riskant. Was, wenn alle zustimmen und ebenfalls dagegen sind?

Coach: Was geschieht, wenn Sie auf Widerstand nicht mit Widerstand reagieren, sondern den Dingen ihren Lauf lassen?

Jim: Ich denke, derjenige, der Widerstand leistet, gibt letztendlich auf.

▶▶

Coach: Ja. Wenn Sie Ihren Gegnern eine Plattform geben, werden sie das Gefühl haben, dass man sie ernst nimmt und ihnen zuhört. Der Grund für den momentanen Widerstand liegt darin, dass sie gestresst sind und sich Sorgen machen. Sie nehmen ihre Gefühle nicht ernst und geben ihnen auch keine Plattform, um sie auszudrücken. Sie müssen wissen, dass Sie als Führungskraft ihre Gefühle verstehen. Je mehr Sie sich weigern, ihnen zuzuhören, desto größer wird der Widerstand werden. ◀

Welchen Nutzen hatte das Coaching?

Jim wurde vom Widerstand gegen die Veränderungen in seiner Abteilung zermürbt, indem er versuchte, dem Widerstand mit seinen eigenen Argumenten entgegenzutreten. Er versuchte den Widerstand zu blockieren. Der Coach ermöglichte es Jim, zu erkennen, dass sich der Widerstand wahrscheinlich in Luft auflösen würde, wenn er den Mitarbeitern die Möglichkeit gäbe, sich auszudrücken und Gehör zu verschaffen. Jim versuchte den Widerstand mit seinem eigenen Widerwillen, ihm Gehör zu schenken, zu bekämpfen. Er hätte den Widerstand jedoch einfach willkommen heißen sollen.

Widerstand –
Begrüßen Sie ihn
Sprechen Sie ihn an
Fahren Sie fort

Indem Sie Widerstand willkommen heißen, stellen Sie sicher, dass Sie die Ängste und Gefühle Ihrer „Gegner“ wahrnehmen. Indem Sie Widerstand ansprechen, bringen Sie ihn ans Tageslicht und geben Ihrem „Gegner“ Zeit und Raum. Indem Sie fortfahren, geben Sie Ihrem Gegner die Möglichkeit, sich weiterzuentwickeln, ohne dass ein schlechter Beigeschmack bleibt, und der Widerstand ist vergessen.

Beim Umgang mit Änderungen muss ein Teamleiter sich des Zyklus, den seine Mitarbeiter durchlaufen, bewusst sein.

Das nachfolgende Modell ist eine adaptierte Version aus dem Buch *Managing Organizational Change: Leading your team through transition* von Cynthia Scott und Dennis Jaffe (Los Altos, CA: Crisp Publications, 1989), in dem die Autoren die psychischen Auswirkungen von Veränderungen erforschen.

Einige Mitglieder in Jims Team befanden sich in der Phase des Widerstands; solange er ihnen keine Zeit gab und sich ihre Bedenken nicht anhörte, waren sie nicht in der Lage, in die Phasen Erkundung und Umsetzung überzugehen.

In diesem Zyklus besteht die Rolle der Führungskraft in mittlerer Position darin, jede Phase zu kennen und darüber hinwegzuhelfen.

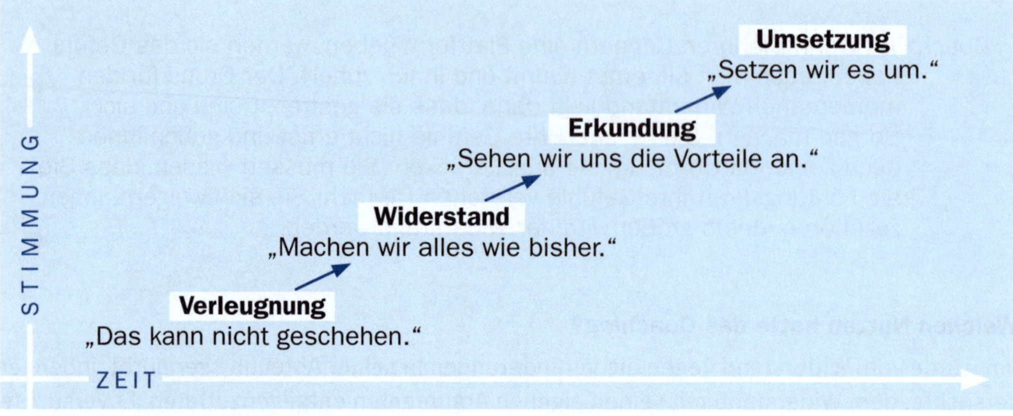

Die Führungskraft in mittlerer Position muss wie folgt vorgehen, während die Teammitglieder den Zyklus durchlaufen:

» **Verleugnung:** Setzen Sie sich durch und geben Sie dem Team zu verstehen, dass die Veränderung unaufhaltsam ist.
» **Widerstand:** Setzen Sie sich mit den Gefühlen der Mitarbeiter auseinander und hören Sie ihnen zu.
» **Erkundung:** Versuchen Sie die kreative Energie zu nutzen und diskutieren Sie die Ideen der Mitarbeiter.
» **Umsetzung:** Setzen Sie die Veränderungen nachhaltig um und sichern Sie den Mitabeitern die Ressourcen und die Unterstützung zu, die sie benötigen.

Guter Tipp

Der Coach muss die Führungskraft in mittlerer Position dazu bringen, die Veränderung anzunehmen, indem er sie einführt und sich damit durchsetzt.

Versuchen Sie es damit

Denken Sie an eine Veränderung, die vor kurzem an Ihrer Schule umgesetzt wurde. Können Sie anhand des Modells von Scott and Jaffe feststellen, welche Phasen die Mitarbeiter dabei durchlaufen haben? Was haben die Personen in bestimmten Phasen gesagt bzw. getan? Wie hat der Teamleiter reagiert? Wenn Sie den Teamleiter gecoacht hätten, was hätten Sie ihm gesagt?

Schlussfolgerung

Die Einführung von Veränderungen und der Umgang mit Mitarbeitern, die Widerstand leisten, sind Themen, denen eine Führungskraft in mittlerer Position täglich begegnet. Oft fehlt die Erfahrung im Umgang mit diesen Problemen. Coaching von Führungskräften in mittleren Positionen verbessert ihr Selbstvertrauen und gibt ihnen die Werkzeuge an die Hand, die sie benötigen, um ihre Führungsrolle auszufüllen.

Auf einen Blick

- Coaching kann die Weiterentwicklung der Führungskompetenzen von Führungskräften in mittleren Positionen beschleunigen.
- Durch das Coaching der Führungskräfte in mittlerer Position kann eine tiefgreifende und nachhaltige Veränderung innerhalb ihrer Teams hervorgerufen werden.
- Führungskräfte in mittlerer Position müssen im Hinblick auf Führungskompetenzen geschult und gecoacht werden.
- Die Weiterentwicklung von Führungskräften in mittlerer Position findet dann statt, wenn sie Ziele haben, die mit Führungskompetenzen in Zusammenhang stehen, und es sich nicht nur um eine reine Maßnahmenplanung in Bezug auf ihre Abteilung handelt.

Aus der Praxis

Denken Sie an Führungskräfte in mittlerer Position an Ihrer Schule und stellen Sie sich die folgenden Fragen:

Wie kann ich sie ermutigen, ihre eigenen Stärken und Schwächen zu erkunden?

Welche Möglichkeiten gibt es, sie über das nächste Jahr hinweg zu coachen?

Werden die Erwartungen an eine Führungskraft in mittlerer Position an unserer Schule deutlich dargelegt?

Wie kann man die Weiterentwicklung ihrer Führungskompetenzen messen und darauf aufbauen?

Kapitel

8

Coaching und strategische Entwicklung

In diesem Kapitel erfahren Sie etwas über

- die Auswirkungen eines Coaching-Ansatzes bei der strategischen Planung und wie dies zu nachhaltiger Veränderung führen kann
- die Einbeziehung der Schulgemeinschaft in den strategischen Entwicklungsprozess
- den Prozess der Zielsetzung in Bezug auf die strategische Planung

In diesem Kapitel wenden wir einen Coaching-Ansatz auf die strategische Planung an Schulen an. Wir werden uns ansehen, wie eine Schule Ziele setzen und erreichen kann. Es wird dargestellt, wie wichtig es ist, sich die Zeit zu nehmen, zu reflektieren und zu bewerten. Insbesondere zeigen wir in diesem Kapitel auf, wie wichtig Planung für die Entwicklung von Führungskompetenzen ist. Wir werden uns drei Fallstudien von Schulen ansehen, um festzustellen, wie sie den strategischen Entwicklungsprozess durch den Einsatz von Coaching-Techniken verbessern konnten.

Strategische Planung an Schulen

In Großbritannien versteht man unter der strategischen Planung an Schulen normalerweise das Erstellen eines Schulverbesserungsplans. Alle Schulen sind in die Entwicklungsplanung involviert, die normalerweise auf einen Zeitraum zwischen einem und fünf Jahren angelegt wird. Im Schulverbesserungsplan wird festgelegt, an welchen Projekten und Themen die Schule hauptsächlich arbeiten wird. Der Inhalt dieser Pläne wird duch eine Reihe von Faktoren bestimmt: die Bewertung durch das Kultusministerium, die Selbstbewertung der Schule, nationale Initiativen und lokale Themen oder SAT-Ergebnisse (Fähigkeitstests). Die Art und Weise, wie Schulen mit ihrer Entwicklungsstrategie umgehen, kann entscheidend für deren Erfolg und Nachhaltigkeit sein. Der Prozess, den die Schule durchläuft, um den Schulverbesserungsplan zu erstellen, ist mindestens genauso wichtig wie der Plan selbst.

Im Verlauf des Jahres werden Themen aufkommen, die nicht im Schulverbesserungsplan erfasst wurden und die bewerkstelligt werden müssen. Sowohl diese neuen Themen als auch die Themen des Schulverbesserungsplans können innerhalb eines Coaching-Rahmens bewältigt werden.

Zur Verbesserung des strategischen Entwicklungsprozesses kann eine Reihe von Coaching-Fragen verwendet werden, um die Aktionsbereiche zu definieren. Indem sie diesen Prozess durchlaufen, sind Schulen in der Lage, zu entscheiden, woran sie tatsächlich arbeiten müssen. Mit anderen Worten: Sie können die Entwicklungsbereiche und den Fokus festlegen.

In jeder Phase des Planungsprozesses helfen die folgenden Coaching-Fragen dabei, die strategische Planung auf eine höhere Ebene zu bringen und sie nachhaltiger zu gestalten. Die fünf Phasen des strategischen Planungsprozesses lauten:

Phase 1: Vision, Zweck und Werte
Phase 2: Zielsetzung
Phase 3: Maßnahmenplanung
Phase 4: Implementierung/Überwachung
Phase 5: Reflexion/Bewertung

Jede Schule muss auch Reflexion und Bewertung in den strategischen Planungsprozess einbauen. Wenn Sie lediglich Maßnahmen planen und ausführen, werden Sie niemals die Chance haben, das aufzubauen, wofür die Schule wirklich da ist. Die folgenden Fragen, die in den fünf Phasen des Schulverbesserungsplans zum Einsatz kommen, integrieren den Maßnahmenplan ins Zentrum des Schulgeschehens.

Phase 1: Vision, Zweck und Werte

- Was sind unsere Aufgaben?
- Welche Werte hat die Schule?
- Bei welchen Punkten lässt sich die Schule keinesfalls auf einen Kompromiss ein?
- Welche Art von Schule möchten wir für unsere Schüler?
- Was möchten die Schulmitarbeiter und Schüler erreichen?

Phase 2: Zielsetzung

- Wo soll diese Schule in fünf Jahren stehen?
- Wie wird das aussehen?
- Was werden die Schüler in fünf Jahren erleben?
- Wie wird sich das Erreichen der Ziele auf die Schüler auswirken?
- Woran werden wir wissen, dass wir die Ziele erreicht haben?
- Reflektieren die Ziele unsere Vision und unsere Werte?

Phase 3: Maßnahmenplanung

- Welche Maßnahmen müssen durchgeführt werden, um diese Ziele zu erreichen?
- Wer wird die Maßnahmen leiten?
- Wer wird die Maßnahmen durchführen?
- In welchem Zeitraum und wann genau werden sie durchgeführt?
- Welche Ressourcen werden benötigt?
- Welche Schulungen werden benötigt?
- Welche Art Coaching wird benötigt?

Phase 4: Implementierung/Überwachung

- Treffen diese Ziele noch zu?
- Welche Faktoren haben Einfluss darauf?
- Haben sich die Bedürfnisse der Schüler geändert?
- Können die Schüler von den Zielen immer noch profitieren?
- Möchten wir das für unsere Schüler immer noch erreichen?
- Wie werden wir nachweisen, dass wir unsere Ziele erreicht haben?

Phase 5: Reflexion/Bewertung

- Welche Auswirkungen hatte das Erreichen der Ziele auf die Schüler?
- Haben wir unsere Ressourcen kosteneffizient eingesetzt?
- Was waren die Ergebnisse unserer Maßnahmen?
- Wie haben wir den Erfolg gemessen?

Guter Tipp

Stellen Sie in jeder Phase Coaching-Fragen, um das Bewusstsein der Mitarbeiter zu verbessern und eine ständige Reflexion einzubauen, die ansonsten oft fehlt.

Eine Schule muss den gesamten Prozess nicht jedes Jahr durchlaufen. Phase 1 (Vision, Zweck und Werte) wird nur bei Bedarf wiederholt. Wenn die Schule jedoch einen neuen Schulleiter oder neue Mitarbeiter erhält, ist es sinnvoll, sich die Vision und die Werte erneut anzusehen. Die Vision und die Werte kümmern sich nicht um sich selbst. Es ist leicht, die Vision im Schulprospekt festzuhalten und sie dann zu vergessen. Jeder neue Mitarbeiter und jedes neue Mitglied des Schulbeirats sollte sich in der Einarbeitungsphase mit der Vision und den Werten der Schule vertraut machen. Viele Schulen beginnen ein neues Schuljahr damit, ihre Vision zu prüfen. Es ist gut, die Mitarbeiter daran zu erinnern, wozu sie eigentlich an der Schule sind, bevor durch die Planung und Erstellung des Schulverbesserungsplans keine Zeit mehr dafür bleibt.

Die Phasen 2 und 3 werden normalerweise neben diversen anderen Aktivitäten am Anfang eines Schuljahres durchlaufen. Es ist einfach, sich dann im Verlauf des Jahres mit der Implementierung zu beschäftigen. Indem die oben angegebenen Coaching-Fragen gestellt werden, kann die Schule die Gültigkeit der Maßnahmen prüfen.

Die zwei Phasen des strategischen Planungszyklus, die ich genauer betrachten möchte, sind Phase 2, Zielsetzung, und Phase 5, Reflexion/Bewertung.

Phase 2: Zielsetzung

Jeder Mitarbeiter und Schüler an einer Schule träumt davon, wie die Schule sein sollte. Schüler, Lehrer und Eltern – sie alle haben eine Vorstellung für und einen Anspruch an die Schule. Der Unterschied zwischen einem Ziel und einem Traum ist der, dass ein Ziel engagiert angegangen und durch tägliche Maßnahmen gestützt wird. Träume und Vorstellungen sind wunderbar, aber wenn keine Maßnahmen zur Umsetzung ergriffen werden, laufen sie ins Leere. Eine Schule braucht Träume und Ideen, aber dahinter müssen klare Ziele stehen, die von einem Plan gestützt werden, der die Ressourcen und die Energie der Schule in die richtigen Bahnen lenkt. Die folgende Fallstudie verdeutlicht diesen Punkt.

Indem Sie einen Coaching-Ansatz für die Zielsetzung verwenden, werden Sie in der Lage sein, die Träume einer Schule zu klären und als Ziel zu definieren.

Das Setzen von Zielen erfordert Zeit; jedes Ziel muss Schritt für Schritt erneut geprüft werden. Dieses System der Zielsetzung besteht aus vier Stufen, anhand derer Ziele definiert und geklärt werden.

Beim Zielsetzungsprozess geht man davon aus, dass die Schule bereits Vision und Werte festgelegt hat. Phase 1 des strategischen Planungsprozesses muss logischerweise bereits durchlaufen sein, bevor die Zielsetzung erfolgen kann. Ansonsten fehlt dem Ziel die Richtung und der Glaube daran.

Fallstudie

Die Schule ist eine kleine Grundschule im ländlichen Umland. Zwei Drittel der Schule befanden sich in Modulgebäuden, die ziemlich heruntergekommen waren. Die Schule träumte seit Jahren davon, die bestehenden Gebäude um ein Backsteingebäude mit Klassenzimmern zu erweitern. Jeder Besucher der Schule verwies auf das hervorragende Ethos, aber auch darauf, dass es eine Schande sei, wie die Gebäude aussähen. Der Schulbeirat und der Schulleiter lagen bereits seit Jahren mit der Schulbehörde im Clinch darüber, dass die Modulgebäude abbruchreif waren und den Gesundheits- und Sicherheitsanforderungen in keinem Fall entsprachen. Jedes Jahr versprach die Behörde, die Gebäude durch neue zu ersetzen, aber jedes Jahr kam irgendeine andere Katastrophe dazwischen und die Gelder wurden wieder abgezogen. Jedes Jahr schienen die neuen Klassenzimmer für die Schule in noch weitere Ferne zu rücken. Aber ein neues Mitglied des Schulbeirats war in der Lage, dies zu ändern. Beruflich engagierte er sich als professioneller Spendensammler für eine Wohltätigkeitsorganisation. Er begann, Fragen zu stellen, die die Verantwortlichen der Schule dazu veranlassten, die bisherigen Maßnahmen zu hinterfragen. Eine Frage lautete z. B.: „Was ist momentan das wichtigste Ziel der Schule?" Die Antwort darauf: „Die Verlegung der gesamten Schule in ein dauerhaftes neues Schulgebäude." Er fragte: „Wie sieht der Plan aus, um dies zu erreichen?" Als Antwort erhielt er: „Die Schulbehörde jedes Jahr darum zu bitten, weil sie dafür verantwortlich ist." Hierauf fragte er: „Was haben Sie noch versucht?" Die Mitglieder des Schulbeirats mussten gestehen, dass sie ansonsten nichts versucht hatten; sie gaben an, dass die Finanzierung des neuen Gebäudes Aufgabe der Schulbehörde sei und sie den Antrag auf Gelder eingereicht hätten.

Die Schule hatte sich in einen Kampf mit der Schulbehörde verstrickt und keine angemessene Strategie. Das neue Mitglied des Schulbeirats wollte dies ändern. Innerhalb von drei Jahren stellte er einen Plan auf und fügte mittelfristige Ziele zu den langfristigen Zielen hinzu. Anhand dieses Plans konnte der Schulbeirat die Finanzierung über diverse Quellen sichern und die Klassenzimmer wurden gebaut. Die Schulbehörde beteiligte sich zu einem Viertel an den Kosten. Das neue Mitglied des Schulbeirats hatte den Traum zu einem Ziel gemacht, indem er sich dafür einsetzte und die Initiative ergriff.

Gehen wir also davon aus, dass Vision und Werte Ihrer Schule festgelegt wurden und alles für die Zielsetzung bereit ist.

Schritt 1

Die gesamte Belegschaft der Schule, alle Repräsentanten und die gesamte Schulgemeinschaft müssen einbezogen werden. Eine Einteilung in Gruppen ist ideal. In jeder Gruppe sollte sich eine gute Mischung aller Beteiligten befinden. In Phase 1 können die Teilnehmer träumen. In dieser Phase ist es wichtig, der Kreativität freien Lauf zu lassen.

Die Aufgabe: Schreiben Sie auf ein Blatt Papier, wie die Schule in Zukunft sein soll. Denken Sie darüber nach, was Sie sich für die Mitarbeiter, Schüler, Eltern und die Gemeinschaft wünschen. Lassen Sie Ihrer Kreativität dabei freien Lauf.

In dieser Phase ist es wichtig, alle Ideen zu berücksichtigen und sicherzustellen, dass jeder gleichermaßen ernst genommen wird. Die unterschiedlichen Gruppen können ihre Ideen austauschen und sehen, was sie gemeinsam haben.

Schritt 2

Nachdem Sie die Ideen aller Gruppen gesammelt haben, müssen Sie sie in einer Liste zusammenfassen, in der alle Beteiligten aufgeführt sind.

Ziel dieser Phase ist es, alle Ziele mit den Werten der Schule abzugleichen.

Die Aufgabe: Stellen Sie bei jedem Aspekt auf Ihrer Liste die folgenden Fragen:
» Warum möchten wir das?
» Welchen Wert der Schule spiegelt dies wider?
» Inwiefern profitieren die Schüler davon?

Ziele, die den obigen Fragen nicht standhalten können, müssen verworfen werden. Es sollten nur die Ziele verbleiben, die für die Schule relevant sind und ihre Ziele und Werte widerspiegeln. Anhand dieses Prozesses sollte die Liste gekürzt werden.

Schritt 3

In dieser Phase ist es wichtig, sich die Aktivitäten anzusehen, die in einer Schule ablaufen. Einige der Träume und Vorstellungen der Schulgemeinschaft schaffen es möglicherweise nicht auf den Maßnahmenplan der Schule. Jedes Ziel der Schule kann einer der vier Überschriften in der folgenden Grafik zugeordnet werden. Ich habe die Entwicklung der Schule unter den Überschriften in der Abbildung definiert.

Diese Phase wird am besten durch die darauf folgende Fallstudie beschrieben.

Fallstudie

Kontext: Große städtische Grundschule

Die Schulleiterin arbeitete seit einem Jahr für die Schule; während dieses Jahres hatte sie sich an den Schulverbesserungsplan des vorherigen Schulleiters gehalten. Die Schule war ein Jahr lang nur von einem stellvertretenden Schulleiter geführt worden und hatte in dieser Zeit einige Schwierigkeiten zu meistern. 50 Prozent der Mitarbeiter hatten gewechselt und die neue Schulleiterin wollte nun dafür sorgen, dass die gesamte Schulgemeinschaft sich am strategischen Planungsprozess beteiligt. Die Schulgebäude waren in einem schlechten Zustand; die Leistungen der Jahrgangsstufe 1 und 2 lagen in der letzten Zeit stets hinter den Vorgaben des Schulamts zurück. Die nächsten Jahre würden die Schule vor eine Herausforderung stellen, da sie mit dem angrenzenden Kindergarten zusammengelegt und zu einer Art „Familienzentrum" umgestaltet werden sollte.

Die Schulleiterin bat einen externen Berater, der Schule durch die Phasen 1 und 2 des Zielsetzungsprozesses zu helfen. Eine kleinere Gruppe sollte sich um Phase 3 kümmern. Sie teilten die Ziele auf, wiesen sie den vier Überschriften zu und erstellten die folgende Liste.

Unterrichten und Lernen

» Der Unterricht muss zumindest gut oder besser sein.

» Alle Schüler müssen sich aktiv und unabhängig um ihre eigenen Lernerfolge und ihre Entwicklung kümmern.

» Alle Schüler sollen befriedigende oder bessere Fortschritte in allen Fächern machen.

» Die Leistungen der Schüler sollen den nationalen Durchschnitt vergleichbarer Schulen erreichen.

▶▶

Leitung und Management

- Erzielen einer Eins im Kategorisierungssystem der Schulbehörde
- Alle Fachgebietsleiter arbeiten effizient und proaktiv in ihrer Rolle.
- Aufbau einer starken Schulleitung und eines starken Schulbeirats zur Definition der strategischen Richtung der Schule
- Sicherstellen, dass die Finanzplanung der Schule die Ziele und Vorstellungen unterstützt

Gebäude

- Aufbau einer sicheren und ansprechenden Lernumgebung in der Schule
- Sicherstellen, dass alle Ressourcen von hoher Qualität, relevant und effektiv gelagert sind
- Entwicklung und Nutzung der Umgebung der Schule, um den Lehrplan zu bereichern

Gemeinschaft

- Einbinden der Schule in das Herz der Gemeinschaft, in der sie sich befindet
- Sicherstellen, dass die Agenda für den Kinderhort in der Schule berücksichtigt wird und die Bedürfnisse der Kinder in der Teilgemeinde widerspiegelt
- Sicherstellen, dass die Schüler Verantwortung übernehmen und vollwertige Mitglieder der Gemeinschaft werden ◄

Schritt 4

In dieser Phase geht es um die Priorisierung der Ziele. Es ist wichtig, zu entscheiden, wie viele Ziele bei einem strategischen Plan realisierbar sind. Manchmal ist es verlockend, sich zu viel zur gleichen Zeit vorzunehmen. Die Anzahl der Ziele hängt von der Größe der Schule oder Abteilung ab.

Die Aufgabe: Listen Sie die Ziele der Priorität nach auf. Entscheiden Sie, wie viele Ziele sinnvoll sind, und wählen Sie diese Anzahl aus Ihrer Prioritätenliste.

Die Ziele auf der Liste können lang- oder kurzfristig angesetzt werden. Die Ziele, deren Erreichen mehr als ein Jahr in Anspruch nimmt, erfordern einen Maßnahmenplan und müssen daher in den Schulverbesserungsplan aufgenommen werden.

Entscheiden Sie, welche Ziele kurz-, mittel- oder langfristig sind. Entsprechen Ihre Ziele dem SMART-Modell (spezifisch, messbar, erreichbar, realistisch, zeitgebunden)? Und zu guter Letzt, sind alle Ziele als positive Aussage formuliert?

Sie können nun mit der Maßnahmenplanungsphase des Schulverbesserungszyklus fortfahren.

Die andere Phase im strategischen Planungszyklus, die direkt von einer Coaching-Struktur profitiert, ist Phase 5.

Phase 5: Reflexion/Bewertung

Sie werden sehen, dass ich die Bewertungsphase mit der Reflexionsphase verbunden habe. Der Grund dafür ist die Tatsache, dass die Schule während der Durchführung der Maßnahmen auf dem Schulverbesserungsplan stets reflektieren und sich selbst Fragen stellen sollte. Das britische Kultusministerium setzt seit geraumer Zeit mehr auf die Selbstbewertung; deshalb befinden sich viele Schulen aktuell in einem Selbstbewertungszyklus und sind daran gewöhnt, die Ergebnisse daraus zu nutzen, um den Schulverbesserungsplan aufzustellen. Dabei wird ein analytischer Ansatz zur Maßnahmenplanung an der Schule verwendet.

Wenn Reflexion und Bewertung kombiniert werden, besteht keine Gefahr, dass eine Schule in der Ausführungsphase hängen bleibt, ohne immer wieder einen Schritt zurückzugehen und zu prüfen, ob die Maßnahmen nach wie vor angemessen sind und ob die Schüler davon profitieren. Man bleibt sehr leicht in der Planungs- und Ausführungsphase des Zyklus hängen, ohne wirklich über Erreichtes zu reflektieren.

Ein altes Sprichwort lautet: „Wenn du immer das Gleiche machst, wirst du immer das Gleiche bekommen". Schulen, die ständig nach neuen Unterrichtsmethoden suchen, ohne die alten zu bewerten, werden stets die gleichen Fehler wiederholen und die gleichen Ergebnisse erhalten. Es geschieht nur allzu leicht, dass sich eine Schule in die Vorbereitung und Planung verstrickt, ohne sich zuvor auf die gewünschten Ergebnisse zu konzentrieren. Der Einsatz eines Coaching-Ansatzes wird dies hervorheben.

Nehmen wir eine andere Grundschule als Beispiel. Die Schule befindet sich in einer Sozialbausiedlung in Harlow. Der Schulleiter bespricht den Schwerpunkt der diesjährigen Entwicklung mit seinem Coach.

Fallstudie

Coach: Also, Andrew, was sind die Hauptprobleme, denen die Schule im folgenden Schuljahr gegenübersteht?

Schulleiter: Nun, es sind wieder einmal die gleichen Probleme – die Leistungen der Jahrgangsstufe 2 in Mathematik und Englisch. Sie liegen deutlich unter dem Durchschnitt im Vergleich mit anderen Grundschulen.

Coach: Woher wissen Sie, dass das das Problem ist?

Schulleiter: Nun, das ist es, was uns die Ergebnisse der Fähigkeitstests zeigen und wir müssen etwas dagegen unternehmen. Mir sitzt bereits die Schulbehörde im Nacken.

▶▶

Coach: Was haben Sie bisher versucht?

Schulleiter: *Ach, so ziemlich alles. Zuerst haben wir die Schüler mit den schlechtesten Leistungen herausgefiltert. Anschließend konnten wir die Mittel für Assistenzlehrer auftreiben, um mit diesen Schülern in kleinen Lerngruppen zu arbeiten. Wir hatten Lerngruppen zur frühen Förderung der Lese- und Rechtschreibfähigkeit, eine Lerngruppe zur erweiterten Förderung im Bereich Lesen und Schreiben und sogar die Springboard-Methode (spezielle Lernmethode für Schüler mit sozialen Problemen und Lernschwierigkeiten) eingeführt. Wir haben sogar versucht, in kleinen Gruppen computergestützes Lernen voranzubringen. Wir haben wirklich alles versucht.*

Coach: Wie sah das Ergebnis aus?

Schulleiter: *Die Ergebnisse der Fähigkeitstests haben sich nicht verbessert. Sie sind gleich geblieben.*

Coach: Was sagt Ihnen das?

Schulleiter: *Dass wir noch nicht die richtigen Unterrichtsmethoden für die kleinen Lerngruppen gefunden haben. Wir müssen das richtige Programm für sie finden. Wir haben eine halbe Ewigkeit damit verbracht, herauszufinden, welche Schüler wir in die Lerngruppen stecken. Die Frage ist nun, welche Methode am besten bei ihnen funktioniert.*

Coach: Wie sollten Sie nun vorgehen?

Schulleiter: *Ich muss herausfinden, welche Methoden andere Grundschulen in ihren speziellen Lerngruppen anwenden und was generell von der Schulbehörde dafür empfohlen wird.*

Coach: Was erwarten Sie sich davon?

Schulleiter: *Ich erwarte, dass wir neue Strategien für unsere Lerngruppen finden werden. Wir wissen, welche Schüler spezielle Hilfe brauchen und wir werden sie weiterhin mit den Assistenzlehrern in Lerngruppen unterrichten, wir müssen nur die richtige Unterrichtsstrategie dafür finden.*

Coach: Sie planen also, weiter mit gesonderten Lerngruppen zu arbeiten?

Schulleiter: *Ja, auf jeden Fall.*

Coach: Welche Belege haben Sie dafür, dass Lerngruppen wirklich funktionieren?

Schulleiter: *Hm, gute Frage. [Stille …] Nun, das Lernen in kleinen Gruppen müsste eigentlich besser funktionieren, oder nicht?*

Coach: Woher wissen Sie das?

Schulleiter: *Vielleicht ist das ein Punkt, den wir uns genauer ansehen sollten. Nun, ich denke, dass Forschungsergebnisse beweisen, je höher die Lehrer-Schüler-Rate ist, desto besser … Ich dachte einfach immer, dass diese Schüler mehr Aufmerksamkeit benötigen. Wir wollen nur das Beste für sie. Vielleicht haben wir das nicht ausreichend recherchiert.*

Welchen Nutzen hatte das Coaching?

Der Coach stellte Andrew die 1-Million-Euro-Frage: „Welchen Beleg haben Sie dafür, dass kleine Lerngruppen funktionieren?“ Andrew hatte vor, mit der gleichen Strategie fortzufahren, ohne die Ergebnisse aus der Vergangenheit zu bewerten. Er plante, die Schüler herauszufiltern und die Lerngruppen für ein weiteres Jahr festzulegen, ohne zuvor zu bewerten, ob das System mit Lerngruppen an der Schule überhaupt eine effektive Strategie war.

Die Ressourcen an Schulen sind stets begrenzt. Andrew war jedoch bereit, einen Großteil seiner finanziellen Mittel in Lehrkräfte für die Lerngruppen zu investieren, ohne zu wissen, ob die Strategie mit kleinen Lerngruppen überhaupt erfolgversprechend war.

Andrew und sein Team hatten viel Zeit darin investiert, die richtigen Schüler für die Lerngruppen herauszufiltern und zu planen, wie diese funktionieren sollten. Es ist leicht zu erkennen, dass die Schule unbedingt Erfolge damit erzielen wollte, da man so viel Arbeit hineingesteckt hatte.

Andrews Schule hatte sich so sehr in die Planung und Ausführung verstrickt, dass sie dabei das Reflektieren und Bewerten ganz vergaß. Man hatte sich völlig in das Management der Gruppen vertieft. Als Konsequenz hatte sich niemand die Zeit genommen, sich den Erfolg dieser Gruppen in der Vergangenheit anzusehen.

Objektivität bei der Bewertung ist schwierig, wenn viel Zeit, Aufwand und Zuversicht in das Projekt investiert wurde. Es ist jedoch nötig, die Situation mit etwas Abstand zu betrachten und objektiv zu reflektieren und zu bewerten.

Folgende Fragen hätte sich Andrews Team stellen sollen:

- Welche Auswirkungen hatten die Lerngruppen auf den Lernerfolg der Schüler?
- Welche Auswirkungen hatten die Lerngruppen auf die restliche Klasse?
- Welche Auswirkungen hatten die Lerngruppen auf das Selbstwertgefühl und die Einstellung der Schüler zum Lernen?
- Wie kosteneffizient waren die Gruppen?
- Welcher Mehrwert konnte mit den Lerngruppen in Bezug auf den Lernerfolg der Schüler erzielt werden?
- Welche Ergebnisse wurden mit den Lerngruppen erzielt?

Mithilfe des Coachings konnte Andrew das wirkliche Problem herausfinden. Es ging nicht darum, die richtige Unterrichtsstrategie für die Lerngruppen zu finden, sondern herauszufinden, ob die Lerngruppen überhaupt effektiv waren. Durch das Coaching konnte Andrew die Lerngruppen objektiver betrachten und sich darauf konzentrieren, ob sie überhaupt eine Daseinsberechtigung hatten.

Das Reflektieren und Bewerten sind wichtige Phasen des strategischen Entwicklungsprozesses. Vielleicht sind es sogar die wichtigsten. Andrews Schule hatte nicht reflektiert. Die

Lerngruppen hatten bei den Schülern nicht die gewünschten Erfolge erzielt. Die Schule konzentrierte sich auf die Bereitstellung der Lerngruppen statt auf die nötigen Erfolge der Schüler. Schließlich ging es vor allem um die Leistungsverbesserung. Die gesamte Planung war darauf ausgerichtet herauszufinden, welche Unterrichtsmethode sich für die Lerngruppen eignen würde, und basierte auf der Annahme, dass die Lerngruppen eine Verbesserung der Leistungen garantieren würden.

Guter Tipp

Konzentrieren Sie sich bei der strategischen Entwicklung auf die Erfolge der Schüler und nicht auf die Bereitstellung von Maßnahmen.

An Andrews Schule war man davon ausgegangen, dass es Erfolg hätte, wenn Lehrer sich um kleine Schülergruppen kümmern würden und man die Schüler aus der Klasse herausnehmen würde. Es gab keinerlei Beleg dafür, dass diese Strategie Früchte tragen würde.

Coaching zu spezifischen Themen strategischer Entwicklung

Wir haben gesehen, wie ein Coaching-Ansatz den gesamten Schulverbesserungszyklus unterstützen kann. Sehen wir uns nun zwei Fallstudien an, in denen eine Schulleiterin einen Coaching-Ansatz für ihre Mitarbeiter verwendet hat, um einige Probleme bei der strategischen Entwicklung zu bewältigen.

Fallstudie

Eine Vorschule mit insgesamt 100 Plätzen in der Innenstadt steht vor Veränderungen, die auch den Status des Horts beeinflussen werden. Die Mitarbeiter sind im Hinblick auf die Veränderungen besorgt, da sie Entlassungen befürchten. Der Hort ist in der Gemeinde für seine hervorragenden Leistungen bekannt und erhielt sogar einen Preis für hervorragende Leistungen im schulischen Bereich. Eine neue Schulleiterin hat erst vor kurzem ihre Stelle angetreten. Die Mitarbeiter wissen noch nicht, was sie von ihr halten sollen; sie sind sehr stolz auf ihr Protokollsystem. Dieses System wurde auch bei der letzten Inspektion durch das Kultusministerium gelobt und als besondere Stärke der Schule hervorgehoben.
Die neue Schulleiterin war jedoch der Ansicht, dass das Protokollsystem nicht ihren eigentlichen Erwartungen entsprach. Ihrer Ansicht nach enthielten die Schülerberichte nicht die Informationen, die der Hort benötigte.

Die Berichte waren sehr zeitaufwendig; für ihre Vorbereitung wurden viele Arbeitsstunden benötigt. Trotz des Lobes, das sie für die Berichte erhalten hatten, gestanden die Mitarbeiter ein, dass sie viel zu viel Zeit dafür benötigten, vor allem

▶▶

angesichts der Veränderungen in der Belegschaft. Die Berichte trugen mit Sicherheit nicht dazu bei, die Verwaltungsaufgaben der Mitarbeiter zu reduzieren.

Die Basis für die Berichte wurde beim Besuch der Eltern vor Schulbeginn gelegt, bei dem eine Reihe von Fragen zu ihren Kindern zu beantworten waren. Die Schulleiterin war der Ansicht, dass dies nicht die richtige Atmosphäre für den Besuch schaffe, da es hierbei schließlich darum ginge, die Eltern und das Kind kennen zu lernen und eine positive Beziehung aufzubauen.

Das Problem mit den Berichten bestand hauptsächlich darin, dass vor allem Anekdoten zum Besten gegeben wurden und Eltern ihre Kinder im besten Licht darstellen wollten. Berichte wurden oftmals dadurch beeinflusst, dass Eltern ihre Kinder den Betreuern gegenüber unbedingt als sehr klug darstellen wollten. Wenn es später darum ging, den Fortschritt eines Kindes zu bewerten, zeigten die Aufzeichnungen eine Verlangsamung der Entwicklung, da der zuerst erstellte Bericht nicht richtig war.

Da die folgende Aktualisierung der Berichte für die Betreuer so zeitaufwendig war, hatten die Lehrkräfte sie nicht in einem Format erstellt, das für Lehrer in der Vorbereitungsstufe nützlich gewesen wäre. Der Bericht bezog sich in keiner Weise auf die Lernziele in der Früherziehung.

Die Schulleiterin begegnete dem Problem mit einem Coaching-Ansatz. Sie nutzte die Unzufriedenheit der Mitarbeiter über den Zeitaufwand, den die Berichte verursachten, und stellte ihnen die folgenden Fragen:

- Was erwarten wir von den Schülerberichten?
- Welchen Zweck erfüllen sie?
- Wen sprechen sie an?
- Was möchten wir damit erreichen?
- Reflektiert das aktuelle System die Ziele, Visionen und Werte der Schule?
- Inwiefern profitieren die Schüler von den Berichten?

Indem sich die Mitarbeiter durch diesen Prozess arbeiteten, war es möglich, gemeinsam festzustellen, dass das aktuelle Protokollsystem den Ansprüchen nicht gerecht wurde. Die Mitarbeiter wurden in den Prozess voll und ganz mit einbezogen und brannten darauf, auch weiter daran beteiligt zu sein. Sie waren ermutigt worden, das Problem selbst zu definieren und eine Lösung dafür zu finden. Hätte die Schulleiterin einfach eine Lösung festgelegt, wäre ihr wahrscheinlich Widerstand entgegengebracht worden. Stattdessen vertraute sie darauf, dass die Mitarbeiter selbst eine Lösung finden würden. Die Mitarbeiter wussten schließlich selbst am besten mit ihrer Situation umzugehen. Sie wussten am besten, welche Anforderungen sie an das Protokollsystem stellten. Sie wussten auch, was in ihrer Situation machbar war und was nicht.

Die Schulleiterin bat sie im Anschluss, Ziele festzulegen, die definieren sollten, wie ein effektives Protokollsystem für einen Hort aussehen sollte. Dies sollte der Ausgangspunkt für ein neues System werden. Im Anschluss folgte die Maßnahmenplanungsphase zur Lösung dieses Problems.

▶▶

Die Mitarbeiter setzten sich dafür ein, dass das neue System funktionieren würde, da ein Coaching-Ansatz verwendet worden war und die neue Schulleitung nicht einfach über ihren Kopf hinweg eine Lösung vorgegeben hatte. ◀

Welchen Nutzen hatte das Coaching?

Die Mitarbeiter hatten den Überblick über Sinn und Zweck der Berichte verloren. Sie hatten viel Zeit investiert, das Protokollsystem aufzubauen und den Prozess richtig zu definieren. Sie hatten sich jedoch nie gefragt, ob die daraus resultierenden Berichte angemessen oder nützlich waren. Die objektive Ansicht der neuen Schulleiterin war nötig, um die Realität zu erkennen. Indem die Schulleiterin sich erneut ansah, welche Ziele mit dem Protokollsystem erreicht werden sollten und welche Vorteile man sich für die Schüler wünschte, brachte sie ihre Mitarbeiter zurück auf den richtigen Weg.

Guter Tipp

Verwenden Sie einen Coaching-Ansatz bei Ihren Mitarbeitern, um die wahren Probleme zu erkennen.

Bei der folgenden Fallstudie sehen wir uns umfangreichere Probleme an. Hier verwendet die Schulleiterin einen Coaching-Ansatz, um strategische Entwicklungsprobleme zu beheben.

Fallstudie

Die Schulleiterin einer Grundschule mit 600 Schülern im Zentrum wollte ein bestimmtes Thema eingehender betrachten und beauftragte einen Coach mit einer limitierten Anzahl an Sitzungen; nachfolgend das Ergebnis der drei einstündigen Coaching-Sitzungen.

Die Schulleiterin war besorgt wegen der neuen Struktur in Bezug auf die Bezahlung und Rahmenbedingungen für neue Lehrkräfte. Die Struktur zielte darauf ab, hervorragende Lehrkräfte zu belohnen und die Managementpunkte durch Punkte für Führungskompetenzen zu ersetzen. Die Standards der Schule sollten angehoben werden; die Schulleiterin hoffte, dass die neue Führungsstruktur dies unterstützen und den neuen Vergütungs- und Jobrahmenbedingungen entsprechen würde.

Sie wollte die Führungsstruktur kreativ aufbauen und eine Struktur für die Schule festlegen, bei der alle Mitarbeiter, egal ob Teamleiter oder Teammitglied, einbezogen würden. Bisher waren die Teams je nach Abteilung zwischen Unter- und Oberstufe aufgeteilt worden und sie hatte das Gefühl, dass dies nicht funktionierte. Sie hatte innovative und kreative Mitarbeiter im Auge, die sie in die Führungsstruktur integrieren wollte. ▶▶

Die Schulleiterin hatte viele Ideen, aber ihr fehlte die Struktur, auf der sie hätte aufbauen können. Durch den Einsatz eines Coaching-Ansatzes konnte sie einen Ausgangspunkt finden. ◀

Nachfolgend sehen Sie fettgedruckt die Fragen, die ihr der Coach stellte.

Die Coaching-Sitzung

Wozu soll die Führungsstruktur an der Schule dienen?

» Anheben der Standards in den vier wichtigsten Fachbereichen der Schule
» Einbeziehen aller Mitarbeiter in die langfristige strategische Entwicklung der Schule
» Aufbau einer gemeinsamen Führungsstruktur
» Aufbau einer Führungsstruktur mit flachen Hierarchien
» Ermutigung der Mitarbeiter, gemeinsam an Führungsthemen zu arbeiten
» Reflektieren der neuen Vergütungs- und Jobrahmenbedingungen

Was ist das Ziel?

» Aufbau eines Führungsteams an der Schule, das die Bedürfnisse der Schule widerspiegelt und die Schule voranbringt

Welche Schlüsselbereiche stehen im Mittelpunkt der Entwicklung der Schule?

Die Schlüsselbereiche lauten:

» Technologie
» Kommunikation
» Integration

Können Sie rechtfertigen, weshalb diese Bereiche wichtig sind?

» *Technologie*

Wenn es darum geht, die Unterrichtsstandards anzuheben, führt kein Weg daran vorbei, da die Hardware, die wir besitzen, unsere Schüler enorm motivieren und unterstützen kann, aber wir müssen sie noch viel mehr in den Stundenplan integrieren. Wir haben massiv in die IT-Einrichtungen investiert und müssen das computergestützte Lernen nun in den Lernplan integrieren.

Computergestütztes Lernen wird in allen Fächern eingesetzt und wirkt sich auch auf die wichtigsten Fächer aus, in denen wir die Standards erhöhen müssen.

Die Überwachung und Bewertung des computergestützten Lernens ist besonders wichtig, da wir sehen müssen, was gut läuft und wo noch Entwicklungspotenzial besteht.

Wir müssen uns ansehen, inwiefern die Kinder bereits mit Computertechnologie in Berührung gekommen sind, wenn sie zu uns an die Schule kommen.

» *Kommunikation*

Wir sind davon überzeugt, dass Eltern als aktive und effektive Partner uns dabei helfen können, die Standards in Hinblick auf die Leistungen der Schüler zu erhöhen.

Die Lese- und Rechtschreibfähigkeit spielt eine besonders wichtige Rolle im Lehrplan; sie ist ausschlaggebend für die weitere Entwicklung und einer der wichtigsten Entwicklungsbereiche.

Die Gemeinschaft ist vor allem in Bezug auf ihre Integration in die Entwicklung der Schule wichtig. Wir müssen erfolgreich mit Eltern kommunizieren. Wir müssen unsere Fähigkeiten nutzen, um die Eltern beim Lernen zu unterstützen und ihr Selbstwertgefühl zu steigern.

» *Integration*

Viele unserer Programme zielen auf die Anhebung der Standards ab.

Wir haben talentierte Fördergruppen zur Hand.

Wir müssen Kinder fördern, die die Durchschnittsleistung knapp verfehlen.

Die Bewertung der Lernerfolge ist ein Aspekt, der in den Verantwortungsbereich von Führungskräften integriert werden muss.

Nachdem die Schulleiterin festgelegt hatte, weshalb diese drei Bereiche so wichtig für die Schule waren, entschied sie sich, drei Teams aufzustellen, die sich mit diesen Themen befassen würden. Jedes Team sollte einen Teamleiter haben, dem einige Coaching-Fragen gestellt werden sollten, um festzulegen, was von einem Teamleiter erwartet wurde. Auf diese Art und Weise konnte die folgende Definition für Teamleiter aufgestellt werden.

Persönliche Qualitäten von und Anforderungen an einen Teamleiter

Wie sieht es mit den Mitarbeitern aus? Wie können sie mehr sein als nur Fachbereichsleiter an der Schule?

» Sie blicken über ihre Aufgaben an der Schule hinaus.
» Sie kennen sich mit dem gesamten Lehrplan aus.
» Sie benötigen eine klare Vision.
» Sie müssen alle Ziele auf das Unterrichten und Lernen beziehen.
» Sie müssen hervorragenden Unterricht im jeweiligen Fach geben.
» Sie müssen wissen, wie eine Unterrichtsbeobachtung durchzuführen ist.

Welche persönlichen Qualitäten müssen sie mitbringen?

» eine gute soziale Kompetenz
» die Fähigkeit, zuzuhören
» unternehmerische Kenntnisse
» Kenntnisse im Finanzbereich
» hervorragende Fachkenntnisse

Welche Rolle spielen Sie als Schulleiter dabei?

» Sie müssen den Überblick über die Teams behalten.
» Sie müssen die Teams fordern und Fragen stellen.
» Sie müssen Risiken eingehen.
» Sie müssen den Teams Verantwortung übertragen.
» Sie müssen die Teams ermutigen, ihre Effizienz selbst zu bewerten.

Welchen Nutzen hatte das Coaching?

Die Schulleiterin war in der Lage, mit einer Strategie aufzuwarten, die die Belegschaftsstruktur voranbringen würde. Sie wusste, was sie wollte, aber mehr auch nicht. Mithilfe des Coaching-Prozesses konnte sie ihre Ziele klar definieren und festlegen, wie ihre Teamleiter aussehen sollten. Dadurch konnte sie die Stellenbeschreibung erstellen und die Bewerbungsgespräche für die Stelle durchführen.

Coaching für nachhaltige Veränderung

Sie werden in allen Fallstudien feststellen, dass niemandem vom Coach gesagt wurde, was er zu tun hätte. Die Leiterin des Horts hätte sehr wohl selbst die Antwort auf das Problem mit den Berichten finden können. Sie hätte ein Protokollsystem von ihrer vorherigen Stelle übernehmen können, ohne die Mitarbeiter in die Entscheidung miteinzubeziehen. Sie verwendete stattdessen Coaching, um nachhaltige Veränderung und Entwicklung an der Schule zu erzielen.

Beim Coaching an Schulen kann es sehr verlockend sein, dem Gegenüber einfach zu sagen, was es machen soll, da jeder mehr oder weniger die gleiche Arbeit verrichtet. Der Coach hat wahrscheinlich selbst Erfahrung auf diesem Gebiet und kann sich dazu hinreißen lassen, Lösungen anzubieten. Auch hierfür gibt es eine Berechtigung, jedoch nicht in Coaching-Sitzungen und nicht, wenn Coaching-Techniken angewendet werden.

> **Guter Tipp**
>
> Das Unterbreiten von Vorschlägen sowie der Ausdruck von Verständnis führt zu einem Abhängigkeitsverhältnis. Das kann nicht Ziel eines Coachings sein. Wenn Sie Coaching einsetzen, bauen Sie nachhaltige Teams auf, die in der Lage sind, mit Veränderungen umzugehen.

An einer Schule mit einer Coaching-Kultur dreht sich alles um das ständige Lernen und das gegenseitige Coaching. Eine Schule, an der den Mitarbeitern Coaching-Fertigkeiten vermittelt werden, stellt nicht nur die eigene Weiterentwicklung sicher, sondern entwickelt auch eine weitaus bessere Arbeitsumgebung. Stellen Sie sich eine Schule vor, an der alle darin geschult wurden, Empathie zu zeigen, zuzuhören, um zu lernen, nicht zu werten und Beziehungen aufzubauen. Coaching-Fertigkeiten sind letztendlich Kommunikationstechniken, die in vielen Bereichen des Lebens angewendet werden können. Indem eine S ching investiert, investiert sie in die Zukunft ihrer Mitarbeiter und in ihre eigen Schulen sind dynamische Organisationen, die stabil sein müssen, um zu wachsen und sich weiterzuentwickeln. Indem die Mitarbeiter in Coaching-Fertigkeiten geschult werden, wird sichergestellt, dass sie mit Veränderungen umgehen können und die nötigen Fertigkeiten dafür besitzen.

Mitarbeiter, die daran gewöhnt sind, gecoacht zu werden, und die sich gegenseitig coachen, werden kein Problem haben, mit den ständigen Veränderungen und Innovationen umzugehen, die von allen Seiten auf Schulen einstürmen.

Coaching und die Entwicklung von Führungskompetenzen

Jeder Verbesserungsplan einer Schule geht auch auf den Lehrplan ein. Dies ist normalerweise unter dem Thema Unterricht und Lernen der Fall. In wenigen Schulen spielen jedoch Führungskompetenzen und Management eine Rolle. Der wichtigste Bestandteil des Plans sollte jedoch stets die Führungskompetenz sein, da sie die wichtigste Funktion an einer Schule ist. Welchen Sinn sollten 24 verschiedene Maßnahmenpläne haben, wenn es an der Schule niemanden gibt, der die Fähigkeit besitzt, die Projekte in die Tat umzusetzen?

Führungskräfte können ein großer Pluspunkt einer Schule sein. Wir haben uns bereits Führungskräfte auf Fachbereichsebene und auf Abteilungsebene angesehen und festgestellt, welchen Unterschied ein fähiges Team ausmachen kann. Dies muss jedoch geplant werden. Lehrkräfte müssen lernen, wie sie führen können. Das ist keine angeborene Fähigkeit.

Es gibt viele Schulungen zum Thema Führungskompetenzen an Schulen; es können externe Berater beauftragt werden. Das National College bietet eine Schulung zu Führungsstrategien an, die alle Lehrkräfte anspricht. Schulen müssen sich die Führungskompetenzen der Schule ansehen und vorhersagen, wo ihre Bedürfnisse liegen und wen sie weiterbilden müssen.

Die Strategie der Schule, Führungskompetenzen ihrer Mitarbeiter zu fördern, sollte sich nicht darauf beschränken, die Mitarbeiter zu einer Fortbildung zu schicken. Es werden regelmäßige Coaching-Sitzungen benötigt, um auf dem Gelernten aufzubauen. Die erworbenen Führungskompetenzen können am besten vertieft werden, wenn dazu eine Reihe von Coaching-Sitzungen stattfindet. Eine große Schule kann sich eventuell dazu entschließen, mehrere Coachs für Führungskompetenzen zu bestimmen, die aufstrebene Führungskräfte innerhalb der Schule coachen können. Eine kleinere Schule könnte einen Coach für Führungskompetenzen über die Schulvereinigung festlegen.

Jeder Mitarbeiter sollte eine Übersicht dazu erhalten, wer sein Coach ist und wie die Weiterentwicklung seiner Führungskompetenzen ablaufen wird (siehe Tabelle).

Name:

Position an der Schule:

Führungsverantwortlichkeiten:

Coach für Führungskompetenzen:

Coaching-Sitzungen – eine pro Vierteljahr:

Schulungen zu Führungskompetenzen:

Zu entwickelnde Führungskompetenzen:

Name des Coachs:

Datum der Überprüfung:

Schlussfolgerung

Der Einsatz des LEAP-Modells sowie eines Coaching-Ansatzes in Bezug auf die strategische Entwicklung verändert den Ablauf des Prozesses und bezieht die Mitarbeiter ein. Es wird eine Basis geschaffen, auf der die Mitarbeiter in schulische Themen eingebunden werden können, und es entsteht die Gelegenheit, eine Coaching-Kultur an der Schule einzuführen.

Auf einen Blick

- Coaching kann in den strategischen Entwicklungsprozess an Schulen integriert werden.
- Ziele können umformuliert werden, um sicherzustellen, dass sie den Werten der Schule entsprechen.
- Coaching deckt auf, wo die wahren Probleme bei der strategischen Planung liegen.

Versuchen Sie es damit

Sehen Sie sich Ihren Schulverbesserungsplan an. Gehen Sie Ihre Ziele anhand des fünfstufigen Prozesses durch. Müssen sie neu definiert werden? Welche Schulungen sollten Sie in Bezug auf die strategische Planung durchlaufen?

Wie werden Sie den Aufbau von Führungskompetenzen an Ihrer Schule fördern?

Aus der Praxis

Denken Sie über den Schulverbesserungsplan nach und stellen Sie sich folgende Fragen:

» Welche kleinen Veränderungen könnten gemacht werden, um einen Coaching-Ansatz in den Zyklus zu integrieren?

» Inwiefern sind alle Mitarbeiter, einschließlich Verwaltungsmitarbeiter, einbezogen?

» Gibt es ein Element im Schulverbesserungsplan, das alle Mitarbeiter betrifft, und auf das wir das LEAP-Modell anwenden könnten, um den neuen Ansatz in Hinblick auf die strategische Entwicklung in die Wege zu leiten?

Kapitel
9

Coaching eines Teams

In diesem Kapitel erfahren Sie etwas über

- die Aspekte, die aus einem Team ein Lernteam machen
- Coaching in Zusammenhang mit der Teamentwicklung
- das Gleichgewicht zwischen den Anforderungen des Teams und den individuellen Ansprüchen der einzelnen Teammitglieder
- das Coaching eines Teams, das eine Aufgabe erfüllen soll, während es sich gleichzeitig auf die Verbesserung der eigenen Leistung konzentriert

In diesem Kapitel besprechen wir die Funktion eines Teams und wie ein Coaching-Ansatz die Arbeit eines Teams effektiver gestalten kann; wir werden die Schlüsselaspekte eines „Lernteams“ genauer betrachten. Wir analysieren die Fallstudien zweier Teams, um herauszufinden, was sie antreibt und was sie eventuell zurückhält. Zu guter Letzt werden Sie in diesem Kapitel erfahren, wie das LEAP-Modell zu einer positiven Entwicklung von Teams beitragen kann.

Was versteht man unter einem Team und was ist seine Aufgabe?

Ein Team ist eine Gruppe von Personen, die zusammenarbeiten. Ziel eines Teams ist es, durch die Zusammenarbeit ein Ergebnis zu erzielen, dass das Ergebnis der einzelnen Mitglieder übertrifft.

Teams werden aus unterschiedlichen Gründen zusammengestellt. An einer Schule kann z. B. eine Arbeitsgruppe gebildet werden, um aus einem bestimmten Grund eine bestimmte Aufgabe durchzuführen. Ein Beispiel hierfür ist das Team für Veränderungen an einer Schule. Diese Arbeitsgruppe bzw. dieses Team wurde zusammengestellt, um die Reformen in Bezug auf die Belegschaft an der Schule umzusetzen. Das Team wird aus Vertretern aller an den Reformen Beteiligten (Lehrer, Führungskräfte, Verwaltungsangestellte) bestehen. Sein Ziel ist es, die Reformen in der Praxis umzusetzen und sie im Anschluss im Auge zu behalten.

Ein weiteres Beispiel ist das Führungsteam einer großen weiterführenden Schule. Dazu gehören der Schulleiter sowie die gesamte Schulleitung mit Vertretern aus allen Bereichen der Schule. Das Team trifft sich einmal wöchentlich, hat diverse Funktionen und ist in diverse Aufgaben und Projekte involviert. Das Team ist gut eingearbeitet, aber seine Mitglieder wechseln ständig, da sich die Aufgabengebiete der Mitarbeiter häufig ändern. Von Zeit zu Zeit werden andere Mitarbeiter gebeten, das Team zu unterstützen, da es an einem Projekt arbeitet, das hohe Priorität für die Schule besitzt.

Andere Teams werden aus Mitarbeitern zusammengesetzt, die an der Schule die gleichen Arbeiten verrichten. So formen z. B. die Assistenzlehrer, die Kräfte der Pausenaufsicht und die Verwaltungsmitarbeiter jeweils ein Team. Einige Teams haben einen Teamleiter, andere nicht. Einige Teams führen strukturierte Treffen mit einer Agenda durch, andere wiederum treffen sich nur unregelmäßig bei Bedarf.

An einer großen Schule hat ein Team vor allem die Aufgabe, sicherzustellen, dass jeder Bereich der Schule weiß, was abläuft, und gleichermaßen an den Entscheidungen beteiligt ist. Es ist zu viel für eine Person, alle Entscheidungen in Hinblick auf die Schule zu treffen; ein solches System hätte nicht sehr viel mit einer demokratischen Organisation gemeinsam. Wenn man den Teams Verantwortung überträgt, ist dies eine Möglichkeit, um die Zusammenarbeit an der Schule zu fördern.

Das Teilen der Arbeitsbelastung ist ein weiterer guter Grund für das Aufbauen von Teams. Darüber hinaus spricht die Bündelung von Fachkenntnissen und Fähigkeiten von mehreren Personen eindeutig für die Arbeit im Team. Einige Teams haben erheblichen Einfluss auf das Treffen von Entscheidungen. Wie viel Einfluss ein Team wirklich hat, hängt davon ab, wie flach die Hierarchien der Führungsstruktur an der Schule sind. Was in einem Team geschieht, hängt davon ab, welche Funktion es erfüllt.

An einer Schule gibt es viele verschiedene Teams; ein Mitarbeiter kann in mehreren Teams vertreten sein. Eine Person kann im einen Team Teamleiter und im anderen Teammitglied sein. Das Hin- und Herspringen zwischen den Rollen kann schwierig sein und sowohl für das Team als auch für den Einzelnen eine große Herausforderung darstellen. Die Anzahl der Mitglieder pro Team kann ebenfalls unterschiedlich hoch sein. An einer kleinen Schule besteht die Schulleitung möglicherweise aus nur zwei Personen – dem Schulleiter und dem Stellvertreter.

An einer großen weiterführenden Schule könnte die Schulleitung aus bis zu sechs Personen bestehen. Das wahrscheinlich größte und vielfältigste Team an einer Schule ist wahrscheinlich der Schulbeirat, der aus bis zu 25 Mitgliedern bestehen kann.

Alle Teams bestehen aus unterschiedlichen Einzelpersonen. Ihre Gründe und Motive, Teil des Teams zu sein, sind höchstwahrscheinlich verschieden. Einige werden Teammitglied sein, weil sie müssen, es ist einfach nur Teil ihres Jobs. Andere wiederum sind dabei, weil es für sie einen Vorteil mit sich bringt. Sie gehen vielleicht davon aus, dass sie sich als Teammitglied beruflich weiterentwickeln können. Andere wiederum werden Teammitglieder, um ihre eigene Agenda voranzubringen. Andere Teammitglieder möchten, dass ihre Stimme oder die Stimme ihrer Organisation gehört wird. Seit die Initiative „Jedes Kind zählt" an britischen Schulen immer mehr Fuß fasst, werden Teams aufgebaut, in die externe Experten von Agenturen und Organisationen einbezogen werden. Ein Vertreter der Schule könnte z. B. gemeinsam mit Mitarbeitern lokaler Wohltätigkeitsorganisationen sowie Vertretern aus dem Gesundheitswesen und dem sozialen Bereich in einem Team sein. Ein derartiges Team könnte gebildet werden, um ein bestimmtes Projekt einzuführen, an dem jede Gruppe ein Interesse hat. Die Gründe für die Zugehörigkeit zum Team beeinflussen das Verhalten der einzelnen Personen. Das Teammitglied tritt in zwei Gestalten auf, einmal als Teammitglied und einmal als Einzelperson. Manchmal kann es zu Interessenkonflikten zwischen diesen beiden Personen kommen, die sich negativ auf die Leistung auswirken.

Es gibt also diverse Teams, sowohl an der Schule als auch in der Gemeinschaft, und sie alle unterscheiden sich voneinander. Was haben sie jedoch gemein?

» Sie alle arbeiten zum Wohle der Schüler zusammen.
» Sie treffen sich regelmäßig.
» Sie repräsentieren unterschiedliche Interessengruppen an der Schule.
» Sie haben einen gemeinsamen Zweck.
» Sie alle bestehen aus einer Mischung vieler verschiedener Personen.

Einige Teams arbeiten effektiv, andere nicht. Ein Team-Coach kann die Leistung eines Teams verbessern. Einige Teams entscheiden möglicherweise, dass sie eine außenstehende Person benötigen, die sie beobachtet und als Coach fungiert, damit sie effektiver arbeiten können. In anderen Teams übernimmt der Leiter die Aufgabe des Coachs und verbessert so die Leistung des Teams. Soll ein Team gecoacht werden, muss es sich zuerst auf ein Ziel einigen und definieren, wodurch sich ein effektives Team auszeichnet.

Versuchen Sie es damit

Nennen Sie mindestens drei Teams an Ihrer Schule. Denken Sie über ihre Zusammensetzung nach und listen Sie die Teammitglieder auf. Was sind die Motive der Teammitglieder? Weshalb sind sie im Team? Was erwarten sie sich von dem Team und wie wirkt sich dies auf ihr Verhalten aus? Denken Sie an die Teams, zu denen Sie gehören. Agieren Sie anders? Wie wirken sich die unterschiedlichen Rollen in den Teams auf Ihr Verhalten aus?

Die Merkmale eines effektiven Teams

Bevor wir besprechen, wie wir ein Team effektiver gestalten können, müssen wir festlegen, wie ein effektives Team überhaupt aussieht. Es ist wichtig, die Merkmale eines effektiven Teams festzulegen, damit seine Leistung gemessen werden kann. Denken Sie einen Moment über ein Team nach, in dem Sie sich befinden. Stellen Sie sich vor, es funktioniert hervorragend. Was würde mir auffallen, wenn ich an einer Besprechung dieses Teams teilnehmen würde? Was würde ich sehen, hören und erleben? Die folgende Fallstudie geht auf einige dieser Fragen ein.

Fallstudie

Kontext: Grundschule in der Innenstadt

Phase: Erste Phase

Größe: 250 eingeschriebene Schüler

Hintergrund: Karen ist die neue Schulleiterin einer Grundschule, die erst vor kurzem mit einem Kindergarten und einer Vorschule zusammengelegt wurde, die zuvor eigene Einrichtungen waren. Das Führungsteam besteht aus Vertretern aller dieser Einrichtungen. Jede Einrichtung war strikt gegen die Zusammenlegung. Die Schule war vom Schulamt bereits als eine Schule kategorisiert worden, die bei der Prüfung durch das Kultusministerium Probleme haben könnte. Als Karen ihre Arbeit in Angriff nahm, ging es ihr vor allem darum, die Unterrichts- und Lehrqualität zu steigern. Das restliche Team sah darin jedoch keine Dringlichkeit. ▸▸

Karen geht den LEAP-Zyklus mit ihrem Coach durch und befindet sich momentan in der Phase „Ziele analysieren“.

1. **L**ooking at goals (Ziele analysieren)
2. **E**xploring reality (die Realität betrachten)
3. **A**nalysing possibilities (Möglichkeiten analysieren)
4. **P**lanning action (Vorgehensweisen planen)

Karen spricht mit ihrem Coach darüber, wie sie ihr Führungsteam gerne in Zukunft sehen würde, um angemessene Ziele für das Team zu setzen.

Coach: Also, Karen, wenn ich in einem Jahr an einer Besprechung Ihres Führungsteams teilnehmen würde, was sollte ich dann hören, sehen und erleben?

Karen: Sie haben „fühlen“ ausgelassen, das ist aber das Wichtigste für mich.

Coach: Okay.

Karen: Ich möchte, dass Sie Begeisterung fühlen. Ja, genau so sollte es sein. Ich möchte, dass es spürbar wird. Ich möchte, dass Sie sehen, wie die Teammitglieder stolz darauf sind, Teil eines so tollen Teams zu sein. Ich möchte, dass Sie Lachen hören, dass Sie Menschen sehen, die einen Sinn in dem sehen, was sie machen, die hart und engagiert arbeiten. Ich möchte, dass Sie Menschen sehen, die für die Schule zusammenarbeiten und eine Verbesserung für die Schüler erreichen wollen.

Coach: Können Sie mir erklären, wie die Zusammenarbeit aussehen soll?

Karen: Ja. Es bedeutet, gemeinsame Ziele zu haben, selbst wenn dies bedeutet, dass man manchmal das loslassen muss, was einem persönlich am wichtigsten ist. Zusammenarbeit bedeutet, gemeinsam für das Allgemeinwohl zu arbeiten, für die Schüler der gesamten Schule und nicht nur für eine Abteilung. Es bedeutet, die Schule als großes Ganzes zu sehen.

Coach: Jeder arbeitet also auf gemeinsame Ziele hin.

Karen: Ja, und es ist mehr als nur das. Ich wünsche mir, dass alle ihr Ego und ihre Vorgeschichte außen vor lassen.

Coach: Was meinen Sie damit?

Karen: Ich möchte, dass sie sich gegenseitig vertrauen. Ich möchte, dass sie schon fast wissen, was der andere als Nächstes tun wird, da sie so vertraut miteinander sind und die Stärken der anderen kennen und wissen, wie diese am besten eingesetzt werden können. Ich möchte, dass sie offen sprechen und ihre Meinung äußern. Ich möchte ihnen das Gefühl geben, dass sie alle gleich wichtig sind und alle gleichermaßen geschätzt werden.

▶▶

Karen erklärt sehr bildhaft, wie sie sich ihr ideales Team wünscht. Als Zusammenfassung ihrer Ansicht, auf der wir aufbauen, nachfolgend eine Liste der Merkmale eines effektiven Teams:

- offene Kommunikation
- Vertrauen und Offenheit
- gemeinsame Ziele
- vereinbarte Grundregeln
- Erkennen und Nutzen der Stärken der anderen
- Erkennen und Kompensieren der Schwächen der anderen
- eine gemeinsame Aufgabe

Karen erwähnte auch, dass sie möchte, dass die Teammitglieder ihr Ego und ihre bisherigen Geschichten außen vor lassen. Mit anderen Worten, sie möchte, dass die Teammitglieder dazu bereit sind, ihre persönlichen Prioritäten für das Wohl des Teams zurückzustellen. Sie bittet die Teammitglieder, das gemeinsame Ziel des Teams und dessen Aufgaben über die eigenen zu stellen.

Karens Coach versuchte in der nächsten Sitzung, noch mehr über Karens Team zu erfahren. Mit anderen Worten, es ging um das Betrachten der Realität (LEAP-Modell).

1. **L**ooking at goals (Ziele analysieren)
2. **E**xploring reality (die Realität betrachten)
3. **A**nalysing possibilities (Möglichkeiten analysieren)
4. **P**lanning action (Vorgehensweisen planen)

Coach: Karen, Sie haben ein sehr lebhaftes Bild davon, wie Ihr Führungsteam in Zukunft aussehen soll, gezeichnet. Können Sie mir nun beschreiben, wie es momentan aussicht?

Karen: Nun, wie lange haben Sie Zeit? Es gibt Teammitglieder, die gegen die Zusammenlegung der Einrichtungen waren und sie verharren auf ihrem Standpunkt. Es scheint ganz so, als könnten sie einfach nicht akzeptieren, dass die Zusammenlegung trotz allem in die Realität umgesetzt wurde. Sie sind der Ansicht, dass es nicht funktionieren kann und sie tun alles dafür, um einen Erfolg zu verhindern.

Coach: Sie widersetzen sich.

Karen: Genau. Dann gibt es noch zwei Teammitglieder, die gegeneinander um meine Aufmerksamkeit buhlen. Sie waren beide auf den Stellvertreterposten aus und haben ihn nicht bekommen. Und dann gibt es da noch jemanden, der das Team als Übungsplatz ausnutzt, um zu zeigen, dass er bereit für eine Führungsposition ist. Am enttäuschendsten für mich ist, dass alles, was ich mache, durch alte Rivalitäten sabotiert wird, weil die Teammitglieder untereinander noch ein Hühnchen zu rupfen haben.

▶▶

Coach: Können Sie mir ein Beispiel dafür geben?

Karen: Ja. Den Schultag.

Coach: Fahren Sie fort.

Karen: Die Kindergartenkinder haben zu viele Pausen. Sie haben eine Pause am Morgen, um ihr Obst zu essen, anschließend gibt es eine Versammlung und danach haben sie Spielzeit. In dieser Stunde findet absolut kein Unterricht statt und die Kleinen lernen nichts. Das ist verrückt. Wenn das Kultusministerium nächste Woche eine Prüfung durchführen würde, was durchaus passieren kann, dann würden wir dafür ordentlich Schelte kassieren.

Coach: Was sollte sich daran ändern?

Karen: Nun, am leichtesten lässt sich die „Obstpause" streichen. Die Kinder können ihr Obst auf dem Spielplatz essen. Das wurde vorgeschlagen und die Kindergartenbetreuer finden die Idee nicht gut. Sie sagen, dass die Bedürfnisse der Kleinkinder in der Schule nicht berücksichtigt werden und dass sie genau das befürchtet hatten, als es um den Zusammenschluss der Einrichtungen ging.

Karen beschrieb viele Hindernisse, die der Leistung ihres Teams im Weg stehen. Der Coach fuhr fort, um Möglichkeiten zu suchen, diese Hindernisse zu beseitigen. Die Hindernisse, die das Team von der Zusammenarbeit abhielten, lauteten wie folgt:

- » Rivalität
- » mangelndes Vertrauen
- » keine gemeinsamen Ziele
- » Verfolgen der eigenen Ziele
- » Selbstdarstellung vor dem Team
- » Angst vor Fehlern
- » festgefahrene Meinungen

◀

Karens Team bietet uns ein Beispiel für zwei Extreme. Die wichtigste Frage ist, wie sie ihr Team vom aktuellen Stand aus weiterentwickeln wird, um das gewünschte Team zu erhalten. Die Antwort hierauf ist, das Team zu coachen.

Was versteht man unter Team-Coaching?

Team-Coaching unterscheidet sich vom Coaching einzelner Personen, aber die Prinzipien sind die gleichen; das LEAP-Modell kann auch hier angewendet werden. Es gibt vier verschiedene Ansätze.

1. Der Teamcoach

Ein Team kann einen Coach von außerhalb des Teams hinzuziehen, um mit ihm zu arbeiten. Dieser Coach beobachtet, stellt Fragen und agiert hauptsächlich als eine Art Moderator. Der

Coach arbeitet darauf hin, dass die Teammitglieder sich ihr Verhalten im und als Team ansehen und gibt ab und an Feedback zur Arbeitsweise einzelner Personen. Der Team-Coach bringt das Team im Hinblick auf seine Ziele voran.

2. Der Teamleiter als Coach

In diesem Szenario ist der Teamleiter auch gleichzeitig der Coach des Teams. Diese Rolle ist eine große Herausforderung für den Teamleiter, der ein gewisses Maß an Objektivität entwickeln muss, wenn er mit dem Team arbeitet. Er muss unabhängig arbeiten und sich etwas vom Team distanzieren. Er muss seinen Einfluss auf das Team zurücknehmen, um es coachen zu können. Der Teamleiter muss in diesem Fall das Geschehen langfristig im Blick haben. Er muss die Entwicklung des Teams über das Erreichen des gesetzten Zieles stellen.

3. Das Team übernimmt einen Coaching-Stil

Dieses Team arbeitet hocheffektiv. Es ist bereits an dem Punkt angelangt, an dem Themen offen besprochen werden und ein ehrlicher und uneingeschränkter Dialog stattfindet. Dieses Team stellt seine eigene Effektivität über den persönlichen Erfolg. Anfangs hatte dieses Team wahrscheinlich einen Team-Coach; mit der Zeit wurde es unabhängig.

4. Der Teamleiter wird gecoacht

Der Teamleiter stellt bei seinen Coaching-Sitzungen die Entwicklung des Teams in den Vordergrund. Wie wir bereits gesehen haben, hat Karen mit ihrem Coach darüber gesprochen, wie sie das Team effizienter machen könnte. Alle Ziele, an denen gemeinsam mit dem Coach gearbeitet wird, beziehen sich auf die Entwicklung des Teams. Der Coach arbeitet mit dem Teamleiter und fördert ihn dabei, Lösungen zu finden, damit das Team effizientere Arbeit leistet.

Jemand, der beauftragt wurde, ein Team zu coachen, arbeitet darauf hin, gegen Ende selbst keine Arbeit mehr zu haben. Er arbeitet darauf hin, das Team auf seine eigenen Beine zu stellen, damit es auch ohne seine Hilfe effektiv arbeiten kann. Der Coach kommt von außen; es kann hilfreich sein, dass er nicht über alle persönlichen Erfahrungen der Teammitglieder informiert ist. So bleibt er neutral.

Phasen des Team-Coachings

Die Phasen, die ein Team-Coach mit einem Team durchgeht, werden durch das LEAP-Modell bestimmt.

1. **L**ooking at goals (Ziele analysieren)
2. **E**xploring reality (die Realität betrachten)
3. **A**nalysing possibilities (Möglichkeiten analysieren)
4. **P**lanning action (Vorgehensweisen planen)

Phase 1 – Ziele analysieren

In dieser Phase unterstützt der Coach das Team dabei, seine Ziele zu definieren. Der Coach muss dem Team dabei helfen, herauszufinden, was es erreichen möchte und weshalb. Das Team muss sich Gedanken darüber machen, worauf es hinarbeitet. Die Fragen „Was würde geschehen, wenn wir nicht hier wären?“ und „Wie können wir entscheidend zur erfolgreichen Abwicklung der Abläufe an der Schule beitragen?“ müssen gestellt werden.

Der Coach bittet das Team, seine Fortschritte im Hinblick auf seine Ziele fortlaufend selbst zu bewerten. Das Team muss seine Ziele definieren, nicht im Hinblick auf die ausgeführten Aufgaben, sondern im Hinblick auf die Zusammenarbeit der Teammitglieder. Der Coach wird die Teammitglieder ermutigen, sich ihren Fortschritt in der Zusammenarbeit anzusehen. Er konzentriert sich nicht so sehr auf den Inhalt ihrer Arbeit.

Phase 2 – Die Realität betrachten

Der Team-Coach muss in dieser Phase auf die Beobachtungsgabe der Teammitglieder bauen. Er arbeitet als Mentor, beobachtet das Team und stellt folgende Fragen: „Was genau geschieht hier?“, „Wie integrativ arbeiten Sie?“, „Wie groß sind die Herausforderungen für jeden?“, „Wird jedem Teammitglied Gehör geschenkt?“

Nachdem er ausreichend Informationen gesammelt hat, spricht der Coach mit dem Team darüber und gibt objektives Feedback. Dieses Feedback kann auf den Kriterien beruhen, die das Team zuvor als Merkmale eines hocheffektiven Teams angegeben hat.

In dieser Phase hilft der Team-Coach dem Team dabei, die Hindernisse zu erkennen, die eine gute Leistung verhindern. Der Team-Coach muss unparteiisch bleiben, da das Feedback, das er dem Team erteilt, möglicherweise ziemlich hart ist. In dieser Phase müssen Konflikte angesprochen werden, damit sich das Team weiterentwickeln kann. Hindernisse können durch persönliche Faktoren oder mangelnde Fachkenntnisse der Teammitglieder entstehen. Aber egal, um welche Hindernisse es sich handelt, der Coach muss einen offenen Dialog fördern, damit diese Probleme offen besprochen werden können.

Phase 3 – Möglichkeiten analysieren

Der Team-Coach wird die Teammitglieder auffordern, sich alle Möglichkeiten anzusehen, die ihnen beim Erreichen ihres Ziels helfen könnten. In dieser Phase werden die Teammitglieder unterschiedliche Ergebnisse vorbringen, die aufgezeichnet werden müssen. Der Team-Coach muss für eine produktive und Früchte tragende Diskussion sorgen.

Die Rollen innerhalb des Teams können zu diesem Zeitpunkt besprochen werden. Der Team-Coach wird z. B. folgende Fragen stellen: „Wie werden Sie wissen, wann das eingetreten ist?“ und „Wie sieht offene Kommunikation aus?“

Phase 4 – Vorgehensweisen planen

An diesem Punkt entscheidet das Team über seinen Plan, ein Lernteam zu werden. Das Team wird aus den Optionen, die in Phase 3 erarbeitet wurden, die auswählen, an welchen es arbeiten wird. Aufgabe des Team-Coachs ist es, den Teammitgliedern einen Zeitrahmen vorzugeben und die Erfolgskriterien festzulegen, anhand derer die Maßnahmen bewertet werden. In dieser Phase wird unter praktischen Gesichtspunkten besprochen, wie das Team seine Fähigkeiten entwickeln kann, um ein hocheffektives Lernteam zu werden.

Übung

Stellen Sie sich vor, Sie sind Team-Coach, Teamleiter oder Teammitglied und werden ein Team coachen.

» Welche Übereinstimmungen bestehen zwischen Team-Coaching und dem Coaching von Einzelpersonen?
» Welche Unterschiede gibt es?
» Welche besonderen Fertigkeiten müssen Sie beherrschen, um ein Team-Coach zu sein?

Wie funktionieren Teams?

Wenn Sie ein Team coachen, müssen Sie zuerst wissen, wie ein Team funktioniert. Teams werden zusammengestellt und durchlaufen im Anschluss vier Phasen der Teamentwicklung. Das bekannteste Modell, das diesen Prozess beschreibt, wurde ursprünglich von Bruce Tuckman erstellt (siehe Abbildung 9.1).

Dieses Vier-Phasen-Modell wird als Kreisdiagramm dargestellt, weil das Team jederzeit zu einer vorherigen Phase zurückgehen kann. Das kann z. B. geschehen, wenn ein neues Teammitglied zum Team stößt und sich die Dynamik dadurch verändert und/oder wenn das Team eine besonders schwierige Aufgabe angeht. Es ist Aufgabe des Coachs, dass das Team sich über die einzelnen Phasen hinweg weiter- und nicht zurückentwickelt. Er muss darauf achten, dass es nicht wieder weniger effektiv arbeitet.

Sehen wir uns nun die Phasen des Modells an und wie der Coach sein Team durch alle diese Phasen unterstützend begleiten kann. Egal, ob der Teamleiter als Coach fungiert oder ein externer Coach beauftragt wird, es ist wichtig, stets die folgenden Phasen im Hinterkopf zu behalten.

Es gibt bestimmte Verhaltensweisen, die Ihnen in jeder Phase unterkommen werden. Jede Phase stellt andere Anforderungen an den Coach oder den Teamleiter als Coach; deshalb müssen wir jede Phase detailliert besprechen.

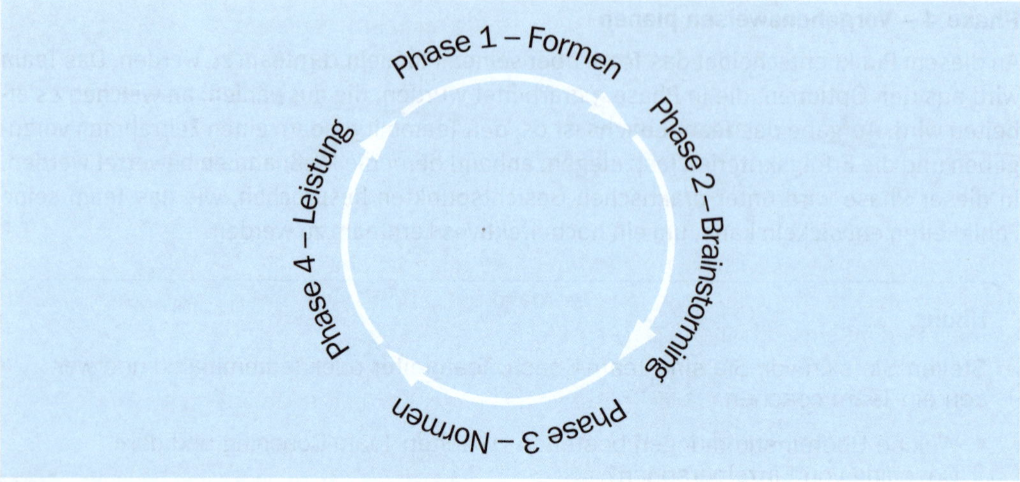

***Abb. 9.1:** Entwicklungssequenz in kleinen Gruppen*
Quelle: nach Bruce W. Tuckman

Phase 1 – Formen

Das Team befindet sich in einer frühen Phase und möchte gefallen. Es möchte seinem Coach/ Teamleiter zeigen, wie gut die Mitglieder zusammenarbeiten können. Niemand möchte mit einem Streit Unruhe stiften. Auf jedem Teammitglied liegt der Druck, sich anzupassen und schnell eine enge Zusammenarbeit aufzunehmen. Jeder im Team möchte dazugehören und wissen, wo sein Platz im Team ist. Alle Teams beginnen auf diese Art und Weise. Selbst wenn sich Teammitglieder bereits kennen, werden sie auf diese Weise reagieren.

Die Teammitglieder möchten ihre Rolle finden und sich so verhalten, wie sie denken, dass ein akzeptables Verhalten im Team aussieht. Ihr Verhalten spiegelt jedoch falsche Tatsachen wider und versteckt, was wirklich vor sich geht. In dieser Phase gibt es viele Dinge, die nicht angesprochen werden. Es könnte z. B. eine Person geben, die das Team dominiert; obwohl nichts gesagt wird, fühlen sich die anderen nicht gerade glücklich damit. Das Gefühl des Unwohlseins macht sich breit, wird aber nicht angesprochen, bis die Sitzung vorüber ist.

Der Coach sieht Folgendes:
» Enthusiasmus
» Personen, die nach außen hin zuhören, nicken und lächeln
» Personen, die sich nach vorne lehnen, d. h. offene Körpersprache zeigen
» Personen, die danach streben voranzukommen und die Aufgabe abzuschließen
» Personen, die alles richtig machen möchten
» Personen, die erwarten, dass ihre Ideen akzeptiert werden

Der Coach hört Folgendes:
» Zustimmung: „Das ist eine gute Idee."
» Akzeptanz: „Nein, das ist in Ordnung. Ich möchte uns nicht aufhalten, fahren Sie fort."

- Höfliches Verhalten: „Entschuldigung, ich wollte nicht unterbrechen."
- Frieden und Stabilität: „Wir kommen hier alle gut miteinander aus."

Optimale Vorgehensweise des Coachs:
- Abhängigkeit vom Coach oder Teamleiter ablehnen – das Team wird zum Coach/Teamleiter aufsehen und sich von ihm Klärung und Führung erwarten
- vermeiden, dass das Team versucht, dem Coach/Teamleiter zu gefallen
- Abstand zwischen Coach/Teamleiter und dem Team schaffen
- Fragen stellen, die jedes Teammitglied dazu auffordern, sich über seine eigene Rolle im Team Gedanken zu machen
- das Team bitten, seine Leistung auf einer Skala von 1 bis 10 zu bewerten; bei Bewertungen unter 10 erfolgt die Frage „Was müsste geschehen, um eine 10 daraus zu machen?"

Phase 2 – Brainstorming

In dieser Phase zeigt sich die wahre Persönlichkeit eines jeden Teammitglieds. Die Teammitglieder gehen entspannter miteinander um und schieben kein betont höfliches Verhalten vor. In der vorherigen Phase wollten sie zusammenarbeiten, um die Aufgabe abzuschließen. Jedes Teammitglied wird nun versuchen, die anderen auf seine Seite zu ziehen und sie von der eigenen Sichtweise zu überzeugen. An diesem Punkt kommt es zu Konflikten. Die Teammitglieder haben wahrscheinlich das Gefühl, keinen Fortschritt zu erzielen. Die Aufgabe muss erstmal zur Seite gelegt werden, während sich das Team darauf konzentriert, wie es zusammenarbeitet. Es kann sein, dass Frustration zum Ausdruck gebracht wird, da die Teammitglieder enttäuscht sind, nachdem sie in Phase 1 doch einen offensichtlich guten Start hingelegt haben. Sie haben möglicherweise das Gefühl, einen Rückschritt zu machen. An diesem Punkt stellen sie möglicherweise die Kompetenz des Teamleiters/Coachs in Frage. Sie suchen nach Anleitung.

Der Coach sieht Folgendes:
- Einzelpersonen, die sich durchsetzen möchten
- Konflikt
- Personen, die defensiv reagieren
- reaktive Körpersprache
- Frustration
- Verwirrtheit

Der Coach hört Folgendes:
- Unstimmigkeit: „Das stimmt nicht."
- Personen, die ihre eigene Meinung und Ansicht darlegen: „Ich stimme dem nicht zu."
- Weigerung, die Realität zu sehen: „Wir versuchen nur, uns besser kennen zu lernen."
- Ungeduld: „Es scheint, als würden wir überhaupt keinen Fortschritt machen."

Optimale Vorgehensweise des Coachs:
- dem Team den Weg weisen, ohne defensiv zu reagieren

- dem Team faktenbasiertes Feedback geben
- das Team ermutigen, Konflikte beim Namen zu nennen
- vorsichtig mit Konflikten umgehen
- verhindern, dass das Team in die erste Phase zurückfällt und versucht, den Konflikt zu vermeiden, ohne ihn zu lösen

Phase 3 – Normen

Diese Phase ist schwierig für das Team. Die gemütliche Zeit von Phase 1 ist vorbei und es muss nun die Phase durchlaufen, in der die unterschiedlichen Meinungen der Teammitglieder zur Sprache kommen. Einige dieser Streitigkeiten müssen zum Wohle des Teams beigelegt werden. Die Teammitglieder müssen entscheiden, inwiefern sie für ihre Meinung einstehen und wie viel davon sie loslassen können, damit das Team Fortschritte erzielen kann. Am Anfang dieser Phase sind die Konflikte noch nicht gelöst. Sobald die Teammitglieder jedoch beginnen, über die Ziele zu sprechen, werden sie einander vertrauen und es bildet sich ein Gleichgewicht.

Der Coach sieht Folgendes:
- Akzeptanz der unterschiedlichen Meinungen
- Erkennen der anderen Standpunkte
- Aufbau von Vertrauen
- wachsender Zusammenhalt unter den Teammitgliedern
- aufmerksames Zuhören

Der Coach hört Folgendes:
- Teammitglieder, die versuchen, einander zu verstehen: „Ich möchte wissen, wie Sie darauf kommen."
- Teammitglieder, die einander zuhören: „Können wir sicherstellen, dass jeder hier Gehör findet?"
- Teammitglieder, die die Stärken der anderen erkennen: „Alec hatte eine gute Idee dazu, hören wir sie uns noch einmal an."

Optimale Vorgehensweise des Coachs:
- Er nutzt seine Moderationsfertigkeiten, um die Teammitglieder zu motivieren, einander zuzuhören, um voneinander zu lernen.
- Er motiviert das Team, sich andere Standpunkte anzuhören.
- Er fordert das Team auf, sich auf gemeinsame Ziele zu konzentrieren.

Phase 4 – Leistung

In dieser Phase arbeitet das Team als Gruppe zusammen, um eine gemeinsame Aufgabe abzuschließen. Hierbei kann es sich um eine besondere Zeit für das Team handeln. Es ist ruhiger und frei von persönlichen Konflikten und Zielen. Die Teammitglieder können sich nun unbeschwert auf die Aufgaben konzentrieren. Sie genießen die Zusammenarbeit und vertrauen einander. Das Team kann schnell Entscheidungen treffen und konzentriert sich auf gemeinsame Ziele. Die Teammitglieder denken als Gruppe und verlassen sich auf die Gruppe, ohne Hilfe von außen zu suchen.

Der Coach sieht Folgendes:
- Kreativität und Vorstellungskraft
- Personen, die bereit sind, Risiken einzugehen
- Das Team wird von der Aufgabe angetrieben.
- eine Problemlösungsstrategie im Einsatz
- Freude an der Zusammenarbeit
- eine positive Arbeitsatmosphäre

Der Coach hört Folgendes:
- weniger Streit, mehr gegenseitige Akzeptanz
- Ideenaustausch
- eine entspannte Stimmung
- Akzeptanz des anderen

Optimale Vorgehensweise des Coachs:
- sich selbst überflüssig machen
- das Team dazu anregen, einen Problemlösungsansatz zu wählen
- Kreativität fördern
- die Denkweise des Teams fördern

Verwendung des Modells

Das Modell ist ein nützliches Hilfsmittel, anhand dessen der Coach die Entwicklung des Teams steuern kann. Er weiß, welche Fragen er dem Team in den unterschiedlichen Entwicklungsphasen stellen muss. Das Modell kann auf vielerlei Art und Weise eingesetzt werden. Der Coach kann es für hilfreich halten, es dem Team offenzulegen. Die Teammitglieder verstehen dadurch besser, dass alle Ereignisse einem ganz natürlichen Zyklus entsprechen, den sie durchlaufen müssen.

Mit der Zeit werden die Teammitglieder die einzelnen Phasen selbst erkennen. Dadurch reflektieren sie mehr und werden zu einem effektiven Lernteam.

Selbst wenn ein Team die Leistungsphase erreicht hat, heißt das noch lange nicht, dass es dabei bleiben wird. Es kann einen Wechsel bei den Teammitgliedern geben, der die Leistung des Teams beeinflusst. Ist dies der Fall, kann der Coach dem Team dabei helfen, die einzelnen Phasen schneller zu durchlaufen. Sobald ein Team die Phase erreicht hat, in der auch die Mitglieder einen Coaching-Ansatz verwenden, wird es in der Lage sein, diese Aufgabe selbst zu übernehmen.

Sobald Sie diese Fragen beantwortet haben, sollten Sie herausfinden, in welcher Entwicklungsphase sich Ihr Team befindet. Verwenden Sie das folgende Formular, um Ihre Ergebnisse aufzuschreiben.

Versuchen Sie es damit

Denken Sie an die Teams, in denen Sie bereits mitgearbeitet haben, und finden Sie heraus, in welcher der vier Phasen „Formen, Brainstorming, Normen und Leistung“ sie sich befunden haben. Versuchen Sie sich an eine Zeit zu erinnern, in der sich das Team in einer anderen Phase befand, und wie es damals aussah. Die folgenden Fragen können Ihnen bei der Bestimmung der Phase behilflich sein:

1. Sind Sie so motiviert, mit der Aufgabe fortzufahren, dass kaum Zeit für eine eingehende Planung bleibt?
2. Haben die Teammitglieder Angst davor, einander um Hilfe zu bitten?
3. Gibt es eine feste Rollenverteilung und ein festes Prozedere bei der Arbeit?
4. Haben Sie gemeinsame Ziele, die klar definiert sind und regelmäßig geprüft werden?
5. Übernimmt Ihr Team gemeinsam die Verantwortung für Erfolge und Fehlschläge?
6. Haben Sie als Team Spaß bei der Zusammenarbeit?
7. Haben Sie am Ende von Besprechungen das Gefühl, dass die Teammitglieder noch mehr Zeit miteinander verbringen möchten?
8. Vermeiden Sie Konflikte und möchten Sie, dass jede/r sich wohlfühlt?
9. Werden Sie als Teammitglied gefordert?
10. Schaffen Sie es, viele Aufgaben zu erledigen?

Phase 1 – Formen	Phase 2 – Brainstorming
Woher wissen Sie das?	Woher wissen Sie das?
Was sehen und hören Sie als Teammitglied?	Was sehen und hören Sie als Teammitglied?
Wie fühlen Sie sich als Teil dieses Teams?	Wie fühlen Sie sich als Teil dieses Teams?
Wie geht das Team an die Aufgabe heran?	Wie geht das Team an die Aufgabe heran?
Phase 3 – Normen	**Phase 4 – Leistung**
Woher wissen Sie das?	Woher wissen Sie das?
Was sehen und hören Sie als Teammitglied?	Was sehen und hören Sie als Teammitglied?
Wie fühlen Sie sich als Teil dieses Teams?	Wie fühlen Sie sich als Teil dieses Teams?
Wie geht das Team an die Aufgabe heran?	Wie geht das Team an die Aufgabe heran?

Ausgleich der Bedürfnisse eines Teams

Ein Team besteht aus einzelnen Personen. In einem hocheffektiven Team, einem „Lernteam", arbeiten die einzelnen Personen als Einheit zusammen. Die einzelnen Teammitglieder haben ihre Identität nicht vergessen, aber sie stellen ihre eigenen Bedürfnisse zum Wohle des Teams zurück. In jedem Team sollte es stets ein Gleichgewicht zwischen den Anforderungen der einzelnen Mitglieder und denen des Teams geben. Wir haben das am Beispiel von Karens Schule sehr gut gesehen. Die Teammitglieder hatten Probleme mit der Zusammenlegung der einzelnen Einrichtungen. In der Phase, in der sich das Team befand, war es nicht in der Lage, diese Vorurteile beiseite zu legen, um sich auf die Bedürfnisse des gesamten Teams zu konzentrieren.

Ein weiterer Balanceakt, der in einem Team völlig normal ist, ist der Ausgleich zwischen den Bedürfnissen des Teams und denen der einzelnen Personen in Bezug auf eine Aufgabe. Natürlich hat das Team Ziele, die es erreichen muss. Alle Teams stehen unter Zeitdruck, Entscheidungen zu treffen und Ergebnisse zu präsentieren. Die Teammitglieder müssen jedoch effektiv arbeiten; dafür ist es nötig, dass jedes Teammitglied zu Wort kommt.

John Adair hat ein nützliches Modell (siehe Abb. 9.2) erstellt, um die drei verschiedenen, sich überschneidenden Bereiche darzustellen, die die Anforderungen eines Teams widerspiegeln.

Dieses einfache Modell kann verwendet werden, um die Vorgänge in einem Team im Hinblick auf die Zusammenarbeit zu analysieren. Das Modell bietet uns ein Rahmenwerk, um uns die Verhaltensweisen und Motivationen in einem Team genauer anzusehen. Der Teamleiter oder Coach muss sich des empfindlichen Gleichgewichts zwischen den drei Kreisen bewusst sein. Jeder Kreis stellt den Anforderungsbereich eines Teammitglieds dar: Anforderungen in Bezug auf das Team, auf die Aufgabe und auf sich selbst. Manchmal kommt es zu Konflikten zwischen den drei Bereichen.

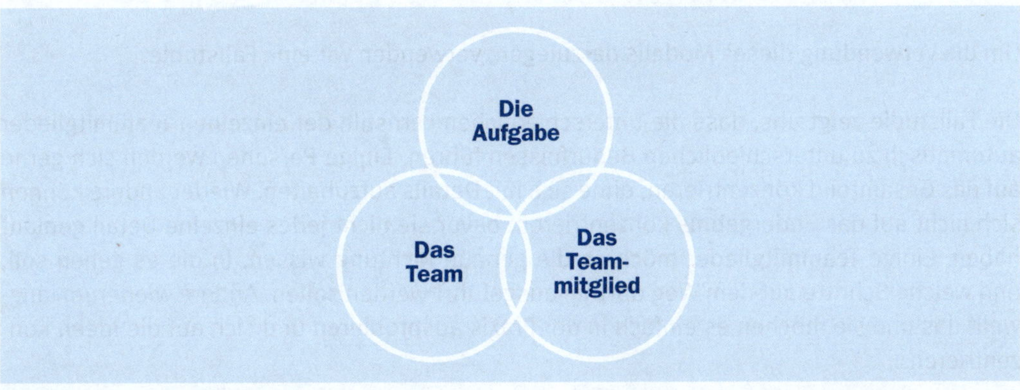

Abb. 9.2: *Arbeiten mit Teams*

Quelle: nach: The Concise Adair on Teambuilding and Motivation, Thorogood Publishing, London (John Adair 2004), S. 28

Die Balance zwischen den drei Bereichen kann variieren. Sie sind voneinander unabhängig; der Coach muss stets alle im Blick behalten. Die effektivste Arbeit im Team findet in dem Bereich statt, in dem sich alle drei Kreise überschneiden. Mit anderen Worten: In einem „Lernteam" werden alle drei Bereiche ausgeglichen sein, damit die Aufgabe erfolgreich umgesetzt werden kann. Das Team entwickelt sich weiter und das einzelne Teammitglied lernt durch die Zusammenarbeit im Team.

Die drei Kreise

Das Team – Das Team muss effektiv kommunizieren, klare Ziele festlegen, die einzelnen Rollen definieren und sich gegenseitig unterstützen.

Die Aufgabe – Die Aufgabe braucht Systeme und Organisation. Darüber hinaus ist ein fokussiertes Arbeiten und ein fester Zeitraum vonnöten.

Das Teammitglied – Die Bedürfnisse der einzelnen Teammitglieder können sich erheblich voneinander unterscheiden. Jeder hat einen unterschiedlichen Lernstil. Jeder verhält sich innerhalb des Teams unterschiedlich – je nach dem eigenen persönlichen Stil. Jeder hat eine andere Motivation dafür, Teil des Teams zu sein.

Dieses Modell ist ein nützliches Tool für den Team-Coach oder Teamleiter. Wenn Sie dem Team Feedback zu seiner Leistung geben, können Sie jedes einzelne Teammitglied darum bitten, seine Initialen in dem Bereich einzutragen, wo es sich sieht, und dies zu erklären. Das ist eine gute Möglichkeit, die Teammitglieder zu motivieren zu reflektieren, wie sie zusammenarbeiten und wie sich das Team als Ganzes entwickelt.

Es ist wichtig für die Teammitglieder zu sehen, wie sie sich von einem Bereich des Kreises zu einem anderen weiterentwickeln, da sich die Aufgabe und die Herangehensweise ebenfalls verändern. Das Modell ist außerdem eine einfache Möglichkeit für Teammitglieder, einander Feedback zum jeweiligen Verhalten zu geben – sowohl als Gruppe als auch individuell.

Um die Verwendung dieses Modells darzulegen, verwenden wir eine Fallstudie.

Die Fallstudie zeigt uns, dass die unterschiedlichen Lernstile der einzelnen Teammitglieder automatisch zu unterschiedlichen Bedürfnissen führen. Einige Personen werden sich gerne auf das Gesamtbild konzentrieren, ohne sich mit Details aufzuhalten. Wieder andere können sich nicht auf das Endergebnis konzentrieren, bevor sie nicht jedes einzelne Detail geplant haben. Einige Teammitglieder möchten die genaue Richtung wissen, in die es gehen soll, und welche Schritte auf dem Weg dorthin ausgeführt werden sollen. Andere wiederum langweilt das und sie möchen es einfach in der Praxis ausprobieren und sich auf die Ideen konzentrieren.

Fallstudie

Kontext: Weiterführende Schule

Größe: 1.200 eingeschriebene Schüler

Einzugsgebiet: Große Stadt in einem ländlichen Gebiet mit Leichtindustrie und Landwirtschaft. Die Schule wird auch von den Kindern aus vier weiter entfernt liegenden Dörfern besucht.

Hintergrund: Die Schule ist beliebt und erfolgreich. Vor kurzem gab es jedoch Feedback aus der Gemeinde und von den Schulbeiräten, dass die Arbeitgeber vor Ort mit den Leistungen der Absolventen der letzten Jahrgänge nicht zufrieden seien. Die Schule entschied sich, eine Befragung der Arbeitgeber vor Ort durchzuführen. Diese zeigte, dass, obwohl die Absolventen gute Ergebnisse beim Realschulabschluss und Abitur erzielten, ihnen oftmals die grundlegenden Fertigkeiten und Kompetenzen fehlten, die sie für die praktische Arbeit im Beruf benötigten.

Die Schule brannte vor allem darauf, den personalisierten Lehrplan umzusetzen, und wollte sich in diesem Rahmen mehr auf einen Lernplan konzentrieren, dessen Schwerpunkt auf den jeweiligen Kompetenzen der Schüler liegen würde. Sie entschied sich, für die Altersstufen 14–19 einen Lehrplan zu entwickeln, der auf die Lehrausbildung im Rahmen der Initiative der englischen Behörde zur Förderung beruflicher Qualifikation hinarbeiten sollte und so eine Alternative zur herkömmlichen schulischen Ausbildung bieten würde. Ziel war es, den Schülern die Möglichkeit zu bieten, den Weg zu wählen, der ihren Anforderungen am besten entspräche.

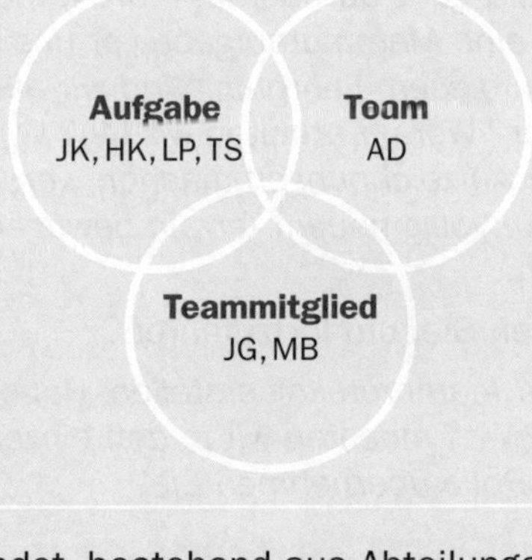

Es wurde ein Team gegründet, bestehend aus Abteilungsleitern, um einen Plan für die Einführung dieses Lehrplans zu erstellen, aber das Team machte keinerlei Fortschritte. Der Schulleiter entschied sich deshalb, einen externen Coach zu bitten, das Team zu coachen, damit die Mitglieder in Zukunft effektiver zusammenarbeiten würden.

Der Coach hatte das Team gebeten, zur Nachbesprechung der letzten Sitzung zu bewerten, wo sich das Team im Hinblick auf das Modell von Adair im Moment befand. Nachfolgend das Ergebnis.

▶▶

Coach: Vielen Dank, dass Sie das erledigt haben. Was hat es Ihnen gebracht?

JK: *Nun, ich konzentriere mich voll und ganz auf die Aufgabe und ich weiß, dass wir ziemlichen Druck haben. Ich möchte endlich etwas schwarz auf weiß vor mir liegen haben. Der Schulleiter erwartet Ergebnisse.*

AD: *Das sehe ich nicht so, Jim. Ich denke, wenn wir uns nur auf die Aufgabe konzentrieren, verpassen wir eine wunderbare Chance.*

Coach: Können Sie mir mehr dazu sagen?

AD: *Ich denke, es ist das erste Mal, dass wir als Team zusammensitzen. Damit der neue Lehrplan funktioniert, müssen wir eng zusammenarbeiten. Unser Team könnte die Grundlagen für eine aufregende neue Möglichkeit der Zusammenarbeit legen.*

Coach: Was halten die anderen von Annes Ansicht?

JG: *Nun, es ist schwer, als Team zu arbeiten, wenn man noch gar nicht genau weiß, was man überhaupt machen wird. Vielleicht stehe ich ja auf der Leitung, aber was ist überhaupt die Aufgabe? Wie können wir zusammenarbeiten, wenn wir uns nicht darüber im Klaren sind, was wir überhaupt machen sollen?*

JK: *Die Aufgabe ist es, den Lehrplan zu überarbeiten, damit er besser auf die Kompetenzen und die Schüler im Allgemeinen zugeschnitten ist.*

JG: *Das habe ich schon verstanden, Jim. Aber ich persönlich brauche etwas mehr Informationen, damit ich eine Arbeitsgrundlage habe. Ich brauche Details. Was ist zum Beispiel heute unsere Aufgabe?*

MB: *Ich bin mir auch nicht ganz darüber im Klaren, wie wir zusammenarbeiten werden. Wir haben eine Mammutaufgabe vor uns und es gibt mehr als nur einen Konflikt in diesem Lehrplan. Sind wir alle gleichberechtigt? Wer agiert als Teamleiter? Worauf arbeiten wir hin? Wir haben noch nicht einmal entschieden, ob wir Aufzeichnungen machen werden. Ich habe das Gefühl, dass wir uns alle auf völlig neuem Terrain bewegen und vorab ein paar Dinge klären sollten.*

Coach: Was genau brauchen Sie, um fortzufahren?

MB: *Ich würde gerne ein Teamprotokoll erstellen. Haben wir einen Teamleiter? Was sind die Ziele? Was möchten wir in den einzelnen Teambesprechungen erreichen? Welche Rolle übernehmen Sie?*

Coach: Meine Rolle?

MB: *Ja, weshalb sind Sie hier?*

TS: *Tut mir leid, aber ich denke, das ist alles Zeitverschwendung. Wir haben alle ausreichend Erfahrung und wissen, wie man eine Besprechung führt. Meiner Meinung nach sollten wir uns einfach auf das Endergebnis konzentrieren. Wir können die Aufgabe aufteilen und jeder macht seinen Teil. Wir haben wirklich keine Zeit, uns den Kopf darüber zu zerbrechen, warum wir überhaupt hier sind.*

▶▶

Aus dieser Diskussion können Sie ableiten, dass sich das Team in der *Brainstorming-Phase* befand. Es gab Teammitglieder, die zuerst den Sinn und Zweck der Besprechung definieren mussten, um sich auf die Aufgabe konzentrieren zu können. Andere Mitglieder waren wiederum sehr auf die Aufgabe an sich konzentriert und wollten Ergebnisse erzielen. Die einzige Person, die sich voll und ganz auf das Team konzentrierte, war AD, die die Chance erkannte, die das Arbeiten in der Gruppe mit sich bringen würde.

Ein weiterer Punkt war, dass der Coach nicht ausreichend erklärt hatte, weshalb er eigentlich vor Ort war. Bei einem externen Team-Coach muss diese Frage geklärt werden. In diesem Fall hatte der Schulleiter den Coach um seinen Einsatz gebeten, weil dieser bereits mit dem Führungsteam gute Ergebnisse erzielt hatte und der Schulleiter nun eine effektivere Zusammenarbeit an der gesamten Schule erreichen wollte. ◀

Der Trick besteht darin, in einem Team die Talente und Fähigkeiten aller Mitglieder zu nutzen, um optimal arbeiten zu können. Damit jedes Teammitglied im Überschneidungsbereich der Kreise – mit anderen Worten im effektivsten Arbeitsbereich – arbeiten kann, müssen die Teammitglieder lernen, die Meinung anderer zu tolerieren und zu schätzen. Ein Team, das die Leistungsphase erreicht hat, wird in der Lage sein, die Bedürfnisse und unterschiedlichen Lernstile der einzelnen Mitglieder zu vereinen und alle Talente zum Wohl des Teams zu nutzen.

Im vorliegenden Fall hat sich das Team dazu entschieden, die Rollen und Verantwortungsbereiche innerhalb des Teams genau zu definieren. Der Coach bat jedes Teammitglied anzugeben, was nötig wäre, damit das Team effektiver arbeiten könne. Folgende Ideen wurden vorgebracht:

1. Beginn jeder Besprechung mit einer kurzen Zusammenfassung der Beschlüsse aus dem letzten Treffen
2. Anmerkung am Anfang der Besprechung, was das Team bis zum Ende der Besprechung erreichen möchte
3. Definition der langfristigen gemeinsamen Ziele
4. Zuweisung von Aufgaben, an denen jedes Teammitglied bis zur nächsten Besprechung alleine arbeiten soll
5. ausreichend Zeit zur Reflexion
6. Brainstorming-Sitzungen bei neuen Herausforderungen

Das Team verwendete diese Liste bei jeder Besprechung, wodurch diese effektiver wurden. Bei jedem Treffen wurde ausreichend Zeit für eine Nachbesprechung zur Verfügung gestellt. Diese Nachbesprechung wurde vom Team-Coach geführt.

Sehen wir uns noch eine weitere Besprechung des Teams an, die zu einem späteren Zeitpunkt stattfand.

Fallstudie

JK: *Gut, Sie möchten also sagen, dass die Abteilung für moderne Fremdsprachen zuerst einige Fakten klären muss, bevor wir fortfahren können?*

MB: *Ja.*

JK: *Das wäre dann also entschieden. Sie werden das bis zur nächsten Besprechung übernehmen.*

JG: *Hierbei gibt es nur ein kleines Problem. Ich denke, dass niemand wirklich ausreichend über den Baccalaureat-Abschluss nachgedacht hat.*

HK: *Oh nein, wir machen Rückschritte. Ich dachte, wir hätten das schon vor Wochen ausgeschlossen.*

JK: *Einen Moment, Harold. Vergessen Sie nicht, dass Jane bisher immer gute Ideen hatte und wir davon profitiert haben. Nehmen wir uns einfach etwas Zeit und denken über ihren Vorschlag nach. Es könnte eine gute Idee sein. Was halten die anderen davon?*

LP: *Ich glaube nicht, dass es zu den Anforderungen der Schule passt. Die Arbeitgeber sind nicht bereit für eine derart umfassende Veränderung. Sie möchten bessere Grundkompetenzen und keine Flut neuer Abschlüsse mit Qualifikationen, von denen sie noch nie etwas gehört haben.*

JK: *Jane, was denken Sie? Sie waren sehr still bis jetzt.*

JG: *Ich kann nicht einfach so eine Meinung dazu abgeben. Ich muss das erst noch einmal gut durchdenken.*

Coach: Können wir uns kurz fünf Minuten Zeit nehmen, um das noch einmal durchzugehen? Können Sie mir anhand der Adair-Kreise sagen, wo wir uns gerade befinden?

JK: *Ich habe das Gefühl, ich befinde mich im Überschneidungsbereich. Ich verstehe die Bedürfnisse Einzelner besser. Jeremy ist ruhiger und effektiver, er hat viel zu bieten. Jane hält uns auf, indem sie das Thema des Baccalaureats wieder aufgebracht hat. Aber das könnte uns auf einen sehr interessanten und kreativen Weg führen – wer weiß?*

MB: *Das sagt sich so einfach, aber ich finde es immer noch schwierig. Ich möchte einfach die Aufgabe erledigen. Jemand muss so denken, sonst kommen wir nie ans Ziel. Ich denke, ich kann den Wert dieser Diskussionen jetzt jedoch besser sehen und manchmal ist es der Prozess, den wir als Team durchlaufen, der uns langfristig gesehen effektiver werden lässt.*

JG: *Ich denke, wir fangen an, auf den Stärken aller aufzubauen. Ich würde uns im effektiven Überschneidungsbereich sehen.*

Nach der Nachbesprechung bat der Coach die Teammitglieder, ihre Initialen in den Teil des Adair-Modells zu schreiben, in dem sie sich selbst sahen. Die folgende Grafik zeigt das Ergebnis.

Mithilfe des Coachs hatte sich das Team eindeutig weiterentwickelt und war nun in der Lage, einige Merkmale eines „Lernteams“ zu erfüllen.

▶▶

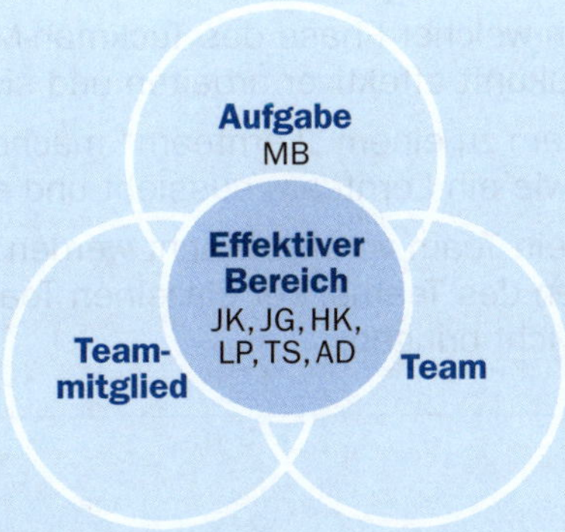

Das Lernteam

Eine Schule, die über eine Coaching-Kultur verfügt, möchte auf feste „Lernteams" vertrauen können. Die Mitarbeiter wissen bereits, was Coaching bedeutet, und sind gewillt, diesen Ansatz bei Besprechungen zu wählen. Ein Team kann ein Mitglied eines anderen Teams darum bitten, sich die Besprechungen objektiv anzusehen, um zu beobachten, wie das Team arbeitet. Ein Team kann auch derart erfahren im Coaching sein, dass es keinen externen Beobachter benötigt, sondern die Aufgabe selbst übernehmen kann.

Was sind die Merkmale eines Lernteams?

1. Das Team überprüft regelmäßig seine Arbeitsweise.
2. Das Team einigt sich auf Ziele und prüft seine eigenen Vorgehensweisen anhand der Ziele.
3. Im Team herrscht ein Gleichgewicht zwischen den Anforderungen der Aufgabe, des Teams und der einzelnen Mitglieder.
4. Die Rollen und Verantwortungsbereiche im Team sind genau aufgeteilt.
5. Das Team prüft die Rollen und Verantwortungsbereiche regelmäßig.
6. Das Team vertraut auf einen externen Coach oder hat sich darauf geeinigt, Coaching in seine Arbeit zu integrieren.

Schlussfolgerung

Die Verwendung eines Coaching-Ansatzes bietet dem Teamleiter die Möglichkeit, sein Team weiterzuentwickeln und voranzubringen. Es ist wichtig, dass ein Teamleiter versteht, in welcher Phase sich das Team befindet. Nur so kann er sein Team in ein hocheffektives Team verwandeln.

Auf einen Blick

- Indem Sie erkennen, in welcher Phase des Tuckman-Modells sich Ihr Team befindet, kann es in Zukunft effektiver arbeiten und sich weiterentwickeln.
- Ein Coach kann ein Team zu einem „Lernteam“ machen, indem er dafür sorgt, dass das Team weiß, wie ein Lernteam aussieht und arbeitet.
- Durch Coaching kann ein Team vorangebracht werden und ein Team-Coach kann die Anforderungen des Teams, der einzelnen Teammitglieder und der Aufgabe ins Gleichgewicht bringen.

Aus der Praxis

Um das Gelernte in die Praxis umzusetzen, sollten Sie sich ein Team vorstellen, in dem Sie aktiv sind, und über folgende Fragen nachdenken.

Bewerten Sie das Team auf einer Skala von 1 bis 10 im Hinblick auf die Merkmale eines Lernteams.

Was wäre nötig, um eine 10 zu erzielen?

Was sollte das Team Ihrer Meinung nach tun?

Was steht dem im Wege?

Was muss das Team tun, um dies zu erreichen?

Schreiben Sie gemeinsam mit dem Team einen Maßnahmenplan.

Kapitel

10

Coaching und geteilte Führungskompetenzen

In diesem Kapitel erfahren Sie etwas über

- die Merkmale einer Führungskraft, die gleichzeitig als Coach agiert
- die Verhaltensweisen einer Führungskraft, die gleichzeitig als Coach agiert
- die Voraussetzungen für geteilte Führungskompetenzen
- den Zusammenhang zwischen Coaching und geteilten Führungskompetenzen
- das Rahmenwerk für die Entwicklung von Delegationsfertigkeiten durch Coaching für Führungskräfte

Dieses Kapitel ist für jeden von Interesse, der an einer Schule eine Führungsposition bekleidet. Dazu gehören Fachbereichsleiter, Lehrkräfte im Bereich Förderung von Schülern mit Lernschwäche, Mitglieder der Schulleitung, stellvertretende Schulleiter und Schulleiter.

Hauptaufgabe des Kapitels ist es, zu erklären und zu erforschen, was man unter geteilten Führungskompetenzen versteht, und eine Beziehung zwischen Coaching und diesem Führungsmodell herzustellen. In diesem Kapitel gehen wir auch auf die sich verändernde Rolle des Schulleiters ein. Wir werden feststellen, wer die Schulleiter sind, was sie machen und inwiefern Coaching einen Rahmen schaffen kann, in dem sie ihre Führungskompetenzen in die Praxis umsetzen. Anhand einer Fallstudie werden wir in diesem Kapitel außerdem auf die Beziehung zwischen Coaching und Delegieren eingehen.

Wer sind die Schulleiter?

Die Schulleitung verändert sich; Führungskompetenzen werden auf allen Ebenen mehr und mehr aufgeteilt. In Großbritannien verweist das Rahmenwerk des Kultusministeriums darauf, wie wichtig es ist, auf allen Ebenen Führungskompetenzen vorzuweisen. Heutzutage gibt es an Schulen viele verschiedene Personen, die Aufgaben von Führungspersonen übernehmen und entsprechende Verantwortung tragen. Die Einführung von Unterrichts- und Lernverantwortung hebt hervor, wie wichtig es ist, den Unterricht und das Lernen zu leiten, anstatt sie nur zu verwalten. Man zielt darauf ab, das Führen des Unterrichts und des Lernens zu belohnen und weniger Augenmerk auf das Verwalten von Ressourcen und auf Nebenschauplätze zu legen. Im Rahmen der Unterrichts- und Lernverantwortung legt man vor allem auf Folgendes Wert:

> *Führen, Verwalten und Entwickeln eines Faches oder Lehrplans bzw. Führen und Verwalten der Weiterentwicklung der Schüler im Hinblick auf den gesamten Lehrplan.*

Im Hinblick auf die Unterrichts- und Lernverantwortung legt man außerdem Wert auf das Führen, Entwickeln und Verbessern der Unterrichtspraktiken von Lehrkräften.

Von jedem Lehrer an einer Schule, der ausreichend Erfahrung hat, wird erwartet, dass er ein Fachgebiet leitet und somit andere Lehrkräfte bei der Weiterentwicklung dieses Bereichs führt.

Assistenzlehrer erhalten ebenfalls Führungsverantwortung. Teil der Umorganisation war das Aufstellen von Standards für Assistenzlehrer an Gymnasien und höheren Schulen. Einer dieser Standards lautet: „Leitung der Arbeit anderer Erwachsener zur Unterstützung des Unterrichts und des Lernerfolgs in den Klassen, sofern nötig“.

Auch von Verwaltungsleitern wird häufig erwartet, dass sie eine Gruppe von Verwaltungsmitarbeitern leiten. Das hocherfolgreiche Programm des National College, das unter dem Namen „Wirtschaftliches Schulmanagement“ (School Business Management) bekannt ist, umfasst einen Kurs zu Führungskompetenzen. Regelmäßig stehen Anwärter auf der Warteliste für das Programm. Schulmitarbeiter auf allen Ebenen erwarten, dass sie hochwertige berufliche Weiterbildung erhalten. Zu dieser beruflichen Weiterentwicklung zählen die Fähigkeiten, die für Coaching erforderlich sind. Coaching ist eine effektive Möglichkeit, um Mitarbeiter auf Führungsrollen vorzubereiten und ihre Führungskompetenzen ohne weitere Schulungen zu verbessern. Coaching bietet die praktische Entwicklung, die für die Übernahme von Führungsaufgaben nötig ist.

Der neue Fokus auf Führungskompetenzen bedeutet, dass die Mitarbeiter Coaching von ihren Führungskräften benötigen, die wiederum die Mitarbeiter in ihren Teams coachen müssen.

Egal, ob es sich um einen Fachbereichsleiter, ein Mitglied der Führungsriege, einen Lehrer mit Unterrichts- und Lernverantwortung, einen Assistenzlehrer an einer höheren Schule, einen Schulverwaltungsleiter mit Führungsverantwortung oder den Schulleiter handelt – sie alle müssen ihre Führungskompetenzen und -verhaltensweisen weiterentwickeln.

Alle Mitglieder des Schulteams profitieren vom Führungs-Coaching und sollten sich Coaching-Fertigkeiten aneignen, um ihr Team weiterzuentwickeln, damit es in Zukunft effektiv arbeiten kann. Im Verlauf dieses Kapitels bezieht sich die Bezeichnung „Führungskraft“ auf Führungskräfte aller Ebenen.

Guter Tipp

Verwenden Sie Coaching, um Führungskompetenzen aufzubauen und die Mitarbeiter darin zu unterstützen, eine Führungsrolle zu übernehmen.

Coaching und Führungsstile

Jeder hat, unabhängig von der jeweiligen Ebene, einen eigenen Führungsstil. Hay McBer hat die sechs häufigsten Führungsstile benannt: zwingend, autoritär, freundschaftlich, demokratisch, richtungsweisend und Coaching. Nachfolgend eine Zusammenfassung dieser Führungsstile:

- **Zwingend** – Diese Führungskraft stellt Forderungen an die Mitarbeiter und erwartet unmittelbare Ergebnisse.
- **Autoritär** – Diese Führungskraft gibt den Mitarbeitern eine klar definierte Vision vor. Führungskräfte mit diesem Führungsstil sind hilfreich, wenn die Motivation der Mitarbeiter niedrig ist und schlechte Stimmung herrscht.
- **Freundschaftlich** – Diese Führungskräfte konzentrieren sich auf Beziehungen und sehen die Mitarbeiter eher als Freunde und nicht als Angestellte an.
- **Demokratisch** – Führungskräfte dieser Kategorie bauen auf die Einbeziehung der Mitarbeiter, was jedoch zu einer mangelhaften Entscheidungsfindung führen kann.

» **Richtungsweisend** – Diese Führungskräfte erwarten eine perfekte und unmittelbare Leistung von den Mitarbeitern. Sie erwarten, dass die Mitarbeiter wissen, was zu tun ist, ohne eine weitere Erklärung zu benötigen.

» **Coaching** – Führungskräfte dieser Gruppe bieten ihren Mitarbeitern Unterstützung und sorgen für ein gutes Betriebsklima.
(Referenz: http://www.haygroup.co.uk)

Wir sind alle in der Lage, Merkmale dieser Führungsstile bei unseren bisherigen Vorgesetzten auszumachen. Wir sind auch in der Lage, einige dieser Elemente in unserem eigenen Führungsverhalten wiederzuerkennen. Wenn wir künftig mehr Leute an der Führung einer Schule beteiligen möchten, müssen wir einen Coaching-Stil verwenden, um die Führungskompetenzen aller Mitarbeiter weiterzuentwickeln.

Versuchen Sie es damit

Denken Sie an sich selbst als Führungskraft. Denken Sie zurück, als Sie zum letzten Mal jemanden gebeten haben, eine Aufgabe zu übernehmen. Welchen der oben genannten Stile haben Sie verwendet? Wie könnten Sie einen Coaching-Stil entwickeln?

Geteilte Führungskompetenzen und Coaching

Das Teilen von Führungsaufgaben ist eine Möglichkeit, um den Entscheidungsfindungsprozess an Schulen zu teilen. Es ist eine Möglichkeit, die Führungsverantwortung über die gesamte Schule zu verteilen. Eine Schule, in der die Führungsverantwortung aufgeteilt ist, verfügt über viele Führungskräfte auf unterschiedlichen Ebenen.

Das Teilen von Führungsverantwortung an Schulen führt zu flacheren Hierarchien. Die Schulen erhalten dadurch eine Mitarbeiterstruktur, anhand derer erkennbar ist, dass mehrere Mitarbeiter Führungsverantwortung übernehmen. Die Führung wird Teil der Aufgaben jedes Einzelnen; es geht nicht mehr nur um die tatsächliche Rolle der Führungskraft. Führungskräfte können die Chance nutzen und ihre Mitarbeiter zum Thema Führungsverantwortung coachen.

Durch die flachere Managementstruktur gibt es weniger Führungskräfte auf höchster Ebene. Von Schulleitern wird erwartet, dass sie über diverse Fähigkeiten verfügen und ein gutes Maß an emotionaler Intelligenz besitzen. Der Aufbau eines Teams sowie gute Kommunikationsfähigkeit fällt nun nicht mehr allein dem Schulleiter zu, sondern ist Aufgabe aller Mitarbeiter. Die Mitarbeiter sind nicht mehr länger mit einem Chef zufrieden, der ihnen sagt, was zu tun ist. Schulmitarbeiter auf allen Ebenen streben danach, ihre eigenen Management- und Führungskompetenzen zu entwickeln.

In der Tat werden in den nächsten fünf bis zehn Jahren 40 Prozent der Schulleiter in Großbritannien in Rente gehen. Vor diesem Hintergrund hat die letzte Regierung ein neues, schnell umsetzbares System eingeführt. Es wendet sich vor allem an junge Lehrkräfte mit Führungspotenzial und soll ihnen dabei helfen, innerhalb von fünf Jahren eine Führungsposition zu übernehmen. Im Zuge dieser Initiative hat sich eine Gruppe junger ehrgeiziger Lehrkräfte zusammengefunden, die eine Karriere in der Schulleitung anstreben und nur darauf brennen, Führungserfahrung zu sammeln. Kandidaten für die schnelle Beförderung werden von ihrem persönlichen Coach regelmäßig in Bezug auf ihre Führungskompetenzen weitergebildet und erhalten zusätzliche Schulungen.

In einer Einrichtung, in der die Führungsverantwortung geteilt wird, erwarten die Mitarbeiter immer mehr Coaching statt Anweisungen von ihrem Vorgesetzten. Sie erwarten Möglichkeiten, ihre Fähigkeiten weiterzuentwickeln; durch Coaching kann ihnen ihr Vorgesetzter diese Möglichkeit bieten.

Einige Führungskräfte haben von Haus aus gute soziale Kompetenzen und ihr Führungsstil beruht auf Coaching. Andere wiederum müssen diese Fähigkeiten erst erlernen. Die folgende Fallstudie ist ein Beispiel für eine Schulleiterin, die die erlernten Coaching-Fähigkeiten zur Förderung eines Mitarbeiters einsetzt. Das Coaching-Gespräch zeigt, wie jemand, der bisher nur wenig Erfahrung als Führungskraft besitzt, gecoacht werden kann, um in seine Rolle hineinzuwachsen.

Fallstudie

Sue ist an einer großen weiterführenden Schule für die Förderung von Schülern mit Lernschwäche verantwortlich. Sie coacht Deepa, eine Assistenzlehrerin in gehobener Position mit Verantwortung für vier Assistenzlehrer im Bereich der Förderung von Schülern mit Lernschwäche. Deepa hat diese Führungsrolle erst vor kurzem übernommen und hat monatliche Coaching-Sitzungen mit Sue, die einen Kurs zum Thema Coaching-Fertigkeiten absolviert hat.

Sue: Sagen Sie mir bitte noch einmal kurz, was die anstehende Aufgabe war, die wir beim letzten Mal besprochen haben.

Deepa: Ich sollte organisieren, dass die Assistenzlehrer die nötigen Hilfsmittel für die Jahresabschlussprüfungen bereitstellen.

Sue: Ja, jetzt erinnere ich mich wieder. Wie ist es gelaufen?

Deepa: Schlecht, am Ende habe ich alles selbst erledigt. Ich war so frustriert. Ich habe das Gefühl, dass ich es einfach nicht richtig anstelle.

Sue: Was genau ist geschehen?

Deepa: Ich habe sie in der Mittagspause alle schnell zu einer Besprechung zusammengerufen und ihnen erklärt, was ich von ihnen erwarte. Ich habe eine Liste aufgestellt, auf der stand, was in welchem Raum stattfinden sollte,

▶▶

genau so wie ich es angegeben hatte. Ich habe die speziellen Bedürfnisse jedes einzelnen Kindes aufgeführt und erwartet, dass die Anweisungen befolgt werden. Am Ende war nur die Hälfte der Dinge rechtzeitig dort, wo sie sein sollten, und diese Dinge waren nicht einmal die, die ich angefordert hatte.

Sue: Wie haben Sie sich dabei gefühlt?

Deepa: Nun, ich hatte das Gefühl, hängen gelassen worden zu sein. Ich hätte es nicht deutlicher sagen können. Wie kann es sein, dass sie es nicht verstanden haben? Ich war sehr ungeduldig und alles hat doppelt so lange gedauert. Ich hätte es gleich von vorneherein selbst machen sollen. Es hat mir überhaupt nichts gebracht, sie mit einzubeziehen.

Sue: Haben Sie Feedback von den Assistenzlehrern bekommen?

Deepa: Ja, sie haben gesagt, sie hätten nicht gewusst, wann die Hilfsmittel genau benötigt werden. Aber das ist doch offensichtlich, sie hätten einen Tag vor den Abschlussprüfungen an Ort und Stelle sein sollen. Das muss ich ihnen doch nicht erst extra erklären, oder?

Sue: Was haben Sie daraus gelernt?

Deepa: Nun, um ehrlich zu sein, denke ich, ich hätte ihnen einen Zeitrahmen vorgeben und klarmachen sollen, wann die Aufgabe erledigt sein muss.

Sue: Und Ihr Umgang mit den Assistenzlehrern? Sie sagen, dass Sie alles sehr deutlich machen und genau festlegen, wie die Aufgaben erledigt werden sollen.

Deepa: Ja, nun, das muss ich einfach. Ansonsten werden die Dinge nicht so erledigt, wie ich mir das vorstelle.

Sue: Was halten die Assistenzlehrer davon?

Deepa: Ich habe sie nie gefragt … [Pause] Nun, ich denke, sie waren nicht besonders glücklich damit. Julie hatte einige Vorschläge, aber es war keine Zeit, genauer darauf einzugehen. Ich hätte sie vielleicht nach ihren Ideen fragen sollen. Das einzige Problem ist, dass die Aufgaben dann nicht genau so ausgeführt werden, wie ich es mir vorstelle.

Sue: Was genau hätten Sie sich gewünscht?

Deepa: Mehr Zusammenarbeit als Team.

Sue arbeitete im Verlauf mit Deepa daran, ein Ziel zu formulieren, bei dem es darum ging, einen weniger direkten Stil im Umgang mit ihrem Team zu wählen, damit es in Zukunft mehr Zusammenarbeit geben könnte. ◀

Welchen Nutzen hatte das Coaching?

Durch ihre Coaching-Sitzungen erkannte Deepa, dass das Herumkommandieren von Mitarbeitern und Erteilen von Befehlen allein noch lange keine Führungskraft ausmacht. Sie lernte, ihr Team einzubeziehen, zu delegieren und ihren Teammitgliedern Verantwortung zu übertragen.

Führungsverhalten bei einem Coaching-Stil

Wir haben bereits gesagt, dass Coaching-Fähigkeiten für Führungskräfte in einer Einrichtung mit geteilter Führungsverantwortung unerlässlich sind. Sehen wir uns nun an, wie sich eine Coaching-Führungskraft verhält und welche Aufgabe sie hat. Nachfolgend die zehn wichtigsten Führungsverhaltensweisen bei einem Coaching-Stil:

1. Sprechen Sie mit Ihren Mitarbeitern, aber hören Sie noch besser zu.
2. Machen Sie klar, welche Erwartungen Sie an die Mitarbeiter stellen, damit diese eine Chance haben, erfolgreich zu arbeiten, und ein Scheitern nicht schon vorprogrammiert ist.
3. Delegieren Sie klar und effektiv.
4. Lassen Sie sich selbst coachen.
5. Bitten Sie um Feedback zu Ihrer eigenen Leistung.
6. Bauen Sie Vertrauen in Ihrem Team auf.
7. Lassen Sie die Vergangenheit ruhen und konzentrieren Sie sich auf die Zukunft.
8. Wenn die Dinge schieflaufen, sollten Sie darauf verzichten, die Gründe zu erforschen.
9. Demonstrieren Sie ein hohes Maß an emotionaler Intelligenz.
10. Unterstützen Sie und gehen Sie als gutes Beispiel voran.

Aus der Praxis

Sehen Sie sich die Liste genau an. Wie schneiden Sie dabei ab? Was ist Ihre größte Schwäche und wie können Sie daran arbeiten?

Nachdem wir diese zehn Führungsverhaltensweisen festgelegt haben, sollten wir uns nun im Detail ansehen, wie die Indikatoren dafür aussehen.

Verhaltensindikatoren

1. Sprechen Sie mit Ihren Mitarbeitern, aber hören Sie noch besser zu:
   » Nehmen Sie sich Zeit für die Mitarbeiter und hören Sie zu, um zu verstehen.
   » Gehen Sie nicht davon aus, dass Sie wissen, wie sich Ihre Mitarbeiter fühlen.
   » Nehmen Sie sich Zeit für Coaching-Gespräche.

2. Machen Sie klar, welche Erwartungen Sie an die Mitarbeiter stellen, damit diese eine Chance haben, erfolgreich zu arbeiten, und ein Scheitern nicht schon vorprogrammiert ist:
   » Stellen Sie klar, wie Erfolg bei einer bestimmten Aufgabe aussehen soll.
   » Gehen Sie davon aus, dass die Mitarbeiter ihre Sache gut machen möchten.

3. Delegieren Sie klar und effektiv:
   » Verwenden Sie ein strukturiertes System, um entsprechend den Bedürfnissen der Mitarbeiter zu delegieren.
   » Prüfen Sie, was Ihre Mitarbeiter anhand der delegierten Aufgaben lernen sollen.

4. Lassen Sie sich selbst coachen:
   » Überprüfen Sie Ihre eigenen Ziele regelmäßig mit einem Kollegen oder einem vorgesetzten Coach.
   » Arbeiten Sie auf Ihren eigenen Maßnahmenplan hin.
5. Bitten Sie um Feedback zu Ihrer eigenen Leistung:
   » Stellen Sie Prüfmethoden und Maßnahmen bereit, damit die Mitarbeiter Ihnen Feedback geben können.
   » Bitten Sie die Mitarbeiter um formelles und informelles Feedback in Form von Fragebögen.
6. Bauen Sie Vertrauen in Ihrem Team auf:
   » Übernehmen Sie persönlich die Verantwortung für Ihre Leistung.
   » Behandeln Sie die Mitarbeiter fair und konsequent.
7. Lassen Sie die Vergangenheit ruhen und konzentrieren Sie sich auf die Zukunft:
   » Bauen Sie eine Kultur auf, bei der stetige Verbesserung und Fortschritt selbstverständlich sind.
   » Konzentrieren Sie sich beim Coaching von Mitarbeitern nicht auf die Vergangenheit, sondern auf Veränderungen.
8. Wenn Dinge schieflaufen, sollten Sie darauf verzichten, die Gründe zu erforschen:
   » Fragen Sie sich, was geschehen ist und was Sie daraus lernen können.
   » Stellen Sie sicher, dass mehr Augenmerk auf das gelegt wird, was gut gelaufen ist, als auf das, was schlecht gelaufen ist.
9. Demonstrieren Sie ein hohes Maß an emotionaler Intelligenz:
   » Lernen Sie, Ihre eigenen Emotionen anzuerkennen und mit ihnen umzugehen.
   » Werden Sie sich des emotionalen Umfelds an Ihrer Schule bewusst und berücksichtigen Sie, welche Auswirkungen es auf andere hat.
10. Unterstützen Sie und gehen Sie als gutes Beispiel voran:
   » Nehmen Sie Ihre eigene berufliche Entwicklung ernst und konzentrieren Sie sich darauf, was Sie lernen müssen.
   » Konzentrieren Sie sich bei allen Ihren Aktionen auf die Vision und die Werte der Schule sowie auf die Unterschiede, die sie für die Schüler bedeuten werden.
   » Gehen Sie Risiken ein und lernen Sie, mit Erfolgen und Enttäuschungen gleichermaßen umzugehen.

Guter Tipp

Coaching-Fertigkeiten und -Verhaltensweisen können gelernt werden und werden durch Üben besser.

Versuchen Sie es damit

Sehen Sie sich die oben aufgeführten Verhaltensindikatoren an. Verwenden Sie die Liste als Grundlage für Ihre Selbstbewertung. Nehmen Sie sich zwei Wochen Zeit; jedes Mal, wenn Sie bemerken, dass Sie eine der Verhaltensweisen an sich selbst erkennen, haken Sie sie ab. Sehen Sie sich nach zwei Wochen die Verhaltensweisen an, die Sie nicht abhaken konnten. Entwerfen Sie einen Ziel- und Maßnahmenplan für die Verhaltensindikatoren, an denen Sie arbeiten müssen.

Alternativ können Sie die Liste Kollegen geben und sie bitten, die Verhaltensweisen abzuhaken, wenn sie sie an Ihnen wahrnehmen.

Coaching und Delegieren für eine geteilte Führungsverantwortung

Die Fähigkeit zum Delegieren ist eine der wichtigsten Verhaltensweisen, die eine Führungskraft beherrschen muss; sie ist unerlässlich, um die Fertigkeiten eines Teams aufzubauen. Teamleiter haben oft mit extrem hoher Arbeitsbelastung zu kämpfen, da sie entweder nicht wissen, wie man delegiert, oder nicht delegieren möchten. Wenn Führungskräfte ein Coaching zur Work-Life-Balance erhalten, ist das Delegieren häufig ein Punkt, der angesprochen wird. Es werden viele Gründe gegen das Delegieren genannt. Die nachfolgenden sind die häufigsten:

» „Die anderen haben bereits so viel Arbeit, ich fühle mich schuldig, ihnen noch mehr aufzuhalsen."
» „Zu erklären wie ich es mir wünsche, dauert genauso lange, wie wenn ich es gleich selber mache."
» „Ich müsste den anderen ständig hinterherlaufen, warum sollte ich mir das antun?"
» „Im Endeffekt werde ich dadurch mindestens genauso viel Stress haben."
» „Sie werden es nicht so machen, wie ich mir das vorstelle."

Hindernisse, die dem Delegieren im Weg stehen

Sehen wir uns die einzelnen Gründe genauer an.

„Die anderen haben bereits so viel Arbeit, ich fühle mich schuldig, ihnen noch mehr aufzuhalsen."
Jeder Schulmitarbeiter hat viel Arbeit, daran wird sich nichts ändern. Mitarbeiter sprechen ständig davon, wie viel sie zu tun haben. Als Führungskraft müssen Sie die Schuldgefühle abstellen können, wenn Sie jemanden bitten, eine Aufgabe zu übernehmen. Sehen Sie es als Chance für den Mitarbeiter, daraus zu lernen und sich weiterzuentwickeln. An einer Schule, an der die Führungsverantwortung auf alle verteilt wird, ist es wichtig, an alle Mitarbeiter zu delegieren und nicht nur an jene, die sich nicht über die ohnehin große Arbeitslast beschweren.

„Zu erklären wie ich es mir wünsche, dauert genauso lange, wie wenn ich es gleich selber mache."
Ja, es wird zuerst länger dauern, die Aufgabe zu erklären. Sie müssen geduldig sein. Das Erklären ermöglicht es Ihnen, Führungskompetenzen aufzubauen. Sie müssen die Dinge zuerst einmal vollständig erklären; die Zeit, die dafür nötig ist, sollten Sie als Investition betrachten. Das nächste Mal müssen Sie schon nicht mehr so genau auf alles eingehen. Denken Sie an das alte Sprichwort: „Wenn Sie immer das Gleiche tun, werden Sie immer nur das Gleiche erhalten". Wenn Sie sich nie die Zeit nehmen, die Aufgaben zu erklären, dann werden Sie immer alles selber machen, und das ist definitiv nicht angebracht.

„Ich müsste den anderen ständig hinterherlaufen, warum sollte ich mir das antun?"
Wenn Sie richtig delegieren, wie auf Seite 223 beschrieben, werden Sie niemandem hinterherlaufen müssen. Wenn jemand an Sie delegiert, ist es leicht, in die Falle zu tappen und darauf zu warten, dass Ihnen jemand hinterherläuft, bis Sie die Aufgabe letztendlich erledigen. Manche Mitarbeiter werden überhaupt nichts machen, solange man ihnen nicht hinterherläuft. Aus diesem Grund müssen Sie ein System für richtiges Delegieren verwenden.

„Im Endeffekt werde ich dadurch mindestens genauso viel Stress haben."
Was Ihnen Stress verursacht, liegt ganz bei Ihnen selbst. Wenn Sie klar und effektiv delegieren, wie auf Seite 223 beschrieben, wird Sie das Delegieren nicht stressen. Das Delegieren erfordert jedoch, dass man loslässt, und wahrscheinlich kommt der Stress daher.

„Sie werden es nicht so machen, wie ich mir das vorstelle."
Nein, das werden sie nicht und je eher Sie das erkennen, desto besser. Sie werden es anders machen. Die Person, an die Sie delegiert haben, wird ihren eigenen Stil in die Bewältigung der Aufgabe einfließen lassen. Wie könnte die Person die Aufgabe auch genau so ausführen, wie Sie es getan hätten? Das ist schlicht und einfach unmöglich. Es ist nicht sinnvoll darüber nachzugrübeln, ob es besser oder schlechter gemacht wurde. Wenn Sie eine Aufgabe delegieren, müssen Sie sicherstellen, dass Sie genau erklären, was verändert werden kann und was gleich bleiben muss.

Sehen wir uns nun unsere Fallstudie an, um das Delegieren detaillierter betrachten zu können.

Fallstudie

Kontext: Eine große Grundschule mit 450 eingeschriebenen Schülern, eine ländliche Stadt, in der die Leistungen bei der Eintrittsbewertung unter dem Durchschnitt liegen. Die Leistungen in Jahrgangsstufe 2 liegen im Durchschnitt, wenn ein Vergleich zu ähnlichen Schulen gezogen wird. Im nationalen Vergleich liegen sie jedoch unter dem Durchschnitt.

Hintergrund: Zu den Mitarbeitern zählen 20 Voll- und Teilzeitlehrkräfte (einige haben eine halbe Stelle) sowie 10 Assistenzlehrer. Darüber hinaus arbeiten drei Mitarbeiter in der Verwaltung. In den letzten Jahren sind die Schülerzahlen gestiegen, da in der Nähe der Schule ein großes Wohnbauprojekt realisiert wurde. Die Schule ist beliebt, da es sich um eine kirchlich geführte Schule handelt und es die einzige Vollzeitgrundschule in der Stadt ist. Die Schulleiterin hat die Schule in den vergangenen fünf Jahren erfolgreich aufgebaut und ihr stehen nun zum ersten Mal erfahrene Führungskräfte zur Seite. Sie erhält Coaching von einem vorgesetzten Coach.

Wir werden Carol, die Schulleiterin, begleiten und den Delegationsprozess an die ihr unterstellten Führungskräfte beobachten, um zu zeigen, wie sie die Coaching-Technik dabei einsetzt.

Nachfolgend Carols erste Coaching-Sitzung.

Coach: Vielen Dank, Carol, dass Sie den Fragebogen vor der ersten Sitzung ausgefüllt haben. So konnte ich mir ein Bild davon machen, wie die Dinge liegen. Ich weiß, dass Sie den Schwerpunkt unserer Arbeit auf den Aufbau von Führungskompetenzen in Ihrem Team legen wollten. Was genau möchten Sie erreichen?

Carol: Nun, ich möchte in Zukunft meinem Team nicht mehr ständig hinterherlaufen. Ich habe ein Führungsteam, das zu wenig die Initiative ergreift. Meine Teammitglieder warten ständig darauf, dass ich ihnen Anweisungen gebe. Dann kann ich es aber genauso gut gleich selbst machen. Die Schulbeiräte haben entschieden, dass sie sich eine geteilte Führungsverantwortung wünschen, und es wurde als eines meiner Ziele für die Leistungsbewertung festgesetzt, aber es funktioniert einfach nicht. Wie kann ich an eine Gruppe von Personen delegieren, die nicht wissen, was sie tun sollen, solange ich es ihnen nicht erkläre?

Coach: Sie möchten Ihren Teammitgliedern also nicht ständig mit Aufgaben hinterherlaufen, die sie eigentlich erledigen hätten sollen? Was genau möchten Sie?

Carol: Nun, ich möchte nicht die Einzige sein, die Entscheidungen trifft.

Coach: Können Sie das positiv formulieren?

Carol: Ich möchte ein Team aufbauen, das die Initiative ergreift.

Coach: Ist das alles?

▶▶

Carol: *Nein, ich möchte ein erfahrenes Führungsteam aufbauen, das proaktiv agiert und die Initiative ergreift.*

Coach: Okay, Carol, wenn ich in einem Jahr noch einmal mit Ihnen spreche und dieses Ziel erreicht wurde, was würden Sie mir dann erzählen? Was würden Sie erleben?

Carol: *Hm, das ist schwer zu sagen. Ich habe keine Ahnung. Ich denke, ich habe so viel Zeit damit verbracht, mir anzusehen, was nicht geschehen wird, dass es nun schwer ist, mir vorzustellen, wie die ideale Situation aussehen sollte.*

Coach: Nun, dann denken wir jetzt darüber nach. Ein Team, das die Initiative ergreift und proaktiv agiert – wie würde es vorgehen und wie würde sich das auf Sie auswirken?

Carol: *Also, ich möchte, dass die Teammitglieder ihren Aufgaben gerecht werden, den jährlichen Verlaufszyklus an der Schule vorhersehen, z.B. Analyse der Fähigkeitsstests, und alles Nötige arrangieren, ohne dass sie zuerst mich fragen. Ich möchte, dass andere Mitarbeiter das Führungsteam respektieren und die Teams effektiv geführt werden, damit die Teammitglieder gecoacht werden und die Chance haben, sich weiterzuentwickeln.*

Coach: Das ist gut. Können wir Ihr Ziel nun noch einmal neu formulieren?

Carol: *Gut. Wie wäre es mit „Stärkung der Führungskompetenzen des Führungsteams, damit es proaktiv agieren kann und die Initiative ergreift"?*

Coach: Gut, jetzt wissen wir, was unser Ziel ist. Sehen wir uns nun den Ausgangspunkt an. Was geschieht momentan mit der aktuellen Führungsstruktur?

Carol erklärte im Verlauf des Gesprächs, dass sie es aufgrund des rapiden Wachstums der Schule und den kürzlich angestiegenen Mitarbeiterzahlen nicht gewöhnt war, ein Führungsteam zu haben, an das sie delegieren konnte. Sie war es gewöhnt, alle Führungsaufgaben selbst zu übernehmen. Als die Schule noch kleiner war, war es leichter für sie gewesen, ihre Aufgaben zu erledigen. Sie hatte es bisher als selbstverständlich angesehen, dass sie als Schulleiterin die Führung übernahm und die Mitarbeiter ihr folgten. Sie war der Meinung, dass dies lediglich ihrer Stellenbeschreibung entspräche. Erst vor kurzem wurde ihr klar, dass sie nicht mehr alle Führungsaufgaben an der Schule selbst übernehmen konnte. Es war ihr außerdem klar geworden, dass sie zunehmend Mitarbeiter mit Führungspotenzial verlor.

Carol sah ein, dass sie ihren eigenen Führungsstil ändern musste, um sich an eine gemeinschaftliche Führungsstruktur anzupassen. Der Schulbeirat hatte dies ebenfalls erkannt und deshalb die Zusammenarbeit mit einem erfahrenen Führungsteam vorgeschlagen und dies gleich als eines ihrer Leistungsziele festglegt.

Durch das Gespräch mit dem Coach konnte Carol erkennen, dass die Mitglieder des Führungsteams keine eindeutig zugewiesenen Rollen und Verantwortungsbereiche und keine Schulung zu Führungskompetenzen erhalten hatten. Gemeinsam mit dem Coach stellte sie den folgenden Maßnahmenplan auf, der sowohl den Schulverbesserungsplan als auch ihre eigenen Leistungsziele berücksichtigt. ▶▶

Maßnahmenplan für Carol Sanfield

Ziel

Stärkung der Führungskapazitäten des Führungsteams, damit es proaktiv agieren und die Initiative übernehmen kann

Strategien

» Aufbau von Leistungszielen für die Mitglieder des Führungsteams in Zusammenhang mit deren Führungsverantwortung

» Coaching-Sitzungen mit Carol für jedes Teammitglied, um dessen proaktives Arbeiten zu fördern und die strategische Planung vorab festzulegen

» Die Schulleiterin verwendet einen strukturierten Ansatz beim Delegieren.

Meilensteine – Erwartungen nach sechs Monaten

» Die Leistungsbesprechung hat bereits stattgefunden und die Team- und Leistungsmanagementziele wurden mit Hinblick auf die einzelnen Verantwortungsbereiche festgelegt.

» Die Rollen und Verantwortungsbereiche der Mitglieder des Führungsteams und der Schulleiterin wurden ebenso wie die Erwartungen festgelegt.

» Die Schulleiterin teilt den Teammitgliedern des Führungsteams mit, dass dies eines ihrer eigenen Leistungsziele ist.

» Die Besprechungsnotizen des Führungsteams spiegeln die regelmäßigen Coaching-Sitzungen wider. Die Teammitglieder legen anhand dieser Notizen fest, welche strategische Rolle sie im kommenden Halbjahr spielen werden.

» Aufgaben werden strukturiert delegiert.

Erfolgskriterien

» Das Führungsteam erkennt erforderliche Maßnahmen im Voraus und agiert strategisch.

» Das Führungsteam wird von den Mitarbeitern geschätzt und tritt geschlossen als Führungsgremium auf.

» Das Delegieren funktioniert effektiv.

Verbindung zum Schulverbesserungsplan

„Die Schule erkennt und fördert die Merkmale effektiver Führungskräfte und baut die Führungskompetenzen der eigenen Mitarbeiter aus, damit sie auf diversen Ebenen führen können" (Ziel 5).

Die nächste Coaching-Sitzung fand zwei Wochen später statt.

Fallstudie

Coach: Carol, Sie haben den Maßnahmenplan aufgestellt. Gibt es etwas, das dem noch im Wege stehen könnte?

Carol: Nun, ich denke, Zeit ist immer ein Problem, aber das Ganze hat momentan höchste Priorität. Wenn ich nicht bald ein proaktiveres Team zur Unterstützung habe, das mir Arbeit abnimmt, gehe ich unter.

Coach: Gibt es andere Hindernisse, die dem Erfolg im Weg stehen könnten?

Carol: Nein, ich denke nicht … [Stille]. Nun, es liegt wirklich an ihnen … den Teammitgliedern. Sie müssen die Herausforderung annehmen.

Coach: Es liegt an den Teammitgliedern?

Carol: Ja.

Coach: Welche Rolle spielen Sie?

Carol: Nun, ich werde mich um das Delegieren kümmern. Ich werde meine Unterstützung anbieten, aber die Aufgaben selbst übernehme ich nicht. Es liegt also wirklich an ihnen.

Coach: Was werden Sie anders machen?

Carol: Ich werde delegieren.

Coach: Was noch?

Carol: Ich weiß nicht … Ich denke, ich muss anders agieren. Ich muss mich auch ändern. Es geht nicht nur um die Teammitglieder des Führungsteams.

Coach: Können Sie mir sagen, wie das aussehen soll?

Carol: Ja, es geht auch um mich. Ich muss ihnen Raum geben. Ich werde viele neue Verhaltensweisen erlernen müssen. Hm, nein, das trifft es nicht. Die Coaching-Verhaltensweisen habe ich mir schon angeeignet, ich konnte sie aufgrund der Struktur der Schule und den Anforderungen meines Jobs nur vorher nicht einbringen. Ich muss sicherstellen, den Mitarbeitern Verantwortung zu übertragen. Ich muss meinen Führungsstil mehr an den eines Coaching-Führungsstils anpassen.

Der Coach ging anschließend mit Carol die Liste der Coaching-Verhaltensweisen und -Merkmale durch, damit sie herausfinden konnte, woran sie arbeiten muss.

Welchen Nutzen hatte das Coaching?

Das Coaching half Carol dabei, zu erkennen, dass das Erreichen des Ziels nicht alleine von ihren Kollegen abhing. Sie würde in Zukunft anders agieren müssen, um die Änderungen voranzubringen. Sie würde zur Entwicklung ihrer Mitarbeiter beitragen müssen, indem sie ihr Verhalten änderte, neue Fähigkeiten erwarb und alte neu einbrachte. Der Coach vereinbarte mit Carol ein Treffen in drei Monaten, um ihre Fortschritte zu prüfen.

Verfolgen wir nun die nächste Sitzung von Carol mit ihrem Coach.

Fallstudie

Coach: Okay, Carol. Können Sie mir von den Fortschritten, die Sie im Hinblick auf Ihr Ziel erreicht haben, erzählen?

Carol: Ja, es läuft gut. Wir haben alle Punkte auf dem Maßnahmenplan abgearbeitet und ich habe das Gefühl, dass wir sehr erfolgreich waren.

Coach: Können Sie mir mehr dazu sagen?

Carol: Nun, wir konnten die Leistungsziele der Führungsteammitglieder besser an die Führungsrolle und den Schulverbesserungsplan anpassen. Dadurch haben die Teammitglieder nun einen weitaus besseren Überblick darüber, wie sich ihre Aufgaben auf die Entwicklung der Schule auswirken. Eigentlich ist es sogar mehr als das. Sie wissen jetzt, dass ihre Arbeit etwas bewirkt, sie haben Anteil an der strategischen Ausrichtung der Schule. Ich denke, bisher dachten sie, dass das allein meine Aufgabe wäre.

Coach: Wie hat sich das auf Sie ausgewirkt?

Carol: Ich fühle mich entlastet und habe das Gefühl, gemeinsam mit meinem Team an Veränderungen zu arbeiten. Wir haben noch einen weiten Weg vor uns, die Teammitglieder kommen nach wie vor oft zu mir und erwarten eine Lösung. Das möchte ich aber nicht weiter so fortführen wie bisher.

Coach: Können Sie das beschreiben?

Carol: Ja, die Coaching-Sitzungen mit den einzelnen Teammitgliedern laufen gut. Wir konnten auf die Vision der Schule zurückgreifen und sie mit den Aufgabenbereichen der einzelnen Teammitglieder in Verbindung bringen. Dadurch wurden die Vision und die Werte für sie verständlicher. Sie sind jetzt besser dazu in der Lage, die Punkte auf dem Maßnahmenplan abzuarbeiten. Das Problem ist die eigentliche Ausführung der Maßnahmen. Sie wissen immer noch nicht, wofür sie eigentlich meine Unterstützung benötigen und wo sie überflüssig ist.

Coach: Können Sie mir ein Beispiel nennen?

Carol: Ja, Steve ist der Fachgebietsleiter für Mathematik. Er sollte im Rahmen seines Maßnahmenplans vor allem die Jahrgangsstufe 2 unter die Lupe nehmen. Es war Teil seines Maßnahmenplans und wir vereinbarten, dass er das erledigen würde. Im Verlauf seiner Coaching-Sitzung wurde deutlich, dass er immer noch darauf wartete, dass ich ihm die nötigen Mittel dafür besorge. Ich war davon ausgegangen, dass er diesen Punkt bereits erledigt hat und mir die Ergebnisse mitteilen würde. Ich weiß nicht, was schiefgelaufen ist.

Coach: Wusste er, dass er sich die nötigen Mittel selbst hätte besorgen können?

Carol: Nun, davon bin ich ausgegangen … Ich nehme an, er hat das zuvor noch nie gemacht. Sehen Sie, genau das ist das Problem beim Delegieren. Wie weiß ich, wie viel Freiraum ich geben soll und wie viel Unterstützung?

Coach: Können wir das kurz zurückstellen? Ich würde Ihnen gerne zuerst noch eine andere Frage stellen. Wie sieht es mit Ihrer Entwicklung in Richtung Coaching-Führungsstil aus?

▶▶

Carol: *Ich versuche besser zuzuhören, aber oft stehe ich stark unter Zeitdruck. Die Struktur der Coaching-Sitzungen hat aber sicherlich geholfen. Hier kann ich die Fähigkeit einsetzen, zuzuhören, und ich habe das Gefühl, dass ich wertvolle Zeit mit meinen Teammitgliedern verbringe. Ich habe mich bis jetzt noch nicht getraut, nach Feedback zu fragen. Aber ich habe es für das nächste Halbjahr geplant. Ich dachte mir, ich stelle dem Team hierzu drei Fragen: „Was mache ich gut und sollte ich beibehalten?", „Was sollte ich in Zukunft nicht mehr machen?" und „Was wünschen Sie sich von mir, das ich bisher noch nicht mache?"*

Der Coach setzte gemeinsam mit Carol das nächste Ziel fest, bei dem es um effektiveres Delegieren ging. ◀

Welchen Nutzen hatte das Coaching?

Der Coach half Carol dabei zu erkennen, dass das Delegieren ihr Hauptproblem war. Carol wusste nicht, welche Fertigkeiten ihr Team bereits besaß und wo es nötig war, Dinge zu erklären und Unterstützung zu bieten. Der Coach bot Carol im Verlauf ein Delegationsmodell an, das sie zur Orientierung nutzen könnte.

Das Modell, das der Coach Carol vorschlug, wurde von Tim Brighouse entwickelt. Es handelt sich dabei um eine 9-Punkte-Skala des Delegierens, die je nach den Bedürfnissen und der Erfahrung der Person, an die delegiert wird, angepasst werden kann. Brighouse erklärt, dass es meistens dann zu Problemen beim Delegieren kommt, wenn nicht genau klar ist, worum es bei der delegierten Aufgabe eigentlich geht. Sie finden das Modell nachfolgend.

Carol entschied sich gemeinsam mit dem Coach dafür, das Modell auf bestimmte Art und Weise mit ihrem Team zu verwenden. Sie war ihrem Team gegenüber ehrlich und teilte ihm mit, dass es sich hierbei um eines ihrer Leistungsziele handelte. Sie erklärte auch, dass das Team nicht nur proaktiver werden sollte, sondern sie selbst daran arbeiteten würde, einen Coaching-Führungsstil einzusetzen. Carol legte Wert darauf zu erklären, dass diese Änderungen nicht eingeführt werden sollten, weil das Team etwas falsch gemacht hatte. Das Team musste nur in Zukunft auf die neue Belegschaftsstruktur und die wachsenden Anforderungen der Schule reagieren.

Sie entschied sich dafür, den Teammitgliedern von den neun Delegationsstufen zu erzählen, und bat sie darum zu bestimmen, welche Stufe für die jeweilige Aufgabe erforderlich war. Diese neun Stufen rückten dadurch in das Zentrum der Coaching-Sitzungen mit dem Führungsteam. Als sie begann, die Liste einzusetzen, fiel ihr auf, dass die Stufen 6, 7, 8 und 9 nur selten eingesetzt wurden, obwohl die nötigen Stufen sich abwechselten. Es ist ganz normal, dass sich Mitarbeiter bei neuen Aufgaben zuerst nicht sicher sind, mit wie viel Autonomie sie umgehen können. Wenn die delegierten Aufgaben bereits bekannt waren, waren die Mitarbeiter selbstbewusster, was die selbstständige Arbeit anging. In den Coaching-Sitzungen mit den Teammitgliedern ging es nun darum, wie man das Niveau anheben könnte und wie dies überwacht werden sollte.

Carol arbeitete beispielsweise mit Jason zusammen, der für die Schulbewertung zuständig war. Jasons Aufgabe war es, die aktuelle Bewertung der Schule zu überprüfen und Prozesse nachzuverfolgen, die bisher auf verschiedenen Systemen aufbauten und nicht sonderlich effizient waren.

Delegieren

Es gibt neun Stufen beim Delegieren. Bevor Sie eine Aufgabe delegieren, sollten Sie sicherstellen, dass sowohl Sie als auch die andere Person wissen, welcher Stil verwendet wird. Dadurch können Sie sich viel Ärger sparen.

1. „Sehen Sie sich das Problem genauer an. Nennen Sie mir alle Fakten. Ich werde entscheiden, wie wir fortfahren."
2. „Nennen Sie mir die verfügbaren Alternativen mit ihren Vor- und Nachteilen. Ich werde entscheiden, was ausgewählt werden soll."
3. „Nennen Sie mir Ihre Auswahlkriterien, welche Alternativen es gibt und welche Ihnen am besten erscheint, sowie mögliche Risiken. Ich werde die Entscheidung treffen."
4. „Empfehlen Sie mir eine Vorgehensweise, damit ich sie genehmigen kann."
5. „Sagen Sie mir, was Sie vorhaben. Machen Sie nicht weiter, bevor Sie nicht meine Genehmigung dazu haben."
6. „Sagen Sie mir, was Sie vorhaben. Machen Sie weiter, außer ich untersage es."
7. „Werden Sie aktiv. Sagen Sie mir, wie Sie vorgegangen sind. Nennen Sie mir das Ergebnis."
8. „Werden Sie aktiv. Wenden Sie sich nur dann an mich, wenn Ihre Vorgehensweise keinen Erfolg bringt."
9. „Werden Sie aktiv. Sie müssen keine weitere Rücksprache mit mir halten."

Tim Brighouse
(http://www.DCSF.gov.uk/londonchallenge/docs/LCdecember05html.html)

Jason wählte Stufe 3 des Delegationsmodells für seine Aufgabe, da es sich um eine wichtige Aufgabe handelte, die sowohl Ressourcen als auch die gesamte Belegschaft umfasste:

„Nennen Sie mir Ihre Auswahlkriterien, welche Alternativen es gibt und welche Ihnen am besten erscheint, sowie mögliche Risiken. Ich werde die Entscheidung treffen."

Jason fühlte sich mit dieser Delegationsstufe wohl. Er wusste genau, was von ihm erwartet wurde. Carol war sehr erfreut, als Jason ihr pünktlich einen schriftlichen Bericht zu den Alternativen für den Bewertungszyklus vorlegte, in dem sowohl die Risiken als auch die Kosten für die verschiedenen Systeme aufgeführt waren. In seinem Bericht gab er jeweils eine

Begründung für die einzelnen Vorschläge an. Carol hatte das Gefühl, dass sie in die Entscheidung einbezogen wurde, und mehr brauchte sie nicht. Jason hatte eigenständig recherchiert und sie nicht behelligt, bis er den fertigen Bericht vorliegen hatte.

Carol händigte dem Führungsteam jedes Halbjahr einen Fragebogen aus, anhand dessen das Team seine Fortschritte bewerten und angeben sollte, für welche Delegationsstufe die einzelnen Mitglieder bereit waren.

Sechs Monate nach Projektstart hielt sie in ihrem Bericht für den Schulbeirat Folgendes fest:

Das Führungsteam ist der Ansicht, dass das Delegieren nun weit effektiver abläuft, die Vision der Schule einbezogen wird und eine wertvolle berufliche Weiterentwicklung stattfindet. Je mehr Selbstvertrauen die einzelnen Mitglieder in Zusammenhang mit ihren Aufgaben aufbauen, desto höher wird die Delegationsebene. Die Teammitglieder schätzen ihren Fortschritt anhand der Brighouse-Liste ein; die Fragebögen zeigten folgendes Ergebnis:

» *zu Beginn des 1. Trimesters (Herbst): durchschnittlich 5 („Sagen Sie mir, was Sie vorhaben. Machen Sie nicht weiter, bevor Sie nicht meine Genehmigung dazu haben.“)*
» *zu Beginn des 2. Trimesters (Frühjahr): durchschnittlich 6/7 („Sagen Sie mir, was Sie vorhaben. Machen Sie weiter, außer ich untersage es.“, „Werden Sie aktiv. Sagen Sie mir, wie Sie vorgegangen sind. Nennen Sie mir das Ergebnis.“)*
» *zu Beginn des 3. Trimesters (Sommer): 6, 7, 8, 9 je nach Art der Aufgabe und der Entwicklungsstufe des Mitarbeiters (8 „Werden Sie aktiv. Wenden Sie sich nur dann an mich, wenn Ihre Vorgehensweise keinen Erfolg bringt.“ 9 „Werden Sie aktiv. Sie müssen keine weitere Rücksprache mit mir halten.“)*

Es wird klar, dass das Team durch diesen strukturierten Ansatz beim Delegieren proaktiver geworden ist, ganz so, wie Carol es sich erhofft hatte. Carol konnte rasch feststellen, dass einige Teammitglieder unter Stress in das alte Muster zurückfielen und an ihre Aufgaben erinnert werden mussten. Sie stellte jedoch auch fest, dass sie in diesem Fall schnell darauf verweisen konnte, was zur Lösung dieser Probleme vereinbart worden war.

Carol stieß jedoch auf einige Probleme. Ein Teammitglied, Claire, war beispielsweise an der gesamten Schule für den Fachbereich Englisch zuständig. Man hatte festgestellt, dass es ein Problem damit gab, den Schülern das Lesen beizubringen; vor allem der Ansatz schien nicht zu stimmen. Da sich der Lehrplan immer mehr auflöste und kreativer wurde, hatte Claire das Gefühl, dass man nicht systematisch genug vorging und dies ein Grund für die enttäuschenden Ergebnisse der Fähigkeitstests in diesem Bereich war.

Während ihrer monatlichen Coaching-Sitzung mit Carol gab Claire an, dass sie gerne mit Delegationsstufe 8 an diesem Projekt arbeiten würde („Werden Sie aktiv. Wenden Sie sich nur dann an mich, wenn Ihre Vorgehensweise keinen Erfolg bringt.“). Carol war damit nicht einverstanden, da sie mehr in die Aufgabe einbezogen werden wollte. Claire fühlte sich dadurch etwas vor den Kopf gestoßen, da sie der Ansicht war, dass sie über ausreichend Erfahrung verfügte und außerdem die Herausforderung gerne annehmen würde. Carol und Claire einigten sich auf die Delegationsstufe 6 („Sagen Sie mir, was Sie vorhaben. Machen Sie weiter, außer ich untersage es.“)

Claire fühlte dadurch ihre Kompetenz untergraben. Das Projekt verlief gut und während der Coaching-Sitzungen erkannte Carol, dass sie mehr Vertrauen in ihr Team hätte zeigen sollen und damit eine wichtige Coaching-Fähigkeit demonstriert hätte. Carol lernte daraus vor allem eines: Claire benötigte nicht mehr Unterstützung von Carol, sondern das Gefühl, auf den eigenen Instinkt vertrauen zu können, wie viel Unterstützung sie wirklich braucht. Es geht darum, den Mitarbeitern das zu bieten, wovon sie denken, dass sie es brauchen, und nicht das, wovon wir denken, dass sie es brauchen.

Gehen wir nun zurück zu Carol und ihrem Coach, nachdem sie die Arbeit an ihrem Ziel aufgenommen hat.

Fallstudie

Coach: Also, Carol, sehen wir uns Ihre Fortschritte in Hinblick auf Ihr Ziel an. Erzählen Sie mir, wie es läuft.

Carol: *Es läuft wirklich gut. Ich habe das Gefühl, dass das Führungsteam jetzt unabhängiger arbeitet und dadurch stärker geworden ist. Außerdem schätzen die anderen Mitarbeiter das Führungsteam nun mehr und bitten es häufiger um Hilfe, anstatt direkt zu mir zu kommen. Das Führungsteam genießt nun ein viel höheres Ansehen bei den anderen Mitarbeitern.*

Coach: Woran erkennen Sie das?

Carol: *Ich habe einen Fragebogen ausgeteilt und bei einer der Fragen ging es darum, wie effektiv sie ihre Führung finden. Aber ich konnte es auch daran erkennen, dass die Mitarbeiter der gesamten Schule nun nicht mehr so häufig zu mir kommen und um Rat bitten.*

Coach: Können Sie mir ein Beispiel nennen?

Carol: *Nun, es gab erst vor kurzem ein Problem mit den Elternabenden. Eine der neuen Lehrkräfte war besorgt, da sie nicht genau wusste, was sie zu erwarten hatte. Früher wäre sie zu mir gekommen, um sich Rat zu holen. Ihr Teamleiter hatte das jedoch vorhergesehen, machte sich einige Notizen und ging sie mit ihr durch. Das ist für mich ein Beispiel proaktiver Arbeit.*

Coach: Dem Klang Ihrer Stimme entnehme ich allerdings, dass Sie darüber nicht so erfreut sind.

Carol: *Nun, ich bin dadurch ins Grübeln gekommen. Bis vor kurzem noch war es meine Aufgabe, eine Lösung zu finden und alles in geregelte Bahnen zu lenken. Jetzt gibt es drei andere Personen, die das genauso gut können wie ich. Das habe ich mir seit langem gewünscht und jetzt bereitet es mir doch Probleme.*

▶▶

Coach: Was genau bereitet Ihnen Probleme?

Carol: *Die Tatsache, dass ich mir zuvor sehr klar über meine Aufgaben war. Ich war die Schulleiterin und habe die Entscheidungen getroffen. Ich war gut darin. Nun, es war, wie wir erkannt haben, nicht besonders nachhaltig, aber ich wusste zumindest, wo ich stehe.*

Coach: Wo stehen Sie jetzt?

Carol: *Ich weiß nicht, darüber denke ich noch nach. Ich bin die Schulleiterin und wenn ich nicht die Führung übernehme, was mache ich dann?*

Coach: Was ist nun Ihre wichtigste Rolle?

Carol: *Nun, ich muss mir jetzt die Aufgabe raussuchen, die sonst niemand übernimmt. Ich gehe davon aus, dass ich die Führungskraft des Führungsteams bin. Das Problem ist, es gibt jetzt eine Leere, von der ich nicht weiß, wie ich sie füllen soll. Ich habe mich immer beschwert, dass ich keine Zeit dazu habe, strategisch zu denken. Jetzt habe ich die Zeit und weiß nicht, wie ich es machen soll. Ich muss mich etwas aus den alltäglichen Abläufen zurückziehen und mir überlegen, wo es nun hingehen soll. Das Problem ist, ich muss erst einmal lernen, das zu tun.*

Coach: Sollen wir das als Ihr nächstes Ziel festlegen? ◀

Welchen Nutzen hatte das Coaching?

Carols Team hatte sich weiterentwickelt und sie war erfreut über seinen Fortschritt. Der Coach hatte ihr dabei geholfen zu erkennen, welche Änderungen nun folgen mussten. Der Coach half ihr dabei, weiterzumachen und ihre Arbeitsweise in der neuen Umgebung mit einer geteilten Führungsverantwortung zu ändern.

Widerstand gegen geteilte Führungsverantwortung

Einige Führungskräfte werden, wie auch Carol, Probleme damit haben, ihre Führungsrolle zu teilen. Sie haben möglicherweise Angst, ihre Entscheidungskraft zu verlieren, wenn sie einen Coaching-Stil anwenden. Beim Coaching geht es um eine demokratischere Beziehung, die auf Zusammenarbeit aufbaut, und weniger um eine einzelne Führungskraft, die vorgibt, wohin es gehen soll. In einer hierarchischen Führungsstruktur sind die Aufgaben der einzelnen Mitarbeiter klar verteilt und die Mitarbeiter überschreiten dabei keine Grenzen. Es besteht eine automatische Kontrolle; die Verantwortungsbereiche sind transparent. Wenn Führungskräfte ein Problem damit haben, dieses Kontrollelement loszulassen, brauchen sie eventuell individuelle Coaching-Sitzungen, um dieses persönliche Hindernis zu überwinden. Einige Führungskräfte haben möglicherweise das Gefühl, dass sie nicht die erforderlichen Fähigkeiten besitzen, um effektiv zu coachen.

Guter Tipp

Versuchen Sie, Coaching täglich in Ihre Führungsaufgaben zu integrieren. Dadurch können Sie die Fähigkeiten Ihrer Mitarbeiter verbessern.

Carols Teamentwicklung war erfolgreich, da sie darin gecoacht wurde, wie sie einen Coaching-Führungsstil anwenden könnte. Ein weiterer Grund für ihren Erfolg war, dass sie zuvor bereits einen Kurs zu Coaching-Fähigkeiten absolviert hatte.

In Kapitel 7 haben wir gelernt, wie man eine Coaching-Kultur an einer Schule einführt. Es wurde ein Modell vorgestellt, mit dessen Hilfe man den Mitarbeitern die Coaching-Fähigkeiten näherbringen kann. Gehen wir nun einen Schritt weiter; sehen wir uns an, wie man Coaching strukturiert einsetzen kann, um ein Netzwerk mit geteilter Führungsverantwortung an einer Schule aufzubauen.

Schritt 1
Schulung aller Mitarbeiter zum Thema Coaching-Fähigkeiten anhand des Modells aus Kapitel 7

Schritt 2
Aufbau einer Mitarbeiterstruktur, die Führungskompetenzen innerhalb der Schule aufbaut. Dazu müssen Teams aufgestellt und Teamleiter festgelegt werden, sowie deren Rollen und Verantwortungsbereiche.

Schritt 3
Verbinden Sie die Leistungsmanagementziele mit der Entwicklung eines Coaching-Führungsstils.

Schritt 4
Stellen Sie sicher, dass der Schulleiter selbst gecoacht wird.

Schritt 5
Planen Sie regelmäßige Coaching-Sitzungen für das Führungsteam. Sobald dies geschehen ist, können Sie die Führungskräfte auf mittlerer Ebene in das Coaching ihrer Teams einbeziehen.

Schritt 6
Überwachen Sie den Fortschritt, indem Sie Umfragen durchführen und regelmäßig um Feedback bitten.

Teamleiter können Coaching-Sitzungen basierend auf dem LEAP-Modell durchführen (Kapitel 3). Es ist die Rolle des Teamleiters, sicherzustellen, dass die Ziele, die in den Sitzungen festgelegt werden, sich direkt auf die Vision und die Werte der Schule beziehen.

Nächste Schritte

Es gibt viele Verwendungsmöglichkeiten für Coaching an Schulen. Je besser Sie in der Anwendung der Coaching-Fertigkeiten werden, desto häufiger werden Sie diese Fertigkeiten und die Coaching-Struktur in den täglichen Aufgaben, die Sie an der Schule verrichten, anwenden. Nachfolgend finden Sie einige der am besten geeigneten Bereiche.

Coaching und die Initiative „Jedes Kind zählt“

Die Initiative „Jedes Kind zählt“ will mit ihren fünf Zielen erreichen, dass Lehrer über die schulischen Leistungen eines Kindes hinaus versuchen, seine Weiterentwicklung zu fördern und dafür, wenn nötig, mit Einrichtungen außerhalb der Schule zusammenzuarbeiten. Um die fünf Ziele der Initiative umzusetzen, kann ein Coaching-Ansatz mit den Schülern verwendet werden.

1. **Gesundheit:** Die Kinder können ermutigt werden, sich Ziele für einen gesunden Lebensstil zu setzen und sie zu erreichen.
2. **Sicherheit:** Die Pausenaufsicht kann einen Coaching-Ansatz verwenden, um die Kinder zu ermutigen, Pausenstreitigkeiten zu lösen und Mobbing zu vermeiden.
3. **Spaß und Erfolg:** Die Kinder können von Lernmentoren gecoacht werden. Hierbei können Ziele in Bezug auf die Anwesenheit, das Verhalten sowie die schulische Leistung gesetzt werden.
4. **Positiver Beitrag:** Es kann ein Coaching-Ansatz mit dem Schulbeirat verwendet werden, um die Kinder zu ermutigen, gute Entscheidungen zu treffen, von denen die Schulgemeinschaft profitiert.
5. **Wirtschaftlicher Wohlstand:** Junge Leute können ein Coaching zur beruflichen Weiterentwicklung erhalten, um sicherzustellen, dass sie später wirtschaftlich unabhängig sein werden.

Coaching und Eltern

Viele Schulen arbeiten mit der Schulbehörde zusammen und bieten Workshops für Eltern an, die damit ihre eigenen Lese- und Schreibfähigkeiten verbessern können. An einigen Schulzentren finden nun Kurse für Eltern statt. Eltern, die mit dem Verhalten ihrer Kinder zuhause Probleme haben, können ebenfalls von einem Coaching-Ansatz profitieren. Sie können ermutigt werden, sich und ihren Kindern Ziele zu setzen und darauf hinzuarbeiten. Dazu gehören z. B. Ziele für angemessenes Verhalten zuhause.

Coaching und der Schulbeirat

Viele Schulbeiräte haben ihren eigenen Verbesserungsplan oder fallen unter den der Schule im Rahmen von deren Entwicklungsplan. In Kapitel 9 haben wir uns das Coaching eines Teams angesehen. Auch der Schulbeirat ist ein Team. Er benötigt Coaching, um Ziele setzen, Pläne erstellen und effektiv zusammenarbeiten zu können. Schulbeiräte sollten jedes Schuljahr damit beginnen, zu bestimmen, wie effektiv sie sind und wie sie sich verbessern könnten, indem sie sich eine Reihe von Coaching-Fragen stellen. Der Schulbeirat sollte mindestens zwei Sitzungen pro Jahr abhalten, in denen er sich selbst zum Thema Zusammenarbeit im Team coacht. Ein Mitglied des Schulbeirats könnte als Coach fungieren oder es kann ein externer Moderator hinzu gebeten werden.

Durchstarten als Coach

In den vorherigen Kapiteln ging es vor allem um Coaching-Methoden. Wir haben uns die Fertigkeiten angesehen, die für das Coaching nötig sind, und ein Modell betrachtet, wie es abläuft. Außerdem haben wir uns eingehend damit befasst, in welcher Form Coaching an Schulen eingesetzt werden kann. In diesem letzten Abschnitt des Kapitels befassen wir uns damit, wie man das Ganze in die Tat umsetzen kann. Sie haben einen Coach in sich, der nur darauf wartet, endlich herausgelassen zu werden. Sie haben das Potenzial, Coach zu sein. Sie müssen einfach nur damit anfangen.

Vielleicht sind Sie ein wahrer Glückspilz und haben bereits eine Coaching-Schulung durchlaufen. Eventuell bekleiden Sie eine Führungsposition und können Coaching im Rahmen eines Einführungstages vorstellen. Möglicherweise lesen Sie einfach nur dieses Buch, hatten bisher noch keine Schulung zum Thema und keine Zeit, Coaching überhaupt einzusetzen. Wenn dies der Fall ist, dann legen Sie einfach los.

Umsetzung in die Praxis

Sie werden sicherlich kein begabter Coach, wenn Sie nur darüber lesen. Sie müssen jede Chance nutzen, um Coaching zu üben.

Wenn Sie das nächste Mal von einem Kollegen um Hilfe gebeten werden, stellen Sie ihm zuerst die Frage, was er selbst tun würde und was er bereits getan hat. Sehr oft liegen die Antworten und die Lösungen bereits im Unterbewusstsein einer Person verborgen. Stellen Sie sich nur vor, wie viel befriedigender es für den anderen ist, selbst eine Lösung zu finden.

Wenn sich die Mitarbeiter im Lehrerzimmer unterhalten, konzentrieren Sie sich auf das Zuhören und formulieren Sie nicht bereits in Gedanken Ihre nächste Frage. Wenn ein Elternteil sich beschwert, versuchen Sie wirklich zu verstehen, worum es geht. Stellen Sie sich vor, wie der andere die Situation sieht, bevor Sie sich verteidigen und Ihre Sicht der Dinge schildern.

Wenn Sie mit einem Schüler sprechen, der etwas falsch gemacht hat, fragen Sie nicht, warum er es getan hat. Fragen Sie, was genau passiert ist und wie sich der Schüler dabei gefühlt hat. Der Schüler soll Ihnen erzählen, was schiefgelaufen ist.

Sie können Coaching sowohl in formellen als auch in informellen Situationen üben, z. B. zuhause oder in der Arbeit. Als Neuling im Bereich Coaching müssen Sie jede Möglichkeit nutzen, um zuzuhören, Fragen zu stellen und eine Beziehung aufzubauen.

Co-Coaching

Eine gute Möglichkeit, ins Coaching einzusteigen, ist, sich einen Coaching-Partner zu suchen. Das kann entweder ein Kollege oder ein Freund sein. Sie müssen vereinbaren, dass Sie sich gegenseitig coachen und Ihre Fertigkeiten ausbauen. Sie müssen sich ein aktuelles Thema suchen, zu dem Sie sich gegenseitig coachen können und dessen Ergebnis sehr wichtig für Sie ist. Es ist wichtig, dass Sie dies nicht als Rollenspiel betrachten. Wenn die Themen nicht real sind, hat das Coaching keinen Wert. Wenn Ihr Coaching-Partner nicht in der Nähe lebt, können Sie das Coaching übers Telefon abhalten. Coaching am Telefon kann sehr effektiv sein; es funktioniert am besten, wenn Sie bereits eine Beziehung zu Ihrem Gegenüber aufgebaut haben.

Das Co-Coaching funktioniert am besten mit drei Personen. Einer ist der Coach, einer der Lernende und der Dritte beobachtet und gibt Feedback. Telefon-Coaching mit drei Personen kann ganz leicht über eine Konferenzschaltung realisiert werden. Das Coaching in einem Team aus drei Personen hat außerdem den Vorteil, dass man drei unterschiedlichen Coaching-Stilen ausgesetzt ist. Im Rahmen des Co-Coachings können Sie Ihre eigenen Fertigkeiten zum Geben und Erhalten von Feedback verbessern. Wenn Sie mutig genug sind, können Sie Ihre Coaching-Sitzungen auf Video oder Band aufnehmen. Das kann sehr hilfreich dabei sein, mehr über die Coaching-Verhaltensweisen zu lernen. Wenn Sie lernen, Coach zu sein, ist es sehr wichtig, dass Sie sich selbst als Lernenden betrachten. Indem Sie sich Lernziele setzen, einen Plan aufstellen und Ihren Fortschritt überprüfen, können Sie die besten Ergebnisse erzielen.

Auf einen Blick

- Coaching als Führungsstil fördert die Fähigkeiten der Mitarbeiter.
- Richtiges Delegieren überträgt Verantwortung auf die Mitarbeiter und fördert ihre Weiterentwicklung.
- Coaching ist ein wichtiger Grundbaustein für geteilte Führungsverantwortung.

Aus der Praxis

Wer sind die Führungskräfte an Ihrer Schule? Sind Sie eine davon und erhalten Sie Coaching zu Ihren Führungskompetenzen? Wie müssen Sie als Führungskraft oder Coach Ihr Verhalten anpassen? Wie können Sie einige der Coaching-Kompetenzen in der täglichen Arbeit üben? Erstellen Sie einen Plan, wie Sie dies umsetzen werden.

Kapitel 11

Der Einsatz von Coaching- und Mentoring-Techniken bei Kindern

In diesem Kapitel erfahren Sie etwas über

- den Einsatz von Coaching beim Mentoring für Schüler
- die Verwendung eines Coaching-Ansatzes im Rahmen einer schulischen Mentoring-Rolle
- die Durchführung von Coaching als Verhaltensmanagementstrategie bei Schülern
- den Aufbau und die Aufzeichnung einer Coaching-Sitzung mit Schülern

Lehrer benutzen im Umgang mit Schülern intuitiv Coaching. Dabei kann es sich um ein normales Gespräch oder eine strukturierte schulische Mentoring-Sitzung handeln. In den vorherigen Kapiteln haben Sie Coaching-Strategien kennengelernt. Nun ist es an der Zeit, sich darüber Gedanken zu machen, wie Sie diese Fertigkeiten bei Schülern einsetzen können.

Coaching kann sowohl bei Grundschülern als auch bei Schülern weiterführender Schulen eingesetzt und in bestehende Strukturen für schulisches Mentoring und Verhaltensmanagement integriert werden. Sie können auf Ihre natürlichen Unterrichts- und Kommunikationsfähigkeiten aufbauen und Sie beginnen, die gelernten Coaching-Strategien in Ihrer täglichen Arbeit einzusetzen.

Coaching führt bei Kindern dazu, dass sie motivierter werden und lernen, sich ihre eigenen Ziele zu setzen. Die Kinder erlernen dabei wertvolle und nachhaltige Fähigkeiten, die sie in Beziehungen mit anderen Schülern einsetzen können.

Coaching und schulisches Mentoring

In diesem Kapitel konzentrieren wir uns auf zwei Bereiche, zum einen die Förderung der Kinder durch den Einsatz eines Coaching-Ansatzes beim Verhaltensmanagement und zum anderen die Integration von Coaching in das Mentoring und die Zielsetzungsgespräche, die bereits an Schulen durchgeführt werden. Coaching ist eine Möglichkeit, Kinder zu ermutigen, selbst die Verantwortung für ihren Lernerfolg zu übernehmen. Hierbei handelt es sich um eines der Prinzipien, das vor allem bei der Lernbewertung eine Rolle spielt.

Forschungserkenntnisse

Personen, die selbstständig lernen, übernehmen die Verantwortung für den eigenen Lernerfolg.

> „Personen, die selbstständig lernen, suchen und erwerben neue Fähigkeiten, neues Wissen und ein neues Verständnis. Sie sind selbstreflektiert und können die nächsten notwendigen Schritte für ihren Lernerfolg erkennen. Lehrer sollten ihren Schülern den Wunsch und die Fähigkeit mit auf den Weg geben, durch das Erlernen der Fertigkeit der Selbstbewertung selbst die Verantwortung für ihren Lernerfolg zu übernehmen."

nach: www.education.gov.uk

Durch die Integration eines Coaching-Ansatzes an weiterführenden Schulen und die Zielsetzung in Grundschulen können die Kinder selbst Verantwortung für ihren Lernerfolg übernehmen.

Was versteht man unter schulischem Mentoring?

Die Unterschiede und Gemeinsamkeiten von Coaching und Mentoring wurden in Kapitel 1 besprochen. Nun werden wir uns ansehen, wie Coaching-Fertigkeiten in einer Mentoringstruktur eingesetzt werden können.

Die Vorteile schulischen Mentorings sind an britischen Schulen bereits seit Jahren bekannt. Schüler der Jahrgangsstufe 11, deren Leistungen hinter den Erwartungen zurückbleiben, werden ausgewählt; es wird ihnen ein Mentor zur Seite gestellt, worauf sich die Ergebnisse nachweislich verbessern (siehe nachfolgende Forschungserkenntnisse).

Forschungserkenntnisse

Das Mentoring von Schülern hat positive Auswirkungen.

- » Schüler profitieren von einer Mentoring-Beziehung mit einem vertrauenswürdigen Erwachsenen, da sie Selbstvertrauen gewinnen und höhere Erwartungen an ihre Erfolge stellen.
- » Schüler verbessern ihre Lerntechnik und Autonomie, indem sie Schularbeiten und Wiederholungsübungen effektiver planen.
- » Die Qualität der Beziehung ist von großer Bedeutung für den Erfolg; deshalb müssen sowohl der Mentor als auch der Mentee mit der richtigen Einstellung dem anderen gegenüber aufwarten. Beide müssen an die Effizienz des Prozesses glauben.
- » Mentoren fanden Gefallen am Mentoring-Prozess und erkannten, wie wichtig Flexibilität dabei ist.
- » Schüler, die ein Mentoring erhielten, erzielten bessere Ergebnisse im Vergleich zu den von Lehrkräften vorhergesagten Ergebnissen.
- » Das Mentoring funktionierte am besten, wenn die Schüler ihren Mentor außerhalb der üblichen Lernsituation trafen.
- » Das Mentoring war am effektivsten, wenn man sich gezielt dafür Zeit nahm.
- » Die Bereitschaft zuzuhören, anzuerkennen, dass unterschiedliche Schüler unterschiedliche Bedürfnisse haben, und das Wissen, wann eingegriffen werden muss und wann man sich besser zurückhält, erwiesen sich als wichtige Fähigkeiten für effektives Mentoring.

nach: www.education.gov.uk

Schulisches Mentoring ist das Herzstück individuellen Lernens und unterstreicht die Prinzipien der Lernbewertung. Beim schulischen Mentoring geht es normalerweise hauptsächlich darum, dass die Schüler Lernziele festlegen und selbst Möglichkeiten finden, sie zu erreichen.

Es gibt viele verschiedene Strategien, um Schüler zu unterstützen. Das schulische Mentoring ist nur eine davon. Es basiert vor allem darauf, dass Schüler mehr erreichen können als sie für möglich halten, wenn sie von einem geschulten Mentor unterstützt werden; Coaching spielt in diesem Prozess eine wichtige Rolle.

Der Coaching-Stil, von dem wir sprechen, entspricht nicht dem nicht-direktiven Modell, das wir in Kapitel 3 kennengelernt haben. Er ist fokussierter. Am besten kann er wie folgt beschrieben werden: „Mentoring unter Einsatz von Coaching-Fähigkeiten".

Mentoring in Kombination mit Coaching-Fähigkeiten

Bei diesem Stil geht es nach wie vor darum, dass der Mentor dem Schüler nicht sagt, was er tun soll. Aufgabe des Mentors ist es, Schüler dabei zu unterstützen, sich eigene Ziele für die Fächer zu setzen, die im Rahmen des Mentorings besprochen werden, und ihnen dabei zu helfen, Strategien zu finden, die sie einsetzen können, um ihre Noten zu verbessern. Das Thema der Sitzung wird im Voraus festgelegt; dadurch kann sich der Schüler während der Sitzung darauf konzentrieren, herauszufinden, was er benötigt, um sich zu verbessern, und wie er vorgehen kann. Der Unterschied bei dieser Art von Coaching ist, dass der Mentor als Motivator auftritt und seine Coaching-Fähigkeiten einsetzt, um die Weiterentwicklung des Schülers zu unterstützen.

Wo genau kann schulisches Mentoring eingeordnet werden?

nicht direktives Coaching | *Mentoring unter Einsatz von Coaching-Fähigkeiten* | ...

... professionelles Mentoring | Unterricht | Vorgaben | Richtungsweisung

Alle oben genannten Möglichkeiten für den Einsatz mit Schülern helfen ihnen; das schulische Mentoring in Kombination mit Coaching-Fähigkeiten fördert jedoch zusätzlich die Belastbarkeit und selbstständiges Lernen.

Schulisches Mentoring unterstützt Schüler dabei, Möglichkeiten zu finden, um mit ihrem Mentor über eine Reihe von Sitzungen hinweg Fortschritte zu erzielen. Bei den Gesprächen geht es hauptsächlich um schulische Fortschritte, d. h. Noten und die Entwicklung im Unterricht. Darüber hinaus werden die Motivation und das Interesse am jeweiligen Fach besprochen. Die Schüler besprechen ihre Ziele mit ihren Tutoren. Bei dieser Art von Mentoring ermutigt der Mentor den Schüler, eine eigene Strategie zur Verbesserung zu finden, und bietet selbst keine Strategie an.

Guter Tipp

Kinder möchten einen Coach oder Mentor, der:

» zuhört
» positiv und konstruktiv mit ihnen arbeitet
» fürsorglich und offen ist
» weder zu viel noch zu wenig Unterstützung bietet
» versteht, welche Vorkenntnisse sie haben
» einfühlsam ist und Vertrauliches vertraulich behandelt
» zuverlässig und organisiert ist
» Interesse an ihrem Lernfortschritt hat
» enthusiastisch ist

Kinder möchten keinen Coach oder Mentor, der:

» zu viel spricht
» ungefragt zu viele Ratschläge erteilt
» zu positiv ist
» alles nur aus seinem Blickwinkel sieht
» zu spät zu Treffen erscheint
» ungeduldig ist
» sie nicht wertschätzt

Aus der Praxis

Sehen wir uns einen der obigen Punkte an: „Kinder möchten keine Mentoren oder Coachs, die zu positiv sind". Was genau ist darunter zu verstehen?

Wann haben Sie z. B. zum letzten Mal von einem Kind gehört: „Ich kann nicht zeichnen"? Wahrscheinlich haben Sie geantwortet „Natürlich kannst du das! Red keinen Unsinn, du zeichnest gut." Wir tappen oft in die Falle, zu positiv zu sein, da wir die Kinder ermutigen und ihnen Selbstvertrauen mit auf den Weg geben möchten.

Was wäre eine bessere Antwort für das Kind gewesen, das der Ansicht war, nicht zeichnen zu können? Eine Antwort, die dem Kind zeigt, dass ihm zugehört wird. Wie könnten Sie auf diese Art von Aussage reagieren, wenn Sie einen Coching-Ansatz verwenden?

Wer sollte als schulischer Mentor arbeiten?

Der Mentor ist oftmals der Klassenlehrer des Schülers. Die Rolle des Klassenlehrers hat sich in den vergangenen Jahren geändert. Er ist nicht mehr länger nur eine Art „Verwalter". Er hat mehr Aufgaben als nur die Benotung und das Überprüfen der Hausaufgaben. Er muss nun eine gute, ehrliche und offene Beziehung zu seinen Schülern haben; das sollten gleichzeitig die Voraussetzungen für die Schüler-Mentor-Beziehung sein. Diese Beziehung zwischen

Schüler und Klassenlehrer ist der Kern der Beziehung zwischen Schüler und Mentor. Heutzutage soll der Klassenlehrer eine Schlüsselrolle beim schulischen Erfolg seiner Schüler spielen. Dieser Erfolg kann durch schulisches Mentoring erzielt werden. An britischen Grundschulen gibt es nun Lernmentoren, die mit den hilfsbedürftigsten Kindern arbeiten.

Die Rollen von Mentor und Schüler

Rolle des schulischen Mentors

» Er setzt das LEAP-Modell zur Unterstützung des Schülers bei der Zielsetzung ein.
» Er motiviert den Schüler, die Verantwortung für die eigene Weiterentwicklung zu übernehmen.
» Er bereitet sich auf die Aufgabe vor und besorgt entsprechendes Anschauungsmaterial (z. B. Verhaltens- und Leistungsaufzeichnungen).
» Er leitet die Termine für die Sitzungen an den Schüler weiter.
» Er absolviert eine Schulung zum Thema Mentoring in Kombination mit Coaching-Fähigkeiten und weiß, welche Fragen gestellt werden müssen.

Rolle des Schülers

» Er erscheint pünktlich zum Termin.
» Er erledigt Aufgaben (z. B. Mentoring-Rad) (siehe Seite 237).
» Er trägt die Ziele in ein Planungsheft ein.
» Er bringt die Aufzeichnungen zu den vorherigen Zielen mit.

Es gibt viele verschiedene Modelle dazu, wer als Mentor agieren sollte. An einigen Schulen werden dafür nur Klassenlehrer herangezogen, an anderen alle Erwachsenen. Der Mentor sollte auf jeden Fall geschult werden. Es sollte ein Handbuch für den Mentor geben, das er zu Rate ziehen kann. Darin werden die Termine und die Struktur der Sitzungen festgehalten. Die Schulung sollte aus einem Training zu Coaching-Fertigkeiten und dem Vertrautmachen mit Hilfsmitteln, wie dem Mentoring-Rad (siehe Seite 237), bestehen.

Themen eines Schulungstags zum schulischen Mentoring

» Sinn und Zweck des schulischen Mentorings
» Unterschiede und Gemeinsamkeiten von Coaching und Mentoring
» Beschreibung der Aufgaben des Mentors
» Fertigkeiten, die der Mentor beim Fragen benötigt
» LEAP-Modell und mögliche Fragen für den Mentor
» Einsatz des Mentoring-Rads

Das Mentoring-Rad

Ein wichtiges Hilfsmittel für Mentoring-Sitzungen stellt das Mentoring-Rad dar (siehe Abbildung 11.1). Das Coaching-Rad wird von vielen Coachs als vorbereitende Übung für das Coaching verwendet; ich habe es hier für das Mentoring angepasst. Indem Sie das Rad verwenden, werden viele der Gedankengänge, die Sie bei Coaching-Sitzungen durchlaufen, bereits vorab durchgegangen und geübt. Es ist wichtig, dass das Rad vor der Coaching-Sitzung ausgefüllt wird. Es bietet eine Struktur für eigenständiges Coaching des Schülers. Die Schüler benötigen etwas Zeit, in der sie ungestört nachdenken können. Einige Schulen räumen dafür extra Zeit ein.

Verwendung des Mentoring-Rads

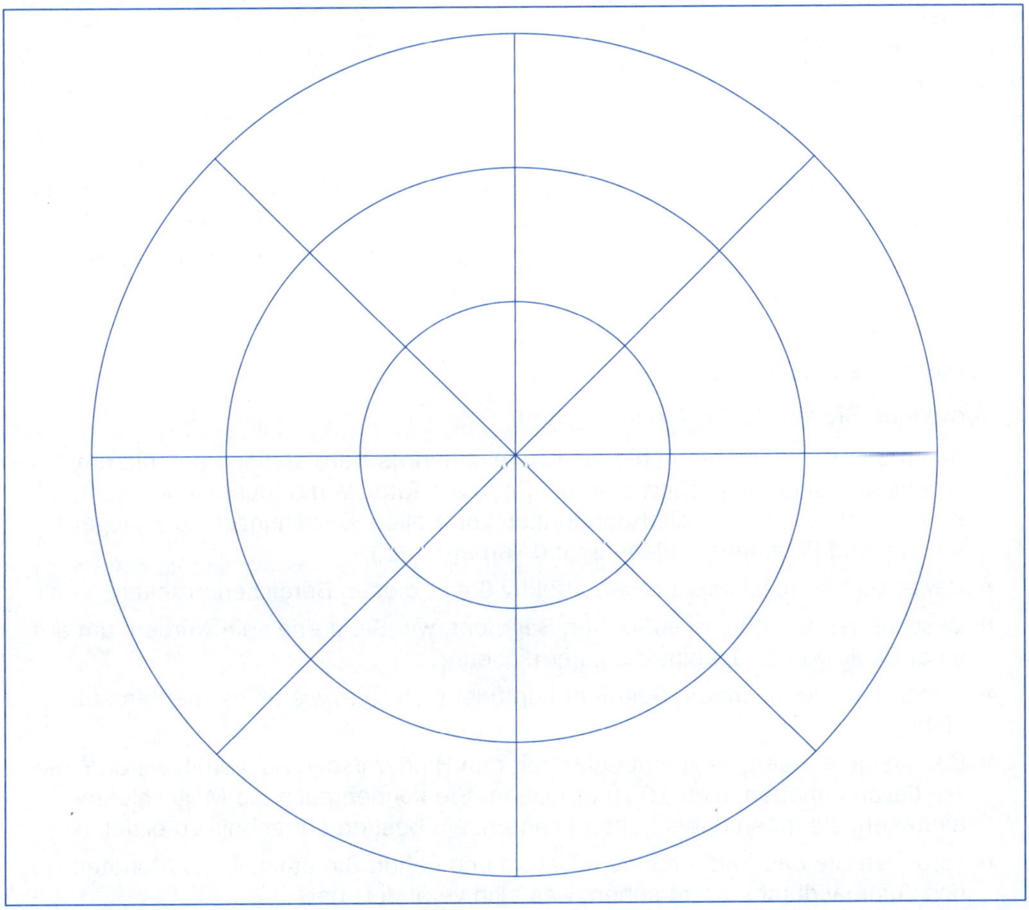

Abb. 11.1: *Das Mentoring-Rad*

» Das Rad ist in acht Bereiche unterteilt. Jeder Bereich steht für ein Fach, das der Schüler belegt hat. Der Schüler kann auswählen, auf welche acht Bereiche er sich konzentrieren möchte.

» Der Schüler schreibt die einzelnen Fächer außen um das Rad herum.
» Anschließend bewertet der Schüler jedes Fach auf einer Skala von 1–10. Er fängt dabei beim kleinsten, innen liegenden Segment an und gibt an, wie er seine Leistung in diesem Fach einschätzt. Mit anderen Worten, welche Leistung er zu erzielen glaubt.
» Im äußeren Segment trägt der Schüler positive Elemente dieses Fachs ein.
» Im nächsten Segment gibt der Schüler die negativen Aspekte des Fachs an.

Vorschläge für andere Überschriften der einzelnen Radsegmente

Das Rad kann auch für andere Aspekte des Schülerlebens verwendet werden. Die Segmente könnten sich z. B. auf die folgenden Bereiche beziehen:
» Freundschaft
» nach der Schule
» Pausen
» Vertrauen
» Familie
» Verhalten

Es hängt ganz vom Mentor ab, ob er die Segmente beschränken möchte oder nicht. Einige Mentoren legen fest, dass die Hauptfächer enthalten sein müssen und im Anschluss die Wahlfächer, die der Schüler je nach Jahrgangsstufe belegt. Im Anschluss kann der Schüler ein Segment aus der oben genannten Liste auswählen.

Versuchen Sie es damit

Verwenden Sie selbst das Mentoring-Rad.
» Teilen Sie die Segmente in die acht Bereiche Ihres Berufslebens auf, die am wichtigsten sind (möglicherweise die Rolle als Tutor, Verhaltensmanagement, Kontakt mit den Eltern, die Koordination von Rollen, Beziehungen zu Kollegen, Arbeits- und Privatleben, Planung und Vorbereitung).
» Bewerten Sie anschließend, wie effektiv Sie in diesen Bereichen arbeiten.
» Beschreiben Sie nun im äußersten Segment, wie Sie gerne sein würden, um auf einer Skala von 1–10 eine 10 zu erreichen.
» Gehen Sie zum nächsten Segment und überlegen Sie, wie es momentan aussieht.
» Das kleinere innere Segment sollte mit den Hindernissen ausgefüllt werden, die Sie davon abhalten, eine 10 zu erreichen. Sie können auch die Möglichkeiten eintragen, die Ihnen dabei helfen könnten, ein besseres Ergebnis zu erzielen.
» Versehen Sie das Rad mit einem Datum und gehen Sie es in sechs Monaten noch einmal durch, um zu sehen, was sich verändert hat.

Sie haben sich nun selbst etwas gecoacht. Wie werden Sie weitermachen?
Was halten Sie vom Einsatz des Rads und was denken Sie, wie Ihre Schüler darauf reagieren werden?

Das LEAP-Modell im schulischen Mentoring

Es ist wichtig, dass Mentoring-Sitzungen anhand des LEAP-Modells aufgebaut werden. Möglicherweise werden in einer Sitzung nicht alle Phasen durchlaufen, aber das Prinzip, dass der Schüler bestimmt, wohin es in der Sitzung geht, muss eingehalten werden.

Das LEAP-Modell kann ebenso wie in einer normalen Coaching-Sitzung befolgt werden. Der einzige Unterschied ist zunächst, dass das Thema bereits festgelegt wurde. Ein weiterer Unterschied könnte sein, dass man weniger Zeit damit verbringt, auf die Ziele einzugehen, da der Zielschwerpunkt ohnehin eingeschränkt ist. Es ist wichtig, dass die erforderlichen Aufgaben vor der Sitzung ausgeführt und das Mentoring-Rad ausgefüllt wurde.

Der Mentor sollte den Schüler darauf vorbereiten, was er von der Sitzung erwarten kann, und ihn an seine Aufgaben und Verantwortungsbereiche erinnern. Es ist wichtig, dass die Schüler sich bewusst sind, dass sie selbst und nicht der Mentor für ihren Erfolg verantwortlich sind.

Der Schwerpunkt der Sitzung liegt auf den Aufzeichnungen des Schülers im Mentoring-Rad. Durch geschicktes Fragen kann der Mentor den Schüler durch die einzelnen Phasen des LEAP-Modells führen.

1. **L**ooking at goals (Ziele analysieren)
2. **E**xploring reality (die Realität betrachten)
3. **A**nalysing possibilities (Möglichkeiten analysieren)
4. **P**lanning action (Vorgehensweisen planen)

Phase 1: Ziele analysieren

In dieser Phase liegt das Augenmerk auf der Zukunft. Der Mentor muss den Schüler dazu bringen, sich auf eine perfekte Leistung in diesem Fach zu konzentrieren. Ein Schüler braucht möglicherweise mehr Unterstützung und Richtungsvorgaben als ein Erwachsener; der Mentor muss seine Kenntnisse über den Schüler und sein Verhalten im Unterricht einsetzen, um ihm zu helfen. Es ist nach wie vor wichtig, möglichst offene Fragen zu stellen, aber der Mentor muss mehr Beispiele bzw. Vorschläge anbieten, als er es in einer nicht-direktiven Sitzung tun würde.

Guter Tipp

Fragen für die Phase „Ziele analysieren“:

- Was möchtest du in dem Fach erreichen?
- Was ist dein Ziel?
- Welche Note möchtest du mindestens erreichen?
- Bis wann möchtest du dies erreichen?
- Was brauchst du, um die Höchstleistung zu erzielen?
- Wodurch wirst du wissen, wann du die Höchstleistung erzielt hast?
- Wie werden sich die Dinge dadurch ändern?
- Wenn ich dich beobachten und jemanden sehen würde, der eine Höchstleistung in diesem Fach erbringt, was genau würde ich sehen?

Fallstudie

Elsie ist Klassenleiterin der Jahrgangsstufe 11. Sie führt eine schulische Mentoring-Sitzung mit Paul durch, dessen Leistungen unter dem Durchschnitt liegen. Die Sitzung soll 15 Minuten dauern; Paul kommt aus einer Kunststunde.

Elsie: Das ist das Mentoring-Rad, das wir gestern Morgen in der Tutor-Sitzung ausgefüllt haben. Du hast hier einige tolle Leistungen. Zweimal 9, eine 8 und drei 7er. Möchtest du mir zuerst mehr über die 10 erzählen?

Paul: Das ist Sport.

Elsie: Was ist das Besondere an diesem Fach?

Paul: Ich weiß nicht. Ich bin gut darin.

Elsie: Ja, und du bist Mitglied in allen Teams, richtig?

Paul: Ja, Fußball, Leichtathletik und Cricket.

Elsie: Richtig. Sprechen wir über die 9. Erzähle mir mehr über IT und Mathematik. Weshalb hast du diese Fächer so hoch bewertet?

Paul: Nun, in Mathematik bin ich gut und ich mag das Fach – es ist interessant.

Elsie: Okay. Halten wir „Spaß“ und „Interesse“ fest.

Paul: Ja, und der Lehrer ist auch gut.

Elsie: Weshalb? Was wird im Unterricht gemacht, was ihn so gut macht?

Paul: Ich weiß nicht.

Elsie: Erledigst du alle deine Aufgaben?

Paul: Ja, aber die Hausaufgaben nicht immer. Aber ich habe mich entschieden, einige der Hausaufgaben in der Schule zu machen, da zuhause immer der Fernseher läuft und mich das ablenkt.

Elsie: Du hast dich also dafür entschieden.

Paul: Oh ja.

▶▶

Elsie: Sehen wir uns IT an. Du hast es mit 9 bewertet. Das ist höher als im letzten Jahr. Aus welchem Grund?

Paul: Ich lerne mehr.

Elsie: Ja, und du hast auch angegeben, dass es eine Herausforderung ist. Findest du die Aufgaben schwierig?

Paul: Ich mag Herausforderungen.

Elsie: Gut. Es klingt, als wärst du in einigen Fächern richtig gut. Das ist toll. Sehen wir uns jetzt die 6 in den wissenschaftlichen Fächern an. Weshalb steht hier eine 6?

Paul: Wir haben zu viele Arbeitsblätter. Ich sitze neben ein paar Klassenkameraden, die immer herumalbern. Wir fangen an zu lachen und dann ist es vorbei.

Elsie: Wie wäre es ideal für dich?

Paul: Ich weiß nicht.

Elsie: Nun, was könntest du in den wissenschaftlichen Fächern machen, was du auch in IT machst, wo du dich mit einer 9 bewertet hast?

Paul: Ich schaffe keine 9 in diesen Fächern, weil mich die Klassenkameraden ablenken. Ich denke, sie sollten nicht neben mir sitzen. Sie verursachen nur Probleme.

Elsie: Bei den Hausaufgaben hast du dich entschieden, in der Schule zu bleiben, um Ablenkung zu vermeiden.

Paul: Ja.

Elsie: Gäbe es möglicherweise etwas, was dir in dieser Hinsicht auch in den wissenschaftlichen Fächern helfen würde?

Paul: Ich könnte mich alleine hinsetzen und mich nicht von den anderen ablenken lassen. Ich denke, das würde helfen.

Elsie: Okay, könnten wir das als Ziel festhalten? Und wie sieht es damit aus, alle Aufgaben zu erledigen?

Paul: Ich denke, wenn ich nicht mehr neben meinen Freunden sitze, werde ich genug Zeit haben, um meine Arbeit zu machen.

Elsie: Okay, wie lautet also das Ziel?

Paul: „Nicht mehr mit meinen Freunden im Wissenschaftsunterricht zusammensitzen."

Elsie: Könntest du das umformulieren, damit es mehr beschreibt, was du tun wirst, und nicht das, was du nicht tun wirst?

Paul: Okay. Ich werde mir jemanden suchen, der leise arbeitet, neben dem ich sitzen kann.

Elsie: Gut. Bis wann wirst du das machen?

Paul: In der nächsten Stunde.

Elsie: Gut. Halten wir das fest. ◀

Aus der Praxis

Betrachten Sie die Fragen, die Elsie gestellt hat. Welche haben Paul die Verantwortung für seinen eigenen Lernerfolg übertragen? Ihre Fragen haben ihn ermutigt, seinen Fortschritt im Unterricht selbst in die Hand zu nehmen. Er versuchte, andere für seine Abgelenktheit verantwortlich zu machen. Wie ist sie damit umgegangen? Denken Sie an Ihre Schüler. An wen erinnert Sie dieses Verhalten? Welche Fragen könnten Sie diesem Schüler stellen?

1. **L**ooking at goals (Ziele analysieren)
2. **E**xploring reality (die Realität betrachten)
3. **A**nalysing possibilities (Möglichkeiten analysieren)
4. **P**lanning action (Vorgehensweisen planen)

Phase 2: Die Realität betrachten

In Phase 2 gehen wir zurück in die Gegenwart. Es ist an der Zeit, dass sich der Schüler auf die aktuelle Situation konzentriert. Er beschreibt die aktuelle Situation im Unterricht und wie er sich dabei fühlt.

Aufgabe des Mentors ist es hierbei, Licht in die Situation zu bringen und den Schüler anzuregen, sich darauf zu konzentrieren, wofür er verantwortlich ist und wo er etwas ändern könnte.

Guter Tipp

Fragen für die Phase „die Realität betrachten":

» In welchen Fächern bist du ziemlich gut?
» Mit welchen Fächern bist du nicht zufrieden?
» Was denkst du, was dir in diesen Fächern hilft?
» Hast du ein Ziel?
» Wie fühlst du dich in diesem Unterricht?
» Wie oft geschieht das?
» Was hast du bisher getan, um die Dinge zu verbessern?
» Wie hast du dieses Fach bewertet?
» Was geschieht im Unterricht?

Wenn Schüler ihre Erfahrungen im Unterricht beschreiben und wie sie sich in bestimmten Fächern fühlen, kann der nachfolgende Emotionsbaum hilfreich sein.

Der Emotionsbaum

Hierbei handelt es sich um ein äußerst nützliches Hilfsmittel, um die Emotionen und die Denkweise des Schülers zu verstehen. Der Schüler kann anhand des Baums besser beschreiben, wie er sich fühlt und was in seinem Schulleben vor sich geht (siehe Abbildung 11.2).

Guter Tipp

Fragen im Zusammenhang mit dem Emotionsbaum:

Welche Person auf dem Baum sieht in den folgenden Schulsituationen aus wie du?

» in Unterrichtsstunden, in denen du Selbstvertrauen hast

» in Unterrichtsstunden, in denen du kein Selbstvertrauen hast

Abb. 11.2: *Der Emotionsbaum*

Quelle: UK Crown Copyright 2007 (Click-use-license)

1. **L**ooking at goals (Ziele analysieren)
2. **E**xploring reality (die Realität betrachten)
3. **A**nalysing possibilities (Möglichkeiten analysieren)
4. **P**lanning action (Vorgehensweisen planen)

Phase 3: Möglichkeiten analysieren

In Phase 3 versucht der Mentor, das Augenmerk des Schülers darauf zu lenken, was dieser tun könnte, um seine Ziele zu erreichen. Es ist wichtig, dass der Schüler erkennt, was er selbst beeinflussen und was er nicht ändern kann. Es ist Aufgabe des Mentors, den Schüler in positiver Weise zu unterstützen, damit dieser erkennt, was er selbst in die Hand nehmen kann. Dinge, die er nicht beeinflussen kann, sollten keine Rolle spielen.

Guter Tipp

Fragen für die Phase „Möglichkeiten analysieren“:

- Was hindert dich daran, in diesem Fach eine 10 zu erreichen?
- Wie könntest du das ändern?
- Könnte dir jemand dabei helfen?
- Gibt es etwas, das du bereits getan hast, um die Lage zu verbessern, wovon du noch mehr tun könntest?
- Wenn ein Freund von dir dieses Problem hätte, was würdest du ihm dann raten?
- Was könntest du noch tun?
- Welche kleinen Maßnahmen könntest du ergreifen, um einer 10 in diesem Fach näher zu kommen?

1. **L**ooking at goals (Ziele analysieren)
2. **E**xploring reality (die Realität betrachten)
3. **A**nalysing possibilities (Möglichkeiten analysieren)
4. **P**lanning action (Vorgehensweisen planen)

Phase 4: Vorgehensweisen planen

In dieser Phase muss sich der Schüler festlegen und planen, wie er vorgehen möchte und wann. Der Schüler hält das Ergebnis in seinem persönlichen Planungsheft fest und der Mentor wird die Maßnahmen ebenfalls aufzeichnen. Zu Beginn der nächsten Sitzung können die Maßnahmen so noch einmal nachbesprochen werden.

Guter Tipp

Fragen für die Phase „Vorgehensweisen planen“:

» Wie würdest du die obigen Optionen nach ihrer Priorität einordnen?
» Was würdest du also am ehesten tun?
» Was wirst du tun, um eine Verbesserung zu erzielen?
» Wann wirst du das tun?
» Sollte jemand davon wissen, wie du vorgehen wirst?
» Wie werden wir feststellen können, ob du erfolgreich warst?

Coaching und Verhaltensmanagement

Coaching und Lernbewertung

Die Verhaltensstrategie, die mit der Lernbewertung einhergeht, wird als Lernverhaltensweise bezeichnet. Bei der Lernverhaltensweise ist die Zielsetzung zur Verbesserung unerlässlich. Einige der wichtigsten Prizipien des Lernverhaltens wurzeln in einem Coaching-Ansatz.

Forschungserkenntnisse

Einzel-Coaching-Sitzungen können beim Verhaltensmanagement hilfreich sein.

„Klare und eindeutige Gespräche zum Verhalten von Schülern in Verbindung zu Verhaltensfragen aus dem Alltag“

http://www.standards.dcsf.gov.uk/ntrp/lib/word/HartlandandWaters.doc

Hierbei handelt es sich um eine interessante Studie, die den positiven Effekt des Mentorings auf Schüler der 11. Jahrgangsstufe schildert, die verhaltensschwierig sind.

Die Gespräche können sich auf die Fortschritte eines Schülers beziehen, entweder im Hinblick auf sein Verhalten oder im Hinblick auf seine schulischen Leistungen. Es ist wichtig, dass bei Coaching-Sitzungen über die Kriterien für Verbesserungen gesprochen wird. Idealerweise nennt der Schüler die Kriterien; in der Realität jedoch und vor allem bei kleinen Kindern muss der Lehrer diese Kriterien vorgeben. Sie werden sicherlich erkennen, wie Fragen aus dem LEAP-Modell, z. B. „Wie denkst du, sieht gutes Verhalten aus?“, hier helfen können. Möglicherweise muss der Lehrer an die Unterrichtsregeln erinnern, damit das Kind erkennt, wie gutes Verhalten im Unterricht aussieht.

Einsatz von Coaching und Skalen

Lehrer können ihre Coaching-Fähigkeiten effektiv für das Verhaltensmanagement einsetzen. Beim Coaching verwendet der Lehrer das LEAP-Modell, um das Kind zu motivieren, über sein Verhalten zu reflektieren, die Verantwortung dafür zu übernehmen und darüber nachzudenken, was es daran hindert, sich angemessen zu verhalten, und wie dies verbessert werden kann.

Eine der besten Coaching-Methoden bei Kindern zur Verbesserung ihrer Verhaltensweisen ist der Einsatz einer Bewertungsskala von 0–10.

Das Kind bewertet sein Verhalten auf der Skala und denkt darüber nach, wo es steht und wo es sich zuvor befand. Der Einsatz der Skala wirkt deshalb, da sie das Kind ermutigt, auf erfolgreichen Verhaltensweisen aufzubauen, die es bereits zuvor eingesetzt hat. Das Kind wird außerdem ermutigt, nach vorne zu blicken und über kleine Schritte nachzudenken, durch die es auf der Skala nach oben klettern könnte.

Der Lehrer muss Zeiten nutzen, in denen sich das Kind richtig verhalten hat, damit es darauf aufbauen kann. Ziel ist es, sich öfter richtig zu verhalten und sich nicht zu sehr darauf zu konzentrieren, was in der Vergangenheit schiefgelaufen ist. Wie bereits in Kapitel 2 erwähnt wurde, ist es wichtig, daran zu denken, dass „Warum-Fragen“ hier nicht weiterhelfen.

Aus der Praxis

Denken Sie an einen Zeitpunkt, an dem ein Kind etwas getan hat, was Ihnen nicht gefallen hat, und Sie die Frage „Warum hast du das getan?“ gestellt haben.

» Wie hat sich das Kind dabei gefühlt?
» Was war das Ergebnis der Frage?
» Welche Informationen haben Sie erhalten?
» Was hätten Sie stattdessen fragen können?

Erstellen Sie eine Liste mit nützlichen Fragen, die Sie beim nächsten Mal stellen können.

Die nachfolgende Abbildung 11.3 wurde entwickelt, um sich bei einer Coaching-Sitzung mit einem Kind auf Lösungen zu konzentrieren. Das Kind und der Lehrer werden sie gemeinsam ausfüllen.

Bei der Coaching-Sitzung zum Verhaltensmanagement müssen sowohl der Lehrer als auch das Kind die Skala vor sich liegen haben.

Vorteile bei der Verwendung der Skala

- » Sie legt den Schwerpunkt des Gesprächs fest und lenkt die Aufmerksamkeit auf etwas Sichtbares.
- » Der Prozess kann dadurch objektiviert werden und den Kindern helfen, freier über sich selbst zu sprechen.
- » Die Kinder haben etwas Greifbares vor sich, das sie als Hilfsmittel verwenden können.
- » Die Kinder haben einen Bleistift in der Hand, können unterschiedliche Stellen auf der Skala markieren und so aktiv sein.

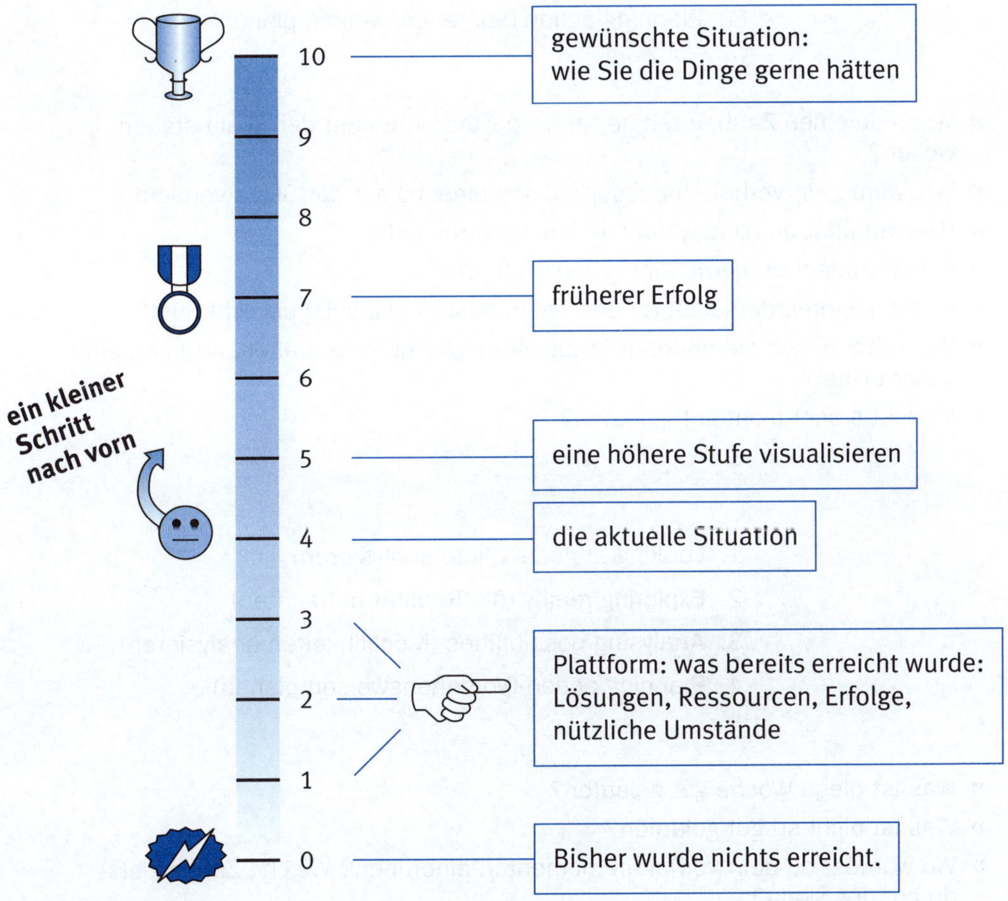

***Abb. 11.3:** Die lösungsorientierte Skala*

Quelle: © Coert Visser 2009

Visser, C. F. (2009) Solution-Focused Scaling Questions. Retrieved from http://articlescoertvisser.blogspot.com

Guter Tipp

Fragen aus dem LEAP-Modell in Zusammenhang mit dem Verhaltensmanagement:

1. **L**ooking at goals (Ziele analysieren)
2. **E**xploring reality (die Realität betrachten)
3. **A**nalysing possibilities (Möglichkeiten analysieren)
4. **P**lanning action (Vorgehensweisen planen)

» Wenn du einen Zauberstab hättest, wo würdest du auf der Skala stehen wollen?
» Wie würde ein Verhalten aussehen, das eine 10 auf der Skala verdient?
» Wie verhältst du dich, wenn du eine 10 verdienst?
» Wann würdest du gerne eine 10 erreichen?
» Woran könnten deine Lehrer erkennen, dass du eine 10 erreicht hast?
» Wie würden sich die anderen Erwachsenen/Schüler verhalten, wenn du eine 10 erreichst?
» Was ist bisher nicht gut gelaufen?

1. **L**ooking at goals (Ziele analysieren)
2. **E**xploring reality (die Realität betrachten)
3. **A**nalysing possibilities (Möglichkeiten analysieren)
4. **P**lanning action (Vorgehensweisen planen)

» Was ist diese Woche gut gelaufen?
» Was ist nicht so gut gelaufen?
» Wo würdest du dein Verhalten momentan einordnen? Welche Zahl erzielst du auf der Skala?
» Wie hast du dich verhalten, als du nur eine 1 erzielt hast (schlimmster Moment)?
» Wie würde dein Verhalten dagegen bei einer 10 aussehen?

▸▸

1. **L**ooking at goals (Ziele analysieren)
2. **E**xploring reality (die Realität betrachten)
3. **A**nalysing possibilities (Möglichkeiten analysieren)
4. **P**lanning action (Vorgehensweisen planen)

» Wie würdest du dich verhalten, wenn du z. B. eine 3, 8, 4 oder 6 auf der Skala hättest? (Nimm dir Zeit, darüber nachzudenken.)

» Was könntest du tun, um eine 8 auf der Skala zu erreichen? Was würdest du sonst noch anders machen?

» Was könnten positive Effekte dieser Verbesserung sein? Wie würden die anderen reagieren? Wie würdest du auf ihre Reaktion reagieren?

» Wie würden andere Menschen Unterschiede in deinem Verhalten bemerken?

» Gibt es jemanden in deiner Klasse, der eine 10 erreicht und dem du nacheifern könntest?

» Was macht diese Person, was du auch machen könntest?

1. **L**ooking at goals (Ziele analysieren)
2. **E**xploring reality (die Realität betrachten)
3. **A**nalysing possibilities (Möglichkeiten analysieren)
4. **P**lanning action (Vorgehensweisen planen)

» Welche kleinen Schritte kannst du in der nächsten Stunde oder den nächsten Tagen machen, um auf der Skala nach oben zu klettern? Wie wirst du deinen Lehrern zeigen, dass du diese Dinge veränderst? Was wirst du tun, um erfolgreich zu sein?

» Wie werden andere Personen wahrnehmen, dass du etwas anders machst?

» Musst du etwas vorbereiten oder anderen Personen mitteilen, was du vorhast?

◀

Ältere Schüler sprechen über ihre Emotionen wahrscheinlich freier.

Grundschülern kann die nachfolgende Emotionstabelle dabei helfen, besser zu beschreiben, wie sie sich fühlen, denn oftmals fehlt ihnen das Vokabular dazu. Lehrer können auf der Vorarbeit aufbauen, die sie bereits im Bereich der emotionalen Mitteilung geleistet haben.

Guter Tipp

Fragen zur Emotionsgrafik:

» Welches Gesicht beschreibt dein Gefühl, wenn dein Verhalten einer 8 entspricht?
» Kannst du mir sagen, wie deine Gefühle bei diesem Gesicht aussehen?
» Welches Gesicht entspricht dem, wie du dich gerne im Unterricht fühlen oder verhalten würdest?
» Was denkst du, fühlt oder tut ein Kind mit diesem Gesicht?

Ältere Schüler können ihre Gefühle wahrscheinlich rational erklären, aber Grundschüler benötigen mehr Unterstützung dabei. Sie könnten z. B. eine Lego-Figur benutzen, um auf der Skala hin und her zu gehen und sich selbst und ihr Verhalten zu beschreiben.

Einordnung auf der Skala und Zielsetzung

Das Einordnen auf der Skala kann als Teil des Zielsetzungsprozesses eingesetzt werden. Kleinere Kinder werden die visuellen Aspekte der Skala als hilfreich empfinden und sind in der Lage, bestimmte Erfolgskriterien zu visualisieren, anstatt sie nur abstrakt kennen zu lernen. Die folgende Fallstudie verdeutlicht dies.

Fallstudie

Neil ist Lehrer in der 3. Jahrgangsstufe. Er setzt gemeinsam mit Mark, einem durchschnittlichen Schüler, Ziele im Rechnen fest. Neil nimmt sich außerhalb des Unterrichts ein paar Minuten Zeit, um Mark zu helfen. Sie haben eine Skala vor sich liegen, auf der Mark angegeben hat, welches Gefühl er beim Rechnen hat.

Neil: Ich sehe, du hast dir eine 6 für das Rechnen gegeben.

Mark: Ja.

Neil: Okay, wie würde eine 10 aussehen?

▶▶

Mark: Ich würde gerne ohne Ihre Hilfe Minus-Rechnen können.

Neil: Okay, was könnten wir tun, damit das möglich wird?

Mark: Nun, vielleicht könnte ich neben jemandem sitzen, der das gut kann, um zu sehen, was er macht.

Neil: Ja, und was noch?

Mark: Ich könnte Hilfsmittel verwenden, vielleicht einen Rechenschieber.

Neil: Gut.

Mark: Mir fällt nichts mehr ein.

Neil: Kann ich einen Vorschlag machen?

Mark: Okay.

Neil: Du könntest den Zahlenstrahl verwenden und zurückzählen.

Mark: Das kann ich nicht, das ist schwer.

Neil: Ich könnte dir zeigen, wie es funktioniert.

Mark: Okay.

Wie Sie sehen können, hat Neil genau das richtige Verhältnis zwischen Unterstützung und Freiheit gefunden, sodass Mark eigene Ideen einbringen kann. Neil findet das einen sehr guten Ansatz und hat ihn schon öfter erfolgreich eingesetzt. Er gibt an, dass die Schüler dadurch selbst die Verantwortung für ihre Lernerfolge übernehmen und wissen, wie sie ihre Ziele erreichen können und was sie dafür tun müssen.

◀

Coaching zur Konfliktlösung unter Kindern

Das Schlichten von Streitigkeiten unter Schülern, vor allem nach der Pause, erfordert oftmals viel Zeit. Freundschaften sind sehr wichtig für Kinder, wirken sich aber oft negativ auf ihre Lernmotivation aus. Möchte der Lehrer eine lernfördernde Atmosphäre im Klassenzimmer schaffen, muss er dafür sorgen, dass die Kinder gegenseitig ihre Sichtweisen respektieren. Kinder sind von Natur aus egoistisch und müssen erst lernen, die Meinung eines anderen zu akzeptieren.

Eine Technik, die Lehrer erfolgreich bei Kindern einsetzen können, lautet „Positionswechsel". Der Positionswechsel hat seine Wurzeln im Neurolinguistischen Programmieren (NLP).

Das Konzept hinter dem Positionswechsel ist die Annahme, dass Sie die Ansichten einer anderen Person nicht verstehen können, solange Sie nicht in ihrer Lage waren.

Forschungserkenntnisse

„Die Dinge auch aus anderer Perspektive zu sehen, kann erlernt werden und Streitigkeiten zwischen Kindern vorbeugen."

„Ihre Wahrnehmung der Dinge hängt stets von der Lage ab, aus der Sie sie sehen."

Vorteile

Wenn Sie eine neue Sichtweise annehmen, treten Sie aus dem, was Sie gerade erleben, heraus und sammeln neue Informationen, indem Sie sich die Dinge aus einer anderen Perspektive ansehen. Sie können außerdem prüfen, wie Ihre eigenen Worte und Verhaltensweisen sich auf andere auswirken und wie diese sich dabei fühlen. Durch das neu erworbene Wissen können Sie Ihr Verhalten ändern und die gewünschten Ergebnisse erzielen.

nach: www.1000ventures.com

Der Positionswechsel lässt sich am besten anhand der nachfolgenden Grafik erklären.

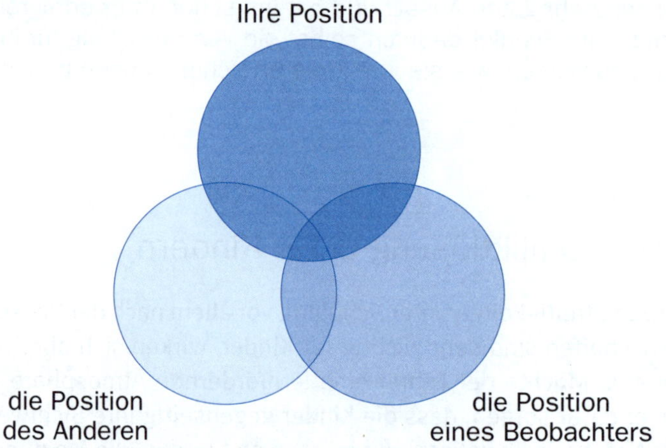

Es gibt mindestens drei unterschiedliche Perspektiven, die Sie dem Kind darlegen müssen:

1. **Ihre Position:** wenn das Kind Dinge mit seinen eigenen Augen sieht, mit seinen eigenen Ohren hört und die Situation mit den eigenen Gefühlen wahrnimmt
2. **Die Position des Anderen:** wenn ein Kind eine Situation durch die Augen, Ohren und Gefühle eines anderen Kindes wahrnimmt
3. **Position des Beobachters:** wenn ein Kind eine Situation z. B. aus der Sicht einer Fliege an der Wand wahrnimmt. Das Kind kann versuchen, objektiv zu sein und emotionslos zu reagieren. Es muss sich darüber bewusst werden, wann es schon einmal auf diese Art und Weise reagiert hat. Das Kind muss wissen, dass das gleiche Muster immer wieder wiederholt wird, solange sich niemand ändert. Der Beobachter ist ein fairer Zeuge.

Der Schlüssel zum Erfolg liegt darin, dass das Kind tatsächlich die Position wechselt. Es muss auf drei verschiedenen Stühlen sitzen und erklären, wie es sich als die jeweils andere Person fühlt (siehe nachfolgende Grafik). Ein Kind kann projizieren, wie es sich in der Position des jeweils anderen fühlen würde; wenn es dabei den Platz wechseln kann, wird ihm dies noch leichter fallen. Es kann auf die anderen Positionen zurückblicken und eine objektivere Sichtweise annehmen.

Schlussfolgerung

Wir haben gesehen, wie Coaching eine Gewinnsituation für alle herstellen kann. Streitigkeiten unter Schülern können geschlichtet werden und die Schüler lernen, die Dinge aus einer anderen Sichtweise wahrzunehmen.

Wenn den Kindern dieser Ansatz beigebracht wird, werden sie ihn früher oder später selbst verwenden. Wir konnten außerdem feststellen, wie wirkungsvoll Mentoring unter Einsatz eines Coaching-Ansatzes ist und dass das Kind dadurch selbst die Verantwortung für seinen Lernerfolg übernehmen kann.

Wenn man Coaching im Rahmen von Mentoring-Sitzungen und beim Verhaltensmanagement einsetzt, wird das Kind selbst die Verantwortung übernehmen; genau darauf zielt ein Coaching-Ansatz ab.

Auf einen Blick

- Durch den Einsatz eines Coaching-Ansatzes bei der Zielsetzung hat das Kind das Gefühl, selbst die Verantwortung zu übernehmen.
- Verwenden Sie in Gesprächen mit Kindern nach Möglichkeit so viele Elemente des LEAP-Modells wie möglich.
- Machen Sie sich keine Sorgen, wenn Sie keine Zeit für eine richtige Coaching-Sitzung haben. Verwenden Sie einfach Teile des Modells.
- Finden Sie in den Coaching-Sitzungen mit einem Kind die richtige Balance zwischen Unterstützung und Anweisungen.
- Sie sind der Lehrer. Es gibt Zeiten, in denen den Kindern gesagt werden muss, was sie tun sollen. Beim Coaching sollten Sie jedoch einen anderen Ansatz wählen.

Fallstudie

Lucy ist Lehrerin in der 6. Jahrgangsstufe und hat Probleme mit einigen Jungs in der Klasse, die ständig Wutanfälle bekommen. Sie gibt an, dass die Jungs sich durch einen Sichtwechsel ernst genommen gefühlt haben und sich dadurch beruhigt haben. Bisher hatte sie in solchen Situationen stets damit gedroht, dass die Pause für die Jungs gestrichen wird. Inzwischen hat sie jedoch erkannt, dass die Strategie eines Sichtwechsels langfristig zu positiven Effekten führt.

Die folgende Konversation fand statt, nachdem James Abbey gekniffen hat.

Lucy: Ich möchte über den Vorfall in der Pause sprechen und ich möchte, dass du ihn dir aus drei verschiedenen Perspektiven ansiehst.

James: Okay.

Lucy: Die erste Sichtweise ist deine, die zweite Abbeys und die dritte meine.

James: Okay.

Lucy: Wir haben hier drei Stühle. Ich möchte, dass du dich auf den ersten setzt und mir erklärst, wie du die Dinge siehst.

James: [sitzt auf dem ersten Stuhl] Nun, ich wollte mit Abbey spielen, aber sie hat mir nicht zugehört. Ich wurde wütend und habe sie gezwickt.

Lucy: Du warst wütend.

James: Ja. Sie hätte mich ansehen und mir zuhören sollen. Aber stattdessen hat sie einfach weitergespielt.

Lucy: Okay. Jetzt sprich mit mir, als wärst du Abbey.

James: [sitzt auf dem 2. Stuhl] Ich habe mit Luke gespielt und James kam daher und hat mich gezwickt.

Lucy: Wie fühlst du dich?

▶▶

James: *Wütend und verletzt. Ich werde ihm nicht mehr zu nahe kommen, sonst passiert es noch mal.*

Lucy: Okay, jetzt versetze dich in meine Lage. Ich komme auf den Pausenhof und sehe, was passiert ist.

James: *[sitzt auf dem 3. Stuhl] Okay, ich komme auf den Pausenhof und sehe, das James Abbey zwickt. Ich bin wütend und enttäuscht und mir tut Abbey leid.*

Lucy: Du bist enttäuscht? Kannst du mir mehr darüber erzählen?

James: *Nun, ich ärgere mich, wenn ich sehe, dass Kinder sich so verhalten. Ich will nicht, dass jemand in meiner Klasse wütend ist, und ich bin der Ansicht, dass James Abbey nicht weh tun sollte.*

Lucy: Was würdest du zu James sagen?

James: *Ich würde ihm sagen, dass er Abbey nett fragen muss, wenn er möchte, dass sie mit ihm spielt.*

Aus der Praxis

Sehen Sie sich die Verhaltensregeln und Abläufe Ihrer Schule an und stellen Sie sich die folgenden Fragen:

» Welche kleinen Veränderungen könnte man beim Schlichten von Streitigkeiten vornehmen, um dem Kind selbst mehr Verantwortung zu übertragen?

» Wie könnten einige der Hilfsmittel aus diesem Kapitel eingesetzt werden, um das Verhaltensmanagement zu verbessern?

» Sollten die Erkenntnisse aus diesem Kapitel mit den Schulmitarbeitern besprochen und getestet werden?

Index

Ablehnung 37–38, 66–68
Akzeptanz von Verantwortung 16–17, 59
Anforderungen an Teams 199–205
Anpassung an Veränderungen 6–8
Ansage 14–15, 86–87, 180
Assistenzlehrer 208
auditiver Lernstil 26–27
Aufbauphase eines Teams 194–195
Augenkontakt 34
Basis legen 78–79
Berater 14–15
Beratung 59
berufliche Entwicklung, *siehe* fortlaufende berufliche Weiterbildung 18–20, 136
Bewertung, *siehe* Reflektieren/Bewerten
Bewertung von Standards 147
Beziehungsaufbau 25–30, 48
  Körpersprache 29–30
  Sprache 26–29
  Sprachgeschwindigkeit und Tonlage 27–29
  Zweck 25–26
Brainstormingphase
  Teams 195–196
Coaching-Ansatz 7–8, 14–15
Coaching
  Definition 115
  Gründe für die Einführung 78–79
  Unterschiede und Ähnlichkeiten zwischen Mentoring und Coaching 8–12
  Unterschiede zum Consulting 14–15
  Ursprünge 2–3
Coaching-Fertigkeiten 24–50
  Beziehungsaufbau 25–30, 48
  effektive Fragestellung 40–48
  Zuhören, um zu lernen 30–40, 48
Coaching für nachhaltige Veränderungen 180–181
Coaching-Kultur 6–7, 19–20, 77–96, 180
Coaching-Leiter
  Führungskompetenzen 213–215
Coaching-Modell, *siehe* LEAP-Modell
Coaching-Prozess 51–77
Coaching-Schulungstag 78, 82–83
Coaching-Sitzungen
  Festlegen der Zeit 53
  Häufigkeit und Zeitplanung 53, 90–91
  Klären der Erwartungen 13–14
  LEAP-Modell, *siehe dort*
  Ort 53, 90
  Pausen 90–91
  Planung 89–90
  Umfang 57
  Verantwortung für das Erstellen von Aufzeichnungen 54
Coaching üben 87–89, 229
Coaching-Vereinbarungen 55
Coaching-Workshops 79–80
Coaching zu dritt 87–89
Coach
  Erwartungen 16, 54
  Festlegung der Rollen 79
  Vorteile des Coachings 18
Co-Coaching 230
Delegieren 146, 154, 156–157, 213–226
  9-Punkte-Skala 222–226
  Hindernisse 215–216
effektive Fragen 46

Einführungsprogramm
Integration von Coaching-Sitzungen 18–20
Einführung zum Coaching 78–87
Eisbrecher bei Schulungen 67
Eltern 228
emotionale Intelligenz 38, 214
Emotionsbaum 243
Emotionsgrafik 249–250
Empathie 37–40
Entscheidungsfindung 146
Entwicklungsstufen von Teams 193–198
Erfolgshindernisse 90–91
Erfolgsintegration 80–81
erste Sitzung 55–57
erste Strategie 2–3
Erwartungen klären 13–14, 16, 54, 213
Every Child Matters (Jedes Kind zählt) 186, 228
Experten 14
Feedback 214
beste Möglichkeiten zum Erfolg 132–136
Geben und Nehmen 127–131
Hindernisse 129–131
Team-Coaching 191–193
Fehler, lernen aus 6
Fertigkeiten des Coachings, *siehe* Coaching-Fertigkeiten
Finanzen 208
Förderung von Schülern mit Lerneinschränkung 143
forschende Fragen 46
fortlaufende berufliche Weiterbildung 19–20
Fortschritt prüfen 125–127
Fragen 40–48
effektiv 46–48
forschend 46
geschlossen 42
Grund der Fragestellung 40–42
herausfordernd 43–44
offen 42
positiv gestellt 47–48
visionär 44–46
Führung aus der Mitte 139–163
Entwicklungsbereiche 145–162
Interessenkonflikte 143–145
Probleme beim Delegieren 154
Rolle 143–145
strategische Richtung 148–151
Verantwortungsübernahme 151–155
Verwaltung von Problemen bei Änderungen 159–162
Führung 208–210
geteilte Führung 94–95
Führungsentwicklung 181–182
Führungskompetenzen 213–215
Führungsprogramm für Berater 2
Führungsstile 93–94, 209–210
Führungskraft als Coach 94
Führungskraft als Experte 93–94
Führungsstruktur in Schulfallstudie 178–180
gegenseitiges Coaching 106–112
gemeinsame Leitung 95
geschlossene Fragen 42
Gesprächsplanung 117–120
geteilte Führungskompetenzen 2, 140–141, 207–230
Bedeulung 210–211
Delegieren 215–216
Widerstand 226–227
Häufigkeit der Coaching-Sitzungen 53, 90–91
herausfordernde Fragen 40–41, 43–44
Herausforderung 5, 90–91
Hindernisse zum Erfolg 90–91
Probleme in der Umgebung 90
Probleme mit Personen 91
Zeitfaktor 90–91
individuelles Coaching 7–8
individuelles Lernen 233
Innerer Dialog, Abschalten 32–33
Interpretation 35–37
kinästhetische Personen 26–27

Klassenlehrer 235–236
Konflikte
  Konfliktlösung zwischen Kindern 251–253
Körpersprache
  Beziehungsaufbau 27–30
  Zuhören, um zu lernen 30–33
LEAP-Modell 59–76, 81, 120–121, 147, 182, 188
  Analyse der Möglichkeiten 65–70
  Betrachten der Realität 63–65
  gegenseitiges Coaching 106–109
  Maßnahmenplanung 70–73
  Mentoring 239–245
  Umgang mit echten und eingebildeten Einschränkungen 66–69
  Team-Coaching 191–193
  Verhaltensmanagement 247–249
  Ziele analysieren 60–62
Leistung, Anerkennung 132–133
Leistungsmanagement 114–138
  Definition 115
  Planungsphase 116–125
  Review-Phase 117, 132–137
  Überprüfungsphase 117, 125–132
  Ziele 122–125
  Zweck 115–117
Leistungsphase
  Teams 196–198
Leitung, gemeinsam 95
Lernbewertung 232–234, 245
Lerneinschränkung von Schülern fördern 143
Lernen, aus Fehlern l. 6
Lernender
  Erwartungen 13–16, 54, 213
  Übernahme von Verantwortung 16
  Vorteile des Coachings 18
Lernstile 26–27
Lernteams 199–200, 205
Lernumfrage 136–137
Lernverantwortung 208–209
Lernverhalten 245–250
  LEAP-Modell 248–249
  Lernbewertung 245
  Skala 246–247, 250
Loben 132–134
Loslassen 94–95
Managing Organizational Change 161–162
Maßnahmenplanung 70–76, 125–126, 149, 151, 166
  gegenseitiges Coaching 109
  Leistungsmanagement 125–126
  Mentoring 244–245
  Team-Coaching 191–193
  Verhaltensmanagement 249
Mentoring 233–245, 253
  Agenda für den Schulungstag 236
  Einsatz von Coaching 234
  Klassenleiter 235–236
  LEAP-Modell 239–245
  Rolle des Lernenden 236
  Rolle des Mentors 236
  Unterschiede und Gemeinsamkeiten des Coachings mit Mentoring 8–12
  Vorteile 233
Mentoring-Rad 237–238
Messbarkeit von Zielen 61
Mitleid 37–38
Möglichkeitenanalyse 65–69, 109, 192, 244, 249
Motivationsdreieck 155
Motivierung der Mitarbeiter 154–155
nachhaltige Veränderungen 180–181
Neurolinguistisches Programmieren (NLP) 251
Neutralität 37
non-verbale Zeichen, *siehe* Körpersprache
Normen
  Teams 196
Notizen, Verantwortung für 54
oberflächliches Zuhören 31
offene Fragen 42
Optimismus 38–39
Ort der Coaching-Sitzung 53, 89–90

persönliche Probleme 91
Planungsphase
Leistungsmanagement 117–125
Planungssitzung 89–90
Positionswechsel 252–253
Potenzialrealisierung 98–99
Programm für eine Führung aus der Mitte 2, 143–147
Realität, Erforschung 63–65, 109, 192, 242–243, 248
Reflektieren/Bewerten 35–36, 136
Schulverbesserungsplan 165–166, 172–175
Respekt 54
Review Phase im Leistungsmanagement 117, 132–137
School Business Management (Wirtschaftliches Schulmanagement) 208–209
Schulbehörde 228
Schulbeirat 228–229
Schulen
Einsatz des Coachings 7–8
Schüler
Lösen von Konflikten 251–253
Vorteile des Coachings 6–7
Schulungstag, Coaching- 78, 82–83
Schulverbesserungsplan 165–183
Selbstbewertung 132–137
Selbsteinschätzung 118, 132–137, 145–147
Selbstreflektion 172–175
Selbstvertrauen 99–100
Sitzungen, Coaching- 53, 89–91
Skala 246–251
SMART-Ziele 61, 171
Sport-Coaching 4–5
Sprache
Beziehungsaufbau 26–29
Sprachstile 26–27
Standards zur Bewertung 147
Stimmlage 27–29
strategische Entwicklung 148–151, 164–183
Teamaufbau 194–195
Team-Coaching 190–193
Teams 184–205
Ausgleich der Anforderungen 199–205
Delegieren 215–216
Entwicklungsstufen 193–198
Grund, ein Mitglied zu werden 186
Gründe für den Aufbau 185
Hindernisse auf dem Weg zu effektivem Arbeiten 190
Lernen 199–200, 205
Merkmale der Effizienz 187–190
Zweck und Funktion 185–187
Überprüfungsphase
Leistungsmanagement 117, 132–137
Überprüfungsfortschritt 125–127
Überwachungsphase
Leistungsmanagement 117, 125–132
Umweltprobleme 90
Unterbrechungen
Zuhören, um zu lernen 32
Unterrichtsbeobachtung 123, 125–127
Unterrichts- und Lernverantwortung 208–209
Unterstützung 131–132
Veränderung
Anpassung 6–8
nachhaltig 180–181
Verwalten 146–147, 159–162
Widerstand 90–91, 119–122, 161–162
Verantwortung 115, 147, 151–155
Akzeptanz durch den Lernenden 16–17, 59
Verantwortung für das Aufzeichnen von Notizen 54
Vereinbarungen vor dem Coaching 55
Verhaltensmanagement 246–250
Vermeiden von Wertung 37, 66
Versagen 5
Verstehen, zuhören um 86–87
Vertrauen 99–106, 214
Vertrauensplan 105–106
Vertraulichkeit 54
Vision 149–150, 166–167
visionäre Fragen 44–46

visuelle Personen 26–27
vorbereitendes Coaching-Gespräch 52–54
Vorteile des Coachings 3, 6–7
Wahrnehmung 251–253
Weiterbildung der Mitarbeiter, *siehe* fortlaufende berufliche Weiterbildung 6, 18–20, 136
Werte 166
Wertung, vermeiden von 37, 66
Widerstand gegen Veränderungen 90–92, 119–122, 161–162
Wiedergeben der Körpersprache 28–30
Work-Life-Balance 215
Workshops, Coaching- 79–80
Zeitplanung von Sitzungen 53, 90–91
Ziele/Zielsetzung 60–62, 122–123, 166, 167–172
  Art 60–62
  effektive Fragestellung 62
  Gründe 60
  Mentoring 239–242
  Messbarkeit 61
  SMART 61, 171
  Team-Coaching 190–193
  Visionierung 62
  Verhaltensmanagement 246–250
zielgerichtetes Zuhören 31, 37–38
Zielsetzung 122–125
  Skala 250
Zuhören, um zu lernen 30–40, 63
  Körpersprache 29, 34–35
  Empathie 37–38
  Störungen 32
  Zusammenfassen und Reflektieren 35–37
  Vermeiden von Wertung 37
  Abschalten des Inneren Dialogs 32–33
  Verwendung non-verbaler Zeichen 34–35
Zuhören, um zu verstehen 86–87
Zuhören 30–40, 86–87
  Ebenen 31
  Hauptzweck 31
  oberflächlich 31
  wenig hilfreiche Verhaltensweisen und Antworten 30
  zielgerichtet 31
zukünftiger Fokus 214
zukunftsorientiertes Denken 18
Zusammenfassen und Reflektieren 35–37